漢字與中國傳統文化

hanzi yu zhongguo chuantong wenhua

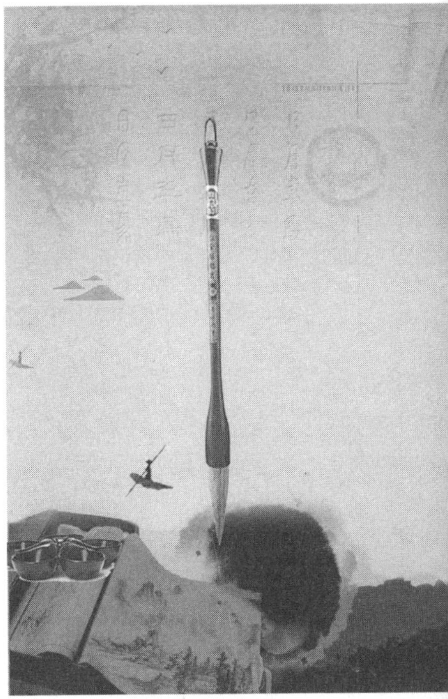

彭金祥 著

本书获四川省社会科学“十三五”规划2016年度社会科学后期资助，

特此感谢

电子科技大学出版社

图书在版编目（CIP）数据

汉字与中国传统文化/彭金祥著. --成都：电子科技大学出版社，2017. 6

ISBN 978-7-5647-4560-8

Ⅰ. ①汉… Ⅱ. ①彭… Ⅲ. ①汉字-文化研究 Ⅳ. ①H12

中国版本图书馆 CIP 数据核字（2017）第 116939 号

汉字与中国传统文化

彭金祥 著

出　　版： 电子科技大学出版社（成都市一环路东一段 159 号信息产业大厦　邮编：610051）

策划编辑： 汤云辉

责任编辑： 汤云辉

主　　页： www.uestcp.com.cn

电子邮箱： uestcp@uestcp.com.cn

发　　行： 新华书店经销

印　　刷： 四川和乐印务有限公司

成品尺寸： 148mm×210mm　　**印张** 11.75　　**字数** 284 千字

版　　次： 2017 年 6 月第一版

印　　次： 2017 年 6 月第一次印刷

书　　号： ISBN 978-7-5647-4560-8

定　　价： 32.50 元

◆本社发行部电话：028-83202463；本社邮购电话：028-83201495。

◆本书如有缺页、破损、装订错误，请寄回印刷厂调换。

目 录

序

我在大学开《汉字与中国文化》这门选修课已经15年了，本书是在选修课所用的讲稿的基础上反复增补和修订而成的。出版此书的目的是让广大青少年朋友（包括中学生和大学生）通过汉字发展及相关知识的学习了解中国博大精深的古代优秀文化，系统掌握本学科、本专业之外的文化常识，拓宽自己的知识面，从而提高自己的道德修养和文化水平，树立正确的世界观和人生观。书中我们结合汉字字形方面的知识让广大青少年了解一点哲学、数学、历法、地理、法律、历史、教育、文学等方面的常识，共同了解中国传统文化，提高大家的理论修养和人文素质。

孔子说："君子不器。"它的意思是说每一位真正的君子是不甘心沦为一种工具、一个器物的，而应该打破狭小专业的囚笼，穷究天人之际、古今之理，扩大自己的视野，拓展自己的思维。除了要掌握服务社会、能安身立命的一技之长之外，我们青少年应当回到诸子和柏拉图的时代，从数千年的文化经典中寻找自己终身的精神支点，才能在未来的社会工作中真正做到经世济民、兴业安邦。文化素养的提高不仅是一种知识的吸收，重要的是一种精神涵养的培育，一种历史的追求与探索，一种精神乐园的寻觅……

作为一个青少年，我们应当有对知识的向往和追求，一如英国著名哲学家罗素所说。抱着对知识的渴望，我在读高二时买了一本《地球概论》，37年了，至今我还记得作者是上海师范大学金祖孟教授。后来在大学期间看了很多课外书籍，从文史哲到天文地理，从音乐绘画到数理法律。工作以后，从事过经济体制改革、地方志编纂等工作，替别人修改过经济、法律、政治、教育、方言、文学等方面的论文。直到工作之余研读了霍金的《时间简史》《果壳中的宇宙》和丹皮尔的《科学史》等名家的著作。为了探索物理学中的美，我学习了美国杰出科学家阿·热的《可怕的对称》；为了了解物理学定律，我阅读霍金的搭档、英国著名学者彭罗斯的《皇帝新脑》和美国加州大学教授盖尔曼的《夸克与美洲豹》；为了了解心理学的可控发展，我看了美国著名心理学博士坎特威茨等人的《实验心理学》。不管是哪一门科学都能启迪我们的智慧，扩展我们的知识领域，提高我们的文化修养。

人与人交往，素质最重要。我们经常讲要提高广大青少年的素质，那么什么是素质？我认为素质应当包括以下三个方面：一是见识，也就是知识面，即到底懂得多少（有些人在某个方面懂得很多，但在其他方面则茫然）；二是胸襟，包括处世方式、态度（有人知识渊博、学问深厚，但拙于为人，不会处事，心胸狭窄，性格偏激）；三是观点，即有无思想性，能否形成自己的思想体系（有人学问驳杂，能力也较强，但没有主见，未形成自己的思想体系）。因此，知识面很狭窄的人很难有较高的素质。就第三点而论，思想并非有生俱来的，而是通过学习、摸索，在借鉴的基础上产生的。因此，我们不仅要了解柏拉图、亚里士多德，也要吸取诸子百家的精髓，丰富和发展我们的思想体系。如在工作中，我们发现并总结出有关事物发展的规律，就是三个任何："任何事物的发展都是有规律的；任何规律都是有例外的；任何例外都有原因的。"有人会说一团乱麻有规律吗？有！记得在武汉读硕士期间，同室一数学专业研究生有一本《Chaos》的原版教材，译过来是"紊乱学"，上面还有紊乱系数。

我们崇拜那些知识渊博、学识深厚、道德高尚的学者。在外国学者中，我最佩服的人是罗素，他不仅是一个哲学家，一个文学家（诺贝尔文学奖得主），也是一个数学家，更是一个爱好世界和平的民主、进步学者。他的《西方哲学史》，他的《数学原理》，以及引起第三次数学危机的“罗素悖论”，都深深地吸引着我们。在中国学者中，最喜欢像金克木先生这样的人。他研究佛教和梵文，在武汉大学哲学系教书；后来到北京大学东方语言系任教，精通英、法、德语和世界语，对音乐、数学、天文、逻辑都有较深的造诣。为了搞清楚一道微积分题，不惜到图书馆借英文原版《数学史》加以解决，五十多年来他是借此书的第二人（前一位是大数学家江泽涵）。

在本书中，我们力求知识性、趣味性和科学性的统一，在汉字形体知识的讲解之后择要介绍相关学科知识，以最新、最近的研究结果为务，主要有哲学、宗教、法律、地理、数学、历法、婚姻、饮食、姓名文化等。大家都知道，知识面的扩展有助于人文素质的提高。只有人文素质高的人，才会思考人类、社会、自然、他人、自身的问题，才能真正懂得做人的真谛。一个国家、一个民族，没有现代科学，没有先进技术，就是落后，就要挨打，受人宰割；而没有民族传统，没有人文文化，就会异化，不打自跨。在一定意义上，人文素质远比科学素质更重要。具备人文素质的首要条件就是要具备丰富的人文科学知识，其包括文、史、哲、艺术、科学技术史、伦理学等。这里首要的就是文史哲知识，现在的教育培养出来的学生在这个方面有缺陷。华裔教授常说大陆留学生懂得美圆、英镑，可就是不了解长城、黄河，更不了解《大学》《中庸》。他们批评说，对中国文化历史如此无知，又怎能对民族、对国家有了解、有感情、有责任心并为它服务为它献身呢？如果在将来没有疆界的信息大潮中，我们的下一代假如没有自己的人文知识，没有足够健全的人文素质，我们中华民族能不会被西方文明淹没，我们还能成其为一个民族吗？北京师范大学一位领导在主持一次人文讲座时，有一个学生问他读《红楼梦》有什么用，他回答说："不读《红楼梦》的人，不读唐诗宋词的人，文学素养特别差的人，他就脱不了俗。"庄子曾说"物物而不物于物"，脱不了俗的人无论如何聪明如何能干，其素质是高不到哪里去的。

汉字系统，古老而精深，历久而弥新，它是中华民族的伟大创造，是永葆青春的文化精灵。汉字的诞生，是人类文明史上的伟大事件。惊风雨，泣鬼神，光昭日月，功盖天地。它是语言的符号，是现实事物的非现实反映，是后人对古人创造力的崇拜与解释。可以说，从汉字的初创、确认、使用到逐渐规范统一，无疑经过漫长岁月的冲刷，集中了无数代人的聪明才智。汉字的整个发展过程，就是中华民族智慧的积淀过程。自从有了汉字，就有了古代文明，我们的文化也变得丰富多彩，我们的精神有了寄托，我们的思想有了依靠，我们的文化得以传播，我们的吟咏之作得以流传后世，我们的创造发明得以发扬光大……

第一章
文字、文化和文明

第一节　汉字作为一种文化

语言是文字的根本，文字是语言的载体，但文字并不单纯是语言的符号，它同时是民族思维的反映。关于文字的起源，有多种不同的学说，但目前一般都认为，文字起源于图画。我们看看印第安女孩奥吉布瓦的情书就知道了。

同样，关于汉字的起源，也有几种不同的观点，如仓颉造字说、书契说、八卦说等等。其实汉字与任何文字一样，也是起源于图画，大家看看中国古代的象形文字就清楚了。汉民族有很多方言，语音差异很大，但字形却没有多大差异，不同方言区的人都使用同一文字体系，就充分说明这一点。文字记录文化、发展文化，让它源远流长，让它发扬光大。有文字才有思想，才有百家争鸣，才有法律条文，才有宏文伟著，才有精神乐园……

关于汉字的概念，有人曾经给出了一个具有文化内涵的定义：汉字是汉民族思维和交际最重要的书面符号系统。它不同于西方语言学的经典定义，即“文字是有声语言的书面表达形式”，“文字是有声语言的辅助交际工具”。为什么呢？我想是因为汉字不仅是汉语的记录符号，更主要的它是汉民族的思维工具，对民族思维方式有较大的影响。文字与思维的关系是个新的研究领域。传统哲学、心理学、语言学在某种程度上否认文字与思维有直接的、深刻的联系。文字对形成心理文化结构有很大作用，不同文字对不同民族成员思维活动、民族文化有着深远的影响。因此，我们这里综合各家所说给汉字下一个定义，即："汉字是反映汉民族思维、记录社会交往并与汉语结构相适应的书写符号系统。"

我们不能说有人就有文化，应该说人类发展到一定阶段才产生文化，至少从石器时代开始。在文字产生以前成千上万年，人类处于蒙昧时代，创造的文化并不丰富；而文字产生四五千年以来，社会飞速发展，文化博大精深，其影响是显而易见的。目前全世界有数千种民族，但大都没有文字；有文字的少量民族却是文化灿烂。没有文字就像没有太阳一样，暗淡无光，因为无法长时间地继承和传承已有的文化。

人类最早的文明应该是语言。把人类由野蛮时代推进到文明时代，最重要的杠杆之一是语言文字。早在数万年前，人类就产生了语言；人类最早的文学样式诗歌，也就在此时诞生了。这时，还没有文字。早在数千年前，人类开始记事，这就产生了最初的文字。人类的文明史由此正式展开，一直到今天，人类通过语言文字的交际完成了一个个惊心动魄、改天换地的壮举，人类用语言文字记载了一页页辉耀天地、鲜活生动的文明史。一部人类文明的发展史，就是一部语言文字的发展史。只要人类在发展，人类的文明史就要向前延伸。未来社会瞬息万变，生活异彩纷呈，新事物、新思想、新概念、新词语就像是星云爆炸，这就必须由语言文字来命名、来记录、来描述。如果没有语言文字，我们将如何命名和描述我们眼前的世界？如果没有语言文字，这世界也就如人类诞生之前的混沌和迷茫。

无尽的欢乐和无穷的悲哀随着文字而来。文明中主要的感情成分——人类生活中非常尖锐和独特的成分，就是主要由文字组成的。文字可以帮助我们回忆过去和展望未来；用文字建造的宫殿比用手建造的任何宫殿更加富丽堂皇（如大量的世界文学名著），用文字建造的牢狱能比任何用手建造的牢狱更加阴森恐怖（如清代文字狱）。

第二节　文化——人类的知识体系

所有知识都是精神产品，都是文化。

人类的所有知识体系可以分为三大部分：自然科学、社会科学和哲学。现在有人把社会科学和哲学一起称为“人文科学”，以便与自然科学相对。哲学刚好介于自然科学和社会科学之间，它既使用自然科学的研究方法，又探讨诸多社会科学和宇宙起源等本质性的问题。当然，这种分类完全属于中国模式，即把自然科学叫作理科，把社会科学与哲学叫作文科。在大中学校，文科与理科区分得非常清楚，可以说是泾渭分明。而在西方，这种区分并不明显，很多自然科学家同时又是哲学家或者虔诚的教徒，如阿奎那、笛卡儿、波义耳、牛顿、爱因斯坦等。

人类的知识体系是不断发展、不断细化的过程，同时又是曲折渐进的过程，比如在中国的先秦和在西方的古希腊、罗马时期发展较快，在中世纪发展缓慢，在现代又发展得很快。其中有着深刻的历史渊源，反映着人类知识体系的发展与其他事物的发展一样，既有一个曲折变化的过程，也体现着不同的思维模式和价值取向，同时又决定于实际生活。通观人类的认识历程，理性知识的取得并非容易的事，即使是个人的创造，也必须经过大量实践，或了解他人大量实践的经验教训，通过反复思考、比较、推理，才有收获。而许多知识，不是个人所能取得，必须有许多人共同探索，互相切磋、讨论、辩论、质疑、修改、丰富，才能有所发展、有所前进。至于师承前人的传统，借鉴前人的成果，无论是在他们的基础上继续发展，或者是另辟蹊径、批判创新，都离不开了解前人的成就，绝不能在一张白纸上乱写乱画，就沾沾自喜，自以为写出了最新最美的文字，画出了最新最美的画图。而这些复杂的认知过程，都必须以知识成果具有准确性、可交流性以至异时异地的人们都能对其产生共同的认知结果为前提；否则，任何有客观共同性的知识就不可能存在。

如在天文学上，托勒密在古人（主要是古希腊学者）的基础上形成自己的地心说体系。而哥白尼，这位伟大的数学家和天文学家，在批判地心说的基础上建立了日心说体系。稍后，以编辑占星历书为职业的开普勒则在哥白尼的基础上概括出行星运行的三大定律。牛顿在伽利略等科学家研究的基础上发现了引力，也就是那个使行星和卫星在一定的轨道上运行而不循直线向空间飞去的力，那个让苹果从树上掉下的力，并进而归纳出物质运动三定律。爱因斯坦则在牛顿体系的基础上，把眼光望向渺渺的苍穹，相对论拓宽了人类对太空的了解。霍金则在爱因斯坦的基础上认识到相对论的不足，提出了有关黑洞的崭新的“霍金效应”，使人类对整个宇宙的认知领域拓展到直径140亿光年之遥。

在人类的知识积累和发展过程中，通过文字反映出的思维模式对知识的形态有较大的影响。从文字上看，汉字和表音文字表达指称对象的符号结构方式有明显不同。汉字直接表达概念，是由若干笔画组成一个方块整体和概念发生关系，每个字独立表达一个完整概念，笔画不能独立发挥表意作用。表音文字直接表达的是声音，它先分解成若干字母，字母大体上和音素有对应关系，然后由字母的连缀表达音节，再由一个或数个音节表达概念。每个字母是独立的。由这两种不同表达结构方式导致不同的思维模式。汉字导致整体把握的方式，对对象的认知重在定性。表音文字导致注重分析的方式，对对象的认知不但要定性，还要定量。在汉字史上，字形有过多次变化，尤其是在秦统一文字以前，各诸侯国的文字不一，但整体辨识的模式是相同的，即使具体字形，也都出自模拟对象的形态特征，因而是大同小异的。至今，在不同风格的书法作品中，字形还可以有变化，而意义相同。一些学者常说，中华文化长于综合，西方文化长于分析，但综合必须是在分析的基础上进行的重新组合。因此我们认为，中国文化长于整体把握，即一开始就抓住对象的整体来感受、认知，而不从细部的、定量的、条分缕析的感受、认知来组成整体。这种整体把握的思维方式可以比较敏捷地、凭直觉、联想、类比得到知识，但其知识往往不够精确，这就是西方学者所说的中国人“缺乏精确”的成因。

现代的知识体系是由各个时代的每一位科学家不断探索和研究逐渐建立起来的，其中有生活的需要和功利的因素，也有执着的追求和不懈的努力。在 19 世纪以前，很多发明创造常常是为了解决生活需要，但在 19 世纪，我们就看见为了追求纯粹的知识而进行的科学研究，开始走在实际的应用与发明之前。发明产生以后，又为科学研究与工业发展开辟了新的领域。如法拉第的电磁实验促成了发电机和其他电磁机器的发明，这些发明又向科学家提出新问题和解决问题的力量。麦克斯维对于电磁波的数学研究，50 年后产生了无线电报和无线电话。巴斯德发现发酵、腐朽以及许多疾病都是由于微生物的作用以后，工业、医药与外科等方面都取得了极其重要的成果。比利时的孟德尔在布吕恩修道院所进行的豌豆遗传实验带来了系统的植物栽培以及小麦等许多改良品种，并且发展了动植物遗传学理论。

未来是一个科学技术高度发达的时代，作为一个青年，作为一个大学生，我们必须具备两个素质：科学素质和人文素质。科学素质指的是我们能够具备基本的科学知识和判断能力，知道哪些是可以做的，哪些是不能够做的；哪些是真实的，哪些是虚假的。人文素质指的是人们在人文方面所具有的综合品质或达到的发展程度。那么，科学和人文，究竟哪一个更重要？科学和人文，是人的两大价值支柱，它们同样重要。有教育专家指出，科学所追求的目标或所要解决的问题是研究和认识客观世界及其规律，是求真；人文所追求的目标或所要解决的问题是满足个人与社会需要的终极关怀，是求善；科学是求真，但科学不能保证其本身方向正确，这既包括研究方向，也包括研究成果应用的方向。

这里需要指出的是，我们很多青年都有重理轻文的倾向，这是错误的。我想这也许是因为同学们看见自然科学可以产生直接经济效益，而社会科学不能产生直接经济效益吧。诚然，一个发明创造可以产生几百万、几千万的效益，一个物理学理论可以解决价值不菲的技术难题（著名物理学家钱伟长先生就用力学原理解决了行将废置的价值 50 亿元的军港问题）。但是，社会科学的研究成果却是无法用金钱来衡量的。比如，如果我国领导人在解放初采纳了马寅初教授关于人口问题的建议（当时只有 4 亿多人），那么中国现在最多有 7 亿多人（而我们实际却有近 14 亿人），其经济价值何止几百万亿！著名经济学家如萧灼基、吴敬琏、厉以宁、张汉林、林毅夫等人的观点、学说对我国经济发展的影响也无法用金钱来衡量；政治学家王沪宁的政治理论著作给邓小平的“有中国特色社会主义理论”提供了理论借鉴，使中国经济飞速发展，岂能用金钱来衡量！上海某大学著名法学专家曹建明教授进京给中央高层领导（政治局委员）讲法律原理推进我国法制进程也不能用金钱来衡量（当然，“学而优则仕”，曹教授现在是官员了——最高人民检察院检察长）。因此，我们理、工科的同学不能轻视文科的同学，文科的同学也不能瞧不起理、工科的同学。我们要慢慢打破系科、各专业之间的界限，相互学习，相互补充。钱伟长先生在上海做大学校长时，极力倡导要破除各系、各专业之间的藩篱，在全校多开选修课，以满足学生的需要，以提高学生的人文素质。

第三节　文字与文化及中西文化差异

文化是个大概念，从广义上讲，它是人类社会历史实践过程中所创造的物质财富和精神财富的总和。而从狭义上说，它包括文字等一切精神性的产品，指社会的意识形态、价值观念、审美情趣、民族心态、生活方式、风俗习惯，等等。严格来说，我们认为文化应当指一切精神性产品和影响人们生活方式的制度与物质，并不是所有物质都是文化。

人类的文字体系，无论是表音文字还是表义文字，都是人类文明的有力杠杆。文字、文明和文化只有一字之差，有着紧密的联系。什么是文化？各种解释五花八门，根据我们的简单统计，至少有 200 多种。两千多年前的罗马哲学家西赛罗说：“文化是心灵的哲学和修养”；有人认为文化是艺术的总称。本来文化是指精神的产品，现在已扩大指精神的、制度的（如法律)、物质的东西，如酒文化、茶文化等有关生活方式的产品。文明随着国家的产生而形成，它以文字为主要标志。在古籍中，最早把“文化”二字连用的是西汉刘向《说苑》：“籍文化以教，弗加改诛”，但此处的“文化”指的是与“武事”相对的“文治、教化”。文化的英文是 culture，它来源于拉丁文 colere、cultus（耕作）（英文 agriculture 农业），文化是以农业的出现为前提的。日本人用我们古代的“文化”两个字来翻译英语 culture，我们又从日语中再借过来，因此“文化”是一个“出口转内销”的词语。

有人认为，文字是文化之根，文字影响和制约文化的发展。在人类发展史上，可以产生没有文字的文化，如龙山文化、仰韶文化等。但没有文字的文化一般较为初级，也易于消失，容易被其他文化所同化。一般来说，使用同一种文字的族群具有同一种文化。如果从文字系统的差异着眼，就会比较容易、比较清晰地看出汉字与表音文字两大文字系统之差异正是传统意义上的中华文化与西方文化差异的一种重要根源。

通过文字反映出的中西文化上的差异，很多学者有精辟的论述，如金岳霖指出：中国文化的特性是“此世性（this - worldliness)”，而西方文化的特性是“超世性（super - worldliness)”。还有学者认为：中国传统宗教文化是属人的，而西方宗教文化的代表则是属神的、超人间的、神圣的。李泽厚在早年指出“实用理性”、“乐感文化”等表层现象之后，晚年更深入地指出：中国（其典型代表是儒学）文化始终以“一个世界（人生）”观作为基础的结构性的存在，以此际人生为目标，不侈求来世的幸福，不希冀神灵的拯救；以此而与其他文化心理如犹太教、基督教、伊斯兰教、印度教等相区分。

“乐生”是中国文化精神的一个主要特征。在中国人的心目中，尘世是唯一的天堂，生活的目的在于活着，这是一种执着。著名作家余华的小说《活着》反映一个人经历了那么多挫折苦难，他的亲人、后代（第二代乃至第三代幼儿）都死了，而他还活着。他活得没有任何意义了，可他依然活着。他活着不是为其他任何人、任何事物、任何价值，只为活着本身。人生的意义就在活着本身，不在人生之外，不在人生之上。我以前看一本书上说美国有些夫妇活了 70 岁以后，如果身体不好，需要别人伺候则双双跳楼自杀，绝不做别人的拖累。而国人则不然，他们在无穷尽地享受着生活。

在西方人当成纯理性的领域——哲学中，中国传统哲学也讲寓理于情，理性、知性不脱离感性、感情，一切总要归结到活生生的、带感情的人生中去。所谓“天理人情”，天理（自然的运动规律）和人情（人生的情感）是密切融合不可分的。因此，国人常在自然规律中加入人类的主观情感，甚至在一些约束性很强的规则中也糅进感情因素，如规则、法律、行政程序等。

从汉代开始，儒家也像战国时期的诸子（主要是驺衍）一样常强调“天人合一”，其实它也是中华文化特征的表现。从文字学的角度来说，汉字“天”的原形就是人的头颅所顶着的地方。许慎说：“天者，颠也。”段玉裁注：“颠者，人之顶也。”天和人本来就是一体的。金文的“天”字就是人头上顶着一颗大脑袋，后来顶上那个圆才变成横线。

西方表音文字的字形和指称对象之间没有直接的联系，必须经过语言的中介，而在字形与语音、语音与意义之间，都是任意的、无理据性的关系，即字形与观念中间是双重任意性的关系。而语词之所以获得意义（即与某个观念产生固定的联系）在于最初命名者的意志。基督教的《圣经》对此有经典性的表述。《旧约·创世纪》写道："耶和华上帝用土所造成的野地各样走兽，和空中各样飞鸟，都带到那人（亚当）面前，看他叫什么。那人怎样叫各样的活物，那就是他的名字。那人便给一切牲畜和空中飞鸟、野地走兽都起了名。"这些名称是怎么来的？是由命名者给予的。命名者想给他们什么名字，他们就叫什么名字。命名者的语词就起了赋予万物以意义的决定性作用。《新约·约翰福音》开宗明义第一句话就对此作了最精炼的总结："太初有言，言与上帝同在，言就是上帝。"因此，在西方文化中，存在着两个世界，在"可感世界"之上是"可知世界"，在"现实世界"之上是"理念世界"，在"物"的世界之上是"灵"的世界，在人的今生（此岸世界）之上是人的彼生（彼岸世界），在可朽的"此在"之上是不朽的"永在"。这种文化具有推动人们超越一切的强大动力，使他们不辞辛劳，远涉重洋，去完成自己的伟业。

简单概括中国文化的特点，可以这样说：中国文化重群体不重个体，重义务不重权利，重社会不重自然，重综合不重分析，重名分不重实利。

第四节　文字与文明的关系

文明是人类社会发展的高级阶段，而文字乃文明之母。文字是进入文明时期的必要前提。所谓文明，是有可靠的文字记载、有理性知识成果的时代。英语里面，"文明"一词是civilazation，词根civ-来自于city（城邦），西方人认为，文明必须有两个标志，一个是国家，在西方是城邦（城市）的出现；另外一个是文字的产生。比如中国，在夏朝建立以后，中国就进入了文明社会。

自古以来，历史学家就把人类历史分为“史前时期”和“有史时期”，相当于“原始社会”和“文明社会”。其划分的界线就是有没有可靠的文字记载（即历史文献）。没有文字记载，只有口头传说（神话、史诗）的时代就是“史前”时期；有了可靠的文字记载（历史文献）就是“有史”时期。从整个人类历史来看，史前期长达数百万年之久，而有史期只不过几千年。如果分得细一些，还可将人类发展阶段分为蒙昧期、野蛮期、文明期。历史学家、研究文明的学者们也都把文字作为文明必须具有、不可缺少的基本要素之一。

随着考古学、人类学的新发现，历史研究有了新的进展，无文字民族（时代）的面貌更加清楚。他们所达到的技术水平、智力水平远远超过我们以往的想象，很难再用“蒙昧”、“野蛮”这样的贬义词来形容。我们已经知道，有些无文字民族创造过令今人仍然感到惊叹的技术和艺术成就：雄伟的建筑，精美绝伦的金器、玉器、兵器等工艺品，至今仍能使人倾倒的原始艺术作品……但没有一个无文字民族给我们留下任何科学理论成果。我们很容易就能看出：人类的“文明期”就是有可靠文字记载、有科学理论知识的时代。文明期的开始就在人类发明文字并用于记载历史，产生可靠文献，并且有可能产生体现于文字载体的科学理论知识之时。为什么创制文字之前能够出现相当高度的工艺技术、神话史诗、音乐绘画，但是不能产生科学以及哲学等学术部门的理论知识呢？这些理论知识的产生有赖于文字的机制何在呢？因为理论知识不同于一般的知识，它是对纷繁多样的客观对象以及它们之间复杂错综的相互关系的体系化、条理化、精确化的阐述。这种体系化、条理化、精确化的知识，不是从个别人的有限实践经验中可以直接取得的，更不是某个天才人物灵机一动，拍拍脑袋就能想出来的。人们的思想、知识必须以语言文字为中介、媒体，才能成型，才能交流，这是人们所公认的。

在印刷术发明之前，文字著作的传播必须通过手写传抄，十分困难，数量很少，成本昂贵。所以，能够识字和直接阅读文字典籍的人很少。文字知识只掌握在少数人手中。中国人发明的造纸术和印刷术传到欧洲后，德国人约翰·古腾堡于1454年用活字印刷术印出了《圣经》。之后，印刷行业快速发展，到40多年后，即15世纪末，已有约2000万本印刷书籍面世。《圣经》以原价五分之一出售，使普通人的家庭可以拥有自己的《圣经》，能够自行阅读《圣经》，而不是必须听取主教的宣讲。正是有了这个基础，马丁·路德才能破除对天主教会神权的恐惧，看出教皇发行赎罪券的荒谬无理，于1517年在维登堡教堂门口贴出他撰写的《九十五条论纲》，掀起了改变世界面貌的“宗教改革运动”。马丁·路德在一篇文章中直接谈到：印刷术是上帝给我们的无上礼物，因为有印刷术才能印出大量《圣经》供大众阅读，使人人都能直接和上帝沟通。这个事件被历史学家作为结束中世纪、进入近（现）代社会的标志。文字以及传播文字的技术，在创造人类文明中有着不可替代的、巨大的贡献。

任何文明都不是凭空产生的。在知识的空白状态下是不可能写出最美的文字、画出最美的图画的。新的创造必须在既有成果积累的基础上才得以产生。前人的成果必须通过“记忆”传递给后人。所以，古人称：“记忆乃一切智慧之母。”至今，人们普遍赞誉“记忆”为“保存一切技术的技术”。古希腊神话中的记忆女神谟涅摩绪涅是天神乌剌诺斯和地神该亚的女儿，为九个缪斯女神的母亲，是一切知识、文明的母亲。人的记忆能力是有限的。有韵的口语容易记忆些，所以，在无文字时代，乃至文字创制之初，是以韵文为主的（因此，在中国乃至世界文学史上，诗歌是最早的文学形式）。但知识的精确性要求往往在受韵律束缚的韵文作品中受到限制，只有散文作品才能精确地表达客观知识的主体部分——科学知识，等等。如何使没有韵律帮助的散文作品流传后世呢？这就不能像古代史诗那样依靠行吟诗人口耳相传，而只有依靠文字记载形成的书籍了。文字、书籍的传播虽然能够超越时间和空间，但它比口语传播困难，要求更高的、复杂的技术手段。初期，文字刻画在石头上、甲骨上、泥版上，非常困难，非常稀罕，不可能普及。国人发明了纸张、印刷术，是被全世界公认为改变世界面貌的伟大技术发明。

说到文明，大家已经发现，很多国人正渐渐忘却什么是传统文化，什么是文明，道德沦丧发生在数千年来极力推崇道德的“儒雅之国”，礼仪缺乏发生在几千年的“礼仪之邦”，因而很多专家学者呼吁继承和弘扬传统文化，以规范和校正一些人的言行。

随着经济全球化，文化的大融合势所必然，中国的传统文化正在消失，我们的年轻人已不知道哪些是中国传统文化，哪些是我们的民族赖以安身立命的精神支柱。有人开出了一份中国文化传统遗失清单，包括以下几方面。一、任侠之气（我们的家长从小就教育小孩明哲保身，不要相信别人，因此我们的小孩哪来风流潇洒和豪迈洒脱之气?）。二、忠孝仁义信礼智勇（前四个在儒家的极力倡导下也只剩下空壳，后四者则早连壳也没有，不然我们如今怎么会大力提倡诚信，提倡见义勇为?）。三、匹夫有责（现在很多人只对自己负责，不要说国家民族，也不要说同学、朋友，连父母亲戚都不管的大有人在。2007 年四川射洪县的胡某是个 20 多岁的青年男子，用药毒死自己的父母——据中央台2008年12月24日节目)；2011年湖北某初中生一怒之下杀害自己的爷爷奶奶。四、诗词曲赋（浩如烟海的文学作品正从我们年轻一代的视野中消失，包括有42 863首诗的《全唐诗》和19 990首词的《全宋词》，说明我们整个社会的审美能力正在丧失)。五、琴棋书画（我们的家长要么根本不懂，要么把价值取向在孩子身上复制，使之为升学时加分或赚取钱财服务，那种初始的风雅已被扭曲)、纯朴的民风民俗正在隐退。前些年，我们的一个市委书记在外国考察时在机场大骂；一个参观团在法国参观圣母玛利雅教堂时在里面大声嚷嚷，不守规矩，一副没有教养的样子，结果被管理人员勒令退出，不许参观。问海外人对中国人的印象，有的答案是“粗俗，没有礼貌，没有教养”。天哪！我们五千年的泱泱礼仪大国的子民居然“没有礼貌”！

就世界范围而言，有些民族没有自己的语言，没有自己的文字，没有自己的文化，它也就趋于消失了。而我们能区别苗族和傣族，就因为他们有各自的文化。在中国历史上，有很多民族已经消亡了，其中因种族屠杀而灭亡的民族几乎没有，而因文化消亡而灭亡的民族却有很多。没有科技不足以强国，没有文化则足以亡种。我经常在想，外国人到中国来，为何喜欢去看香格里拉，喜欢到西藏；而我们到外国则喜欢去他们的大城市，他们的赌城。也许，外国人所喜欢的正是我们浓郁的民族风情、民族文化，而我们却是羡慕和追求他们丰富的物质享受吧？

阅读资料

关于捐款

2006年6月24日，美国的投资家巴菲特做出了一个举动，让我至今都感动的举动。75 岁的他向比尔·盖茨夫妇创立的慈善基金会捐资 337 亿美元，创世界捐款记录。我们再仔仔细细地听一次，是 337 亿美元，那是多大一笔钱，我们为之劳累，为之奔波几辈子都无法拥有的财富，他却白白送给也许与他毫不相干的人了。回想一下，比尔·盖茨他们也已经向基金会捐赠了 300 多亿美元了，我国香港的李嘉诚也捐款 100 多亿……从他们身上，我们能领悟什么？他们可都是白手起家，靠自己的艰苦创业，才积累了这么多财富。他们又都有自己的孩子，他们难道都这样无情吗？他们的财富观和对后代的真正的爱，特别是作为中国人，也许受几千年的封建思想的影响，一切为了孩子，为了孩子的一切……太根深蒂固了。所以中国有很多富翁，捐赠的人又有多少？

文明的尺度（节选）

梁晓声

20 世纪 80 年代我曾和林斤澜、柳溪两位老作家访法。有一个风雨天，我们所乘的汽车驶在乡间道路上。在我们前边有一辆汽车，从车后窗可以看清，车中显然是一家人，丈夫开车，旁边是妻子，后座是两个小女儿。

他们的车轮扬起的尘土，一阵阵落在我们的车前窗上。而且，那条曲折的乡间道路没法超车。终于到了一个足以超车的拐弯处，前边的车停住了。

开车的丈夫下了车，向我们的车走来。为我们开车的是法国外交部的一名翻译，法国青年。于是他摇下车窗，用法语跟对方说了半天。后来，我们的车开到前边去了。

我问翻译：“你们说了些什么？”

他说，对方坚持让他将车开到前边去。

我挺奇怪，问为什么。

他说，对方认为，自己的车始终开在前边，对我们太不公平。对方说，自己的车始终开在前边，自己根本没法儿开得心安理得。

隔日我们的车在路上撞着了一只农家犬。是的，只不过是“碰”了那犬一下；只不过它叫着跑开时，一条后腿稍微有那么一点儿瘸，稍微而已。法国青年却将车停下了，去找养那只犬的人家。十几分钟后回来，说没找到。半小时后，我们决定在一个小镇的快餐店吃午饭，那法国青年说他还是得开车回去找一下，要不他心里很别扭。是的，他当时就是用汉语说了“心里很别扭”五个字。而我，出于一种了解的念头，决定陪他去找。终于找到了养那条犬的农家，而那条犬已经若无其事了。于是郑重道歉，于是主动留下名片、车号、驾照号码……回来时，他心里不“别扭”了，接下来的一路，又有说有笑了。

像绅士一样生活

“应该活得像一个绅士”，这是有些人常说的一句话。但是，何谓绅士呢？尽管这也是一个见仁见智的话题，但对于那些想要使自己的行为举止变得更加文明的先生们来说，不妨观照一二。

口才良好

口才对于绅士的重要性是不言而喻的，1802 年汉密尔顿·摩尔的《小绅士、淑女指南与英语老师助手》就已经强调过：“要成为绅士，优雅的谈吐与优雅的个人形象一样，都是最重要的方面。”

在汉密尔顿·摩尔看来，学习的目的绝不仅仅是为了找一份工作，而是让人们："成为受欢迎的人，成为社会的有用之材；愉快地面对孤独，经受各种纷扰诱惑。"汉密尔顿·摩尔在强调语言能力培养的同时，他特别强调良好行为举止的重要，比如守时、谦逊、悲悯、审慎、保守秘密，他鼓吹"拥有美德的人生，胜过拥有快乐的人生"。这些价值观组成了绅士概念的基础。

今天，看着一位英国绅士在俱乐部、乡间旅馆的行动，你就能感觉到上述特点。在一家公司，你遇到了一位陌生人，你也许以为他是聋子，因为他的眼睛从未离开眼前的桌子和报纸；他从未流露出自己的什么好奇心，也从未流露出不合自己身份的情感；除了别人向他介绍你，他从来不会与你目光对视；他处事低调，不愿意轻易留下姓名。在旅馆中，他向来不愿意将自己的姓名轻声告诉前台的服务员；如果他送给你一张写有自己家庭住址的卡片，那就可以肯定：他把你当做了自己的朋友。他自我介绍的时候，也总是一副冷冰冰的样子，即便他内心希望结识你或盘算着做些什么。

举止得体

从前，谈话有礼貌只是举止得体的一个方面，而举止得体是成为绅士的关键。威廉·威克姆所说的"举止造就男人"广为流传，也成为他本人创立的两所学校———温彻斯特公学和牛津新学院的格言。

大约公元1460年左右，也就是威廉·威克姆之后，一位无名作者的《举止行为手册》所讲的内容与威廉·威克姆如出一辙，"无论何时何地，良好的行为造就一个人"。而时刻注意讲话措辞非常重要，因为"话语可以成就一个人，也可以毁掉一个人"。早在500多年前，人们就明确抨击三种不文明行为：吐痰、流鼻涕、放屁。

当然，丰富的学识、良好的习惯来自于长期的体验和实践，进而形成稳定的社会行为，这种行为从小就主宰着他们，直到离开人世。当他们不必为工作或赚钱奔忙，有闲暇掌握这些知识的时候，这个社会阶层的稳定或多或少就得到了保证。

因此，良好的学识修养是丰裕安康生活的首要标志。他们无须在别人的监督下工作，无须为了获得对自己没有多少正面影响的东西而工作。因为如果一个人整日为了生计劳碌奔波，就没有工夫追求良好的教养。绅士风度潜移默化的影响在于绅士的行为举止，而后者即便在今天的公立学校中，也得到了很好的培养。

遵守规则

富有的新兴实业家和专业人士的孩子，与豪门贵族的孩子一起学习、游戏，部分冲破了原有的社会壁垒：无论在公立学校之外的头衔和地位如何，他们都必须遵守校内的各项规则和秩序。你可以尽力表现自己，但必须遵守规则。

1825 年，沙夫茨伯里勋爵在伊顿公学就读的 13 岁儿子，在一场斗殴中丧生。值得注意的是，勋爵拒绝采取任何法律行动控告学校或儿子的对手，他认为那场不幸的斗殴是根据当时的打斗规则进行的。为了个人荣誉，勋爵儿子在同比自己年长、高大的对手交锋时表现出很大的勇气，而勇气正是那个年代男性的美德之一。在运动场，在生活中，勇气与公正的结合是绅士应有的品格。

道德品质

关于英国绅士最准确的定义，出现在 1852 年出版的一本名叫《大学理念》的书中，作者是约翰·亨利·纽曼。绅士的定义就是，他是一个从来不会给别人带来痛苦和麻烦的人。真正的绅士总是小心翼翼，举止得体，避免可能发生的冲突和不快，避免所有意见摩擦或感情冲突，避免所有的猜忌、忧伤、怨恨。他最关切的东西，就是让每个人自在、洒脱；他关注所有同伴，和蔼地对待害羞者，温和地对待陌生人，仁慈地对待可笑之人；他会记住曾经聊天的人，避免那些可能激怒人的不合时宜的暗示或话题；他与人交谈时很少出风头，也从来不会乏味无聊；他喜欢别人，也招人喜欢，他在付出的时候也得到了很多。他从来不说自己，从来不会为了反驳别人，而替自己辩解；他从来不愿意听流言蜚语；他向干扰自己的人，小心谨慎地讲述自己的目标；他完全出于善意，理解周围的一切；他在争论的时候，从来不用卑鄙、猥琐的手段；从来不占用不公正的好处，从来不侮辱人格或使用激烈的言辞，也从来不会含沙射影去攻击别人。

所以，真正的绅士品质并不取决于表面的时尚或礼貌，而取决于道德价值；并不取决于个人的财富，而取决于个人的品质①。

第五节　汉字与思维

20 世纪中期，有些学者认为文字和思维之间不存在多少关系，不值得去关注，从而放过了一个内容丰富的研究领域。他们认为人脑接触文字只是种视觉活动，而感觉不是思维。美国哈佛大学艺术心理学教授鲁道夫·阿恩海姆在其《视觉思维》中尖锐地批判了把知（感）觉和思维割裂，孤立地研究的传统

① 摘自《像绅士一样生活》［英］爱德华·伯曼/著李钊平、张跣/译，中国商业出版社出版，摘选时有删改。

偏见，指出植根于西方学术传统的这种偏见使人们丧失了一个通向真理、通向认识自身和社会的重要途径。而他的这部巨著用确凿的事实和可靠的说理开拓了一个广泛的研究领域，即作为一般性的认识活动的视知觉领域。认知科学的新进展也支持了视知觉与思维有关的理论。美国东伊利诺斯大学心理学系主任贝斯特教授在其名著《认知心理学》中反复阐述了这个问题。他再三提到，注意于某一事物是一件复杂的认知活动；知觉过程是接纳感觉输入并将之转换成较抽象代码的过程。通常把思维、推理和问题解决称为高级心理过程，因为人们习惯上认为这类事件发生在信息加工链的末端。认知活动的这种观点在20世纪60年代牢固地树立起来。这是因为知觉和记忆根植于感觉和生理心理学的研究范围之中，它们被认为与神经过程紧密相关；而与思维和推理相关的认知活动好像与任何神经加工模式都没有什么相同之处，从这种意义上讲似乎高于其他的认知过程。

在古代人心目中，世界是整一的。地理大发现后，人们知道世界存在许多不同的民族，各有其不同的语言（其中主要的民族有不同的文字）和民族文化。通过对世界不同民族的了解和研究，19世纪杰出的语言学家洪堡特指出："在一个民族所形成的语言里，从人们对世界的看法中产生出了最合理、最直观的词，而这些词又以最纯粹的方式重新表达了人们的世界观"，"人从自身中造出语言，而通过同一种行为，他也把自己束缚在语言中；每一种语言都在它所隶属的民族周围设下一道樊篱，……每一种语言都包含着属于某个人类群体的概念和想象方式的完整体系”[①]。20世纪美国著名语言学家萨丕尔及沃尔夫进一步发展了这种见解，形成了语言相关论（通常称为萨丕尔－沃尔夫假说），认为每一种民族语言都形成该民族成员共有的独特的世界图景。爱因斯坦也断言，一个人的智力发展以及其形成概念的方式在很大程度上依赖于语言。这使我们认识到，在很大程度上，相同的语言意味着相同的精神状态。所以从这个意义上讲，语言和思维是连成一体的。但是，西方学者关于语言影响思维的研究基本上局限于口头有声语言，因为西方借（他）源表音文字数量很少，而且都是从希腊、拉丁字发展而来，字形相似，难以从中得出多少研究成果。

汉字的情况完全不同，汉字数量庞大，字形变化多端，历来对民族文化起着巨大作用。早在两千多年前，许慎已一语道破：“文字者，经艺之本。”即文字是一切学术思想的根本。但正因为这在中国人看来是很自然的事，古代中国人又不了解另一种文字系统（表音文字），所以对此未进行深入研究。十六七世纪西方传教士来到中国，接触到悠久丰富的中华文化，对此也有体悟，但限于条件，也不可能进行具体的探索。当代中国学人（包括港澳台地区及海外华人）有不少已认识到：汉字是中华文化的根。但从表层次的汉字（尤其是商周时代的甲金文）反映生活实际方面研究得较多，从深层次的汉字陶铸汉民族心理文化结构（所谓民族集体无意识，其核心是思维模式和认知框架）方面研究得较少。而在正统的文字学界中，极少考虑汉字结构与传统的文化心理与思维方式之间的关系，而且对这方面的研究还多少有些成见。这种看法产生的原因，大约是因为

---

① 《论人类语言结构的差异及其对人类精神发展的影响》，第四章，28～39页。北京：商务印书馆，姚小平译，2002年版。

二者之间的联系不够明确，缺乏可靠的中间环节，有很大的跳跃，所得出的论点不一定准确。这种状态正是科学研究处于初创阶段的特征。

不同文字体系性质、造字法、结构、功能的差异对不同民族文化的影响，从根本上来说，是通过对思维活动有重大作用的思维模式、认知框架体现出来的。汉字和表音文字的差异对中西传统文化差异的产生，具有深层次的、潜意识的、极其深刻而巨大的作用。由汉字导生的最重要的思维模式是“主客合一”，因为主体是通过模拟认识对象的形态特征来把握对象、表达对象的，所以，对象的存在是自明的、前提性的、对（主体的）认知而言是决定性的，主体对于客体对象是肯定的。所以中国文化最基本思维方式是肯定性思维。由表音文字的任意性原则导生的思维模式则是“主客二分”的。主体是站在主导者的地位、超越性地审视客体对象，做出自己的认知、判断、命名。主体对于客体可以采取肯定的态度，也可以采取否定的态度。所以，西方文化传统中一直有两种思潮并存发展。除了和中华文化相似的肯定性思维之外，绵延不断的、强大的否定性思维产生了巨大的作用。它使人对客体的态度更加全面，认识更加丰富，应对更加审慎。突出表现在对人性的态度上，西方人认为：“人性的一半是神性，一半是兽性。”因而，不但要发扬人性的善，而且要应对人性的恶。西方哲人智者具有这样的观点：“恶是推动历史进步的动力。”个人追求自身利益的行为（恶）客观上可以增进整个社会的福利（善）。在西方文学艺术中，最优秀的作品往往是悲剧，它们最深刻地表现了完整的人性：既有性格的缺陷，又有英勇的奋斗，最有力地感动人心。西方对待政体、政府的看法，常常强调其负面因素，比如，民主不是最好的政体，而是最不坏的政体，因为唯有民主能避免发生最严重的祸害。掌握权力必然使人腐败，所以一定要对掌权者实行严格的、广泛的、有效的监督。这些思路对西方最早进入民主法制社会，起了支配性的作用。就连科学知识，这个中国人乃至西方人早期都把它等同于“真理”的、对社会进步起着巨大作用的事物，西方人也能从否定的方面来看待。

文字对脑的运作起的影响也是关于文字与思维关系的研究重点之一。科学研究表明，人脑具有极大的潜力，人们实际运用、发挥的脑力只是脑潜力的极少的一部分。科学家们认为：一个儿童出生时脑拥有的潜力比达·芬奇一生所使用过的脑力还要大得多。

20 世纪下半叶，对大脑左右两半球的不同功能有了清晰的认识。美国心理生物学家罗杰·斯佩里等人通过对“裂脑人”的研究，揭示出了左右脑半球类似两套分工不同的信息加工控制系统，各尽其职，功能高度专门化。他们发现，除了各司与其相对一侧的器官运动而外，左脑主管与声音信息相关的语言和逻辑推理等信息加工，右脑主管与视觉形象（线条、图形、色彩）和想象力等相关的信息加工。由于西方表音文字直接表达的对象是语音信息，所以，西方人往往发展出左脑优势，即长于逻辑推理，这对西方迄今为止在发展科学方面占据领先地位起着重要的作用。然而如果不有意发展、提高其右脑功能的话，就会大大限制其大脑功能的全面、平衡、充分的发展，影响了创造能力的发挥。因而，西方近年来出现了所谓“右脑革命”的浪潮，即想方设法提高人们右脑的功能，以便有效地发挥人的巨大潜能。与此相对应，汉字是表意文字，其主要功能在于用字的形体（线条）直接指称对象（物或概念），很多字同时又具表音功能。所以，学习、辨认、使用汉字时，右脑发挥了很大作用，左右脑同时并用，而不是单纯使用左脑。长期使用汉字的人，左右脑得到了平衡，全面发展。心理学家根据实验认为：汉字是“复脑文字”，“汉字认知与大脑左右两半球均有关系”。长期使用汉字，使人的左右脑全面发展，有效地提高了人的智商。美国社会学家韦尔在对美国人口普查统计资料进行研究后得出了一个论点：美籍华人（还有日裔）的智商高于欧美人，其原因主要在于：汉字的独特认知方式使他们的大脑两半球由于共同参与信息加工过程而得到比较均衡、全面、充分的发展。

当然，汉字也有其不足之处。由于汉字是表意文字，无法表达一些抽象概念，比如，我们早在2000多年以前就有了商高定律，但是我们没有办法表达 $x^2+y^2=z^2$ 这样的想法和概念，势必影响科学的传播和发展；另外，儒家思想对科学的发展也有巨大的影响，尤其是汉代以后形成的儒家学派注重社会科学，轻视自然科学，讲究人伦，忽视自然，喜欢定性分析没有定量分析，也许，这就是我国近代科学技术衰落的原因吧。

第二章
汉字与书法文化

在世界历史长河中，总共存在过大约 7500 种语言，其中部分消失了，如中国的西夏、女真、契丹语言。目前世界上的语言有 5561 种①，这是现在还在使用的人类自然语言。在这些世界语言中，却只有三百多种语言有文字。在流传下来的这么多种文字当中唯有汉字兼具了实用和审美的功效，衍生出了独具魅力的书法艺术，这与汉字本身的特点密不可分。

三千多年前的商代，中国已经进入青铜时代。这种青铜钟鼎之上的文字，被后人称为钟鼎文。古人把青铜称作“金”，因此这种文字又被称为金文。钟鼎文之前，还有中国最古老的文字，这种文字是刻在龟甲和兽骨之上的，后人便把它称作甲骨文。

那些刻在甲骨和钟鼎上的文字是不是中国书法的开山之作呢？

中国画研究院理论研究部副主任梅墨生认为，字体与书体不是一回事。郭沫若却认为，书体和字体合一。但我认为从文字学的角度看，书体与字体不是一回事，大家可以想象一下，

---

① 见德国《语言学及语言交际工具问题手册》。

在象形意味非常浓厚的甲骨文中，在金属铸就的肥大的金文中，哪里来的书法艺术？

在秦朝通行小篆的同时，隶书在社会下层悄然而生。到了汉代，隶书取代了小篆，上升为主要通行字体。隶书的出现是中国文字史上一次重大的变革，它使汉字告别了已经使用三千多年的古文字，彻底摆脱了古文字那种象形的特点，所以汉代人称隶书为“今文”，而甲骨文、金文、籀文、大篆、小篆，都是处在古文字阶段。

汉代以后，隶书向正书、行书、草书三个不同的方向演变，形成了中国书法最主要的三种书体，这就是书法史上著名的“隶变”。如果说汉字自身的逐渐演变为中国书法展开了广阔的发展空间，那么书法工具的逐步完善无疑又起到了推波助澜的作用。清代的刘熙载在他的《艺概·书概》中这样写道：书，如也。如其学、如其才、如其志。总之曰如其人而已。[①] 一管柔毫、一张宣纸，就可以把人的精神性情清晰而又千差万别地体现在笔下的点线之中。以最简单的工具，直接的把握物我之真，万象之美。书法艺术和书写者的人格性情就是这样紧镶密嵌地成为浑圆的一体——艺术成为人的具体意义和生动展示，人格性情成为艺术的最终目的和内在灵魂。因此，文字学上，把隶书、行书、楷书、草书称为今文字，隶变就是古今文字的分水岭，至关重要。

隶变为什么重要？最主要的原因是有了隶变，才会有线条。隶变改变了原来弯弯曲曲的象形图案，使之成为波浪形的线条，书写起来既快捷又好看，而书法的精髓在于线条化，没有线条化就没有书法。因此我们认为，在隶书之前是没有什么书法可言的。

---

① 袁津琥，《艺概注稿》，下册，中华书局，2009。

隶变以后中国汉字书法艺术迅速发展，字体也不断增加。草书是最为简便快捷的一种书体，它只保留了汉字的梗概，书写起来草率急就。早在秦汉时期就有了章草，章草保留隶书的笔法，上下字分得很清楚；东汉时期张芝创造了今草，笔锋开始连贯起来，到唐朝产生了龙飞凤舞的狂草，笔势连绵回绕，造就了张颠素狂。张旭、怀素是狂草的杰出代表。狂草最为肆意放纵，草到了极致。张旭的草书蓦地而来、飘然而去，令人眼花缭乱的飞腾作势，心手两忘地抒发心中的激昂慷慨，展示了他傲视一切的胸襟。诗圣杜甫写道："张旭三杯草圣传，脱帽露顶王公前，下笔落纸如云烟"。相传张旭和怀素被邀请去达官显贵家里写草书，主人在桌上摆了十多碗酒，他们端起碗，一一喝完，在王公大臣面前脱帽露顶，用这种微醺的狂态来创作草书，在主人铺于地上的白纸上龙飞凤舞，写完以后尤不尽兴，就在主人家雪白的墙上书写。

书法艺术发展到了今天，它给我们留下的不仅仅是一幅幅令我们无限追思和景仰的笔墨宝卷，更重要的是留给了我们一笔沉淀千年的思想和精神财富。站在它的面前，我们应该感到无限的欣慰和幸福，因为每当我们停下匆忙的脚步，我们都可以随时去瞻仰去体会那份古朴优雅和那份博大深邃。

无论是勤学苦练的求索，还是心手两忘的抒怀，无论是浪情恣肆的狂放，还是温文尔雅的内敛，中国书法作为中国传统艺术已经经过漫长的积淀代代相传，浸透在民族久远的血液之中。透过那变幻万千的点线形式，我们似乎看到了那种沉浸于笔底，洋溢于案头的生命存在。

书法艺术伴随着中华文明史的发展走过了漫长的历程，书法创作成为书家心灵世界的展现，传统文人们自觉地将书法纳入"正人心"的轨道，书法就成为地道的身心修养、人格完善的过程。虽然作为实用性书写工具的毛笔已经退出了历史舞台，但是作为中国艺术瑰宝的书法却保留了下来，它那独具的神韵、百读不厌的气质，至今依然令人倾倒、令人陶醉。千年书法的历史不仅仅是这独一无二的艺术形态的流传史，伴随着文人们的笔墨纸砚流淌千年的毫无疑问应该是那千古不变的翰墨精神。

第一节　天下第一行书

东晋有一个风俗，在每年阴历的三月初三，人们都要到郊外的水边踏青郊游，以消灾避祸。他们把这种活动叫“修禊”。永和九年的三月三日，王羲之约了一些文人朋友共41位，到兰亭溪边饮酒游戏，即兴赋诗。大家把这些诗作汇集起来，公推王羲之为诗集作一篇序文。《兰亭序》就是王羲之为这个诗集写的序文手稿。《兰亭序》叙写了兰亭雅集的盛况，抒发人生的种种感慨，文笔隽爽流畅，洒脱无拘。而王羲之的书作将晋人的精神风貌和气质神韵抒发得淋漓尽致。恐怕连王羲之也没有料到，他即兴写下的这篇《兰亭序》竟然以天下第一行书而风流千古。

王羲之，字逸少，因为他为官曾做过右军将军，所以后人又称他为王右军。王氏宗族在朝廷中有着显赫的政治地位，王羲之从小就受到深厚的书学熏陶。稍大些后，他便跟随卫夫人学习书法。卫夫人，名叫卫砾，是当时著名的女书法家。成年以后，王羲之开始离家远游，遍访北方名山大川，瞻仰临摹名家名碑。

两汉至魏晋时期，崇尚书法的风气非常盛行，帝王士大夫皆以善书为荣。在当时，世俗学者、官宦人士中也有不少是精通佛道、崇尚隐逸的人，从王羲之和当时一些高僧的交往来看，至少，王羲之在精神上对佛教所提倡的清华雅淡的境界是认同的。王羲之不喜欢做官，当时的扬州刺史殷浩向来看中王羲之，多次劝他出来为国家效力。王羲之被感动了，担任了右军将军，会稽内使。

从绍兴城向西南的兰渚山下，有一座幽雅别致的古典园林。相传春秋战国时期，越王勾践曾在这里种植兰花，所以人们就把这里称为“兰亭”。东晋永和九年三月三日，也就是1600多年前的那个温暖的春天，王羲之和友人谢安、孙绰等41人，在这里流觞饮酒，赏谈赋诗。这一天，天朗气清，惠风和畅。放眼望去，“此地有崇山峻岭，茂林修竹，又有清流激湍，映带左右。”大自然是那样的自足圆满，自由活泼，生生不息。他们围坐在曲水之畔，将酒杯置于水中，任其随水漂流，酒杯到谁的面前，谁便饮酒赋诗。不然，罚酒三杯。

虽然没有丝竹伴奏，但喝一杯酒，吟一首诗，也足够畅叙衷肠。在这草长莺飞的暮春时节，诗人抬头看到的是广阔的天空，低头看到的是万物的繁茂，大自然以其生生不息的广袤坚定着王羲之对自己生命方向的判断和选择：身在无拘无束的自然怀抱之中，心情才是最舒畅的。何况人生有涯，天地无限，宇宙生机中又包含着多少玄妙需要用心去领悟才能参透呢？王羲之说“信可乐也”，这是多么值得快慰的时刻呀！

在兰亭聚会的那天，据说王羲之喝了很多酒，他终于醉了。《兰亭序》共书三百二十四字，每一字都被王羲之创造出了一个生命的形象。特别是二十多个“之”字，更是无一雷同，各具独特的风韵。唐太宗赞叹它“点曳之工，裁成之妙”。宋代书法四家之一的黄庭坚称扬说：《兰亭序》草，王右军平生得意书也。反复观之，略无一字一笔，不可人意。明朝《永乐大典》的主编解缙说：右军之叙兰亭，字既尽美，尤善布置，所谓增一分太长，亏一分太短。明代书画大家董其昌写道：右军《兰亭序》，章法为古今第一，其字皆映带而生，或小或大，随手所如，皆入法则，所以为神品也。

王羲之在世时，其书法作品就“声华四宇，价倾五都”。由于上至皇帝，下到百姓都以王羲之的书法为珍贵，以至于就有人专门模仿他的书法赚钱，可见他的影响之大。

唐太宗李世民对《兰亭序》真迹爱不释手，于是诏命书法大家临摹《兰亭序》。虞世南、褚遂良、欧阳询都是唐代的书法大家，现在传世的王羲之《兰亭序》的唐代临本，就是出自他们的手笔。

在有关《兰亭序》的各种临摹本中，唐人冯承素的摹本据说是最接近王羲之《兰亭序》原貌的。人们之所以这样认为，大概有以下几个原因：首先，冯承素是宫内专门从事摹写名家书法的人，和其他几位书法大家相比，人们相信他会更加拘泥于原作。其次，他的方法是先钩轮廓再填墨，所以人们认为不会失真。冯承素的这件《兰亭序》，因卷首有唐中宗神龙年号小印，被称为《神龙兰亭》。

李世民曾亲自撰文的《大唐三藏圣教序》，记述了玄奘和尚西天取经的盛事。皇帝的文章当然应该流传千古，可怎么才能做到这一点呢？按照当时的办法只能是刻在石头上。可是又有谁的字能与天子的文章相匹配呢？只能是书圣。只有书圣的字才能与圣上的文章相得益彰。可是书圣王羲之作古已经 250 多年了，怎么办呢？由于取经是一件佛教盛世，于是长安诸寺院便委托弘福寺的怀仁和尚来办这件事。怀仁和尚从内府借得王羲之书迹，从中逐字寻找，然后描摹下来，以求丝毫不差。据说怀仁在集字过程中，有几个字怎么也找不到。不得已，他奏请朝廷昭示天下，谁能献出碑文中急需的一个字，赏一千金。

这就是成语“一字千金”的典故。书家写字要求一气贯之，字与字之间都有安排照顾。集字则不然，需要在若干个同样的字里选择出最适合的字出来，排列组合。这个过程，需要花费的心血可想而知。怀仁是一个“能文工书”的和尚，他呕心沥血，历时整整二十四年，终于完成了这项使千百年来学书王羲之的人都能获益的浩大工程。《圣教序》至今仍然是学习王羲之行书最好的范本字帖。

将王羲之推上书圣地位的关键人物是唐太宗。在唐修写二十四史之一的《晋书》时，李世民亲自为《晋书－王羲之传》撰写了一段御评，这就是《王羲之传论》。在《王羲之传论》中唐太宗写道：心慕手追，此人而已，其余区区之类，何足论哉！

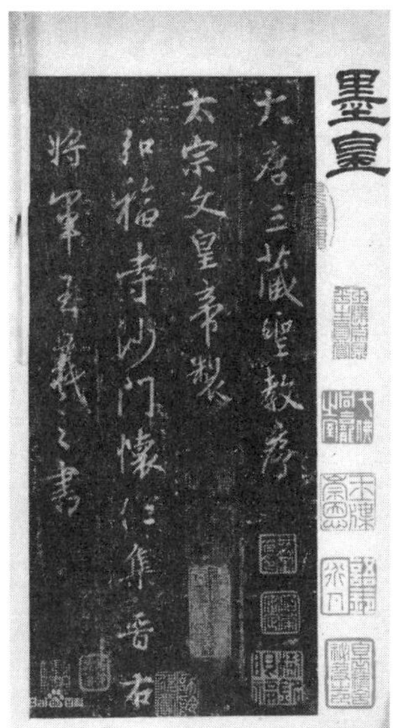

大唐三藏圣教序

武则天，这位被人熟知的中国历史上唯一的女皇帝还有着不为人知的一面，那就是她还是一位书法家。她曾刻意习练王羲之、王献之父子的书法。王羲之的九世重孙王方庆将家藏先祖二十八人书迹捐献入宫。武则天下令弘文馆分十卷摹勒拓印。由于当时的年号是万岁通天，因此这部聚集了王氏一门几十位书家作品的摹本，被称为《万岁通天帖》。

自唐以后，王羲之的书法一字千金，其实，即使在王羲之生活的东晋时期，王羲之的墨宝也是千金难求。

北京大学中文系教授王岳川认为：他之所以不可超越性在

于两点，就在于魏晋时期人的觉醒，人的觉醒就表明了个性重于一切，自己的人的思想、人的精神重于一切，只有按照自己我心写我手，我手写我字，才可能形成自己的东西。

贞观22（672）年，唐太宗病危，临终时他召见了太子李治。太宗想叫儿子让王羲之的《兰亭序》给自己陪葬。唐高宗李治也非常喜爱收藏书画佳作，那么《兰亭序》到底陪葬没有？如果不，那是不孝。有人认为李治把《兰亭序》装入玉匣之中，放在了太宗皇帝的面前，《兰亭序》作为陪葬品埋入唐太宗的昭陵。但是，我们知道，李治和武则天夫妇都喜欢王羲之的《兰亭序》，也许不会轻易答应唐太宗把它带进昭陵，如今的考古发现也证明，《兰亭序》并没有在昭陵。那么《兰亭序》究竟在哪里？很多学者认为，是在乾陵里面。乾陵依山而建，固若金汤，里面埋葬着两个帝王，也是目前唯一没有被挖掘的帝王陵墓，从唐朝末年的黄巢起义军到20世纪国民党的军队都想找到乾陵地宫的入口，但都以失败告终。我们估计，王羲之的真迹就在乾陵里面。

阅读资料

大唐三藏圣教序原文

盖闻：二仪有像，显覆载以含生；四时无形，潜寒暑以化物。是以，窥天鉴地，庸愚皆识其端；明阴洞阳，贤哲罕穷其数。

然而，天地苞乎阴阳而易识者，以其有像也；阴阳处乎天地而难穷者，以其无形也。故知，像显可征，虽愚不惑；形潜莫睹，在智犹迷。况乎，佛道崇虚，乘幽控寂，弘济万品，典御十方。举威灵而无上，抑神力而无下；大之则弥于宇宙，细之则摄于毫厘。无灭无生，历千劫而不古；若隐若显，运百福而长今。妙道凝玄，遵之莫知其际；法流湛寂，挹之莫测其源。故知，蠢蠢凡愚，区区庸鄙，投其旨趣，能无疑惑者哉！

然则，大教之兴，基乎西土，腾汉庭而皎梦，照东域而流慈。昔者，分形分迹之时，言未驰而成化；当常现常之世，民仰德而知遵。及乎，晦影归真，迁仪越世。金容掩色，不镜三千之光；丽象开图，空端四八之相。于是，微言广被，拯含类于三涂；遗训遐宣，导群生于十地。然而，真教难仰，莫能一其旨归；曲学易遵，邪正于焉纷纠。所以，空有之论，或习俗而是非；大小之乘，乍沿时而隆替。

有玄奘法师者，法门之领袖也。幼怀贞敏，早悟三空之心；长契神情，先苞四忍之行。松风水月，未足比其清华；仙露明珠，讵能方其朗润。故以，智通无累，神测未形，超六尘而迥出，只千古而无对。凝心内境，悲正法之陵迟；栖虑玄门，慨深文之讹谬。思欲，分条析理，广彼前闻；截伪续真，开兹后学。是以，翘心净土，往游西域；乘危远迈，杖策孤征。积雪晨飞，途闲失地；惊砂夕起，空外迷天。万里山川，拨烟霞而进影；百重寒暑，蹑霜雨而前踪。诚重劳轻，求深愿达；周游西宇，十有七年。穷历道邦，询求正教；双林八水，味道餐风；鹿苑鹫峰，瞻奇仰异。承至言于先圣，受真教于上贤，探赜妙门，精穷奥业。一乘五律之道，驰骤于心田；八藏三箧之文，波涛于口海。

爰自所历之国，总将三藏要文，凡六百五十七部，译布中夏，宣扬胜业。引慈云于西极，注法雨于东垂；圣教缺而复全，苍生罪而还福。湿火宅之干焰，共拔迷途；朗爱水之昏波，同臻彼岸。是知，恶因业坠，善以缘升；升坠之端，惟人所托。譬夫，桂生高岭，云露方得泫其华；莲出渌波，飞尘不能污其叶，非莲性自洁而桂质本贞，良由，所附者高，则微物不能累；所凭者净，则浊类不能沾。夫以卉木无知，犹资善而成善；况乎人伦有识，不缘庆而求庆。方冀，兹经流施，将日月而无穷；斯福遐敷，与乾坤而永大。

朕，才谢珪璋，言惭博达；至于内典，尤所未闲。昨制序文，深为鄙拙。唯恐，秽翰墨于金简，标瓦砾于珠林。忽得来书，谬承褒赞；循躬省虑。弥盖厚颜，善不足称，空劳致谢。皇帝在春宫述三藏圣记。

夫显扬正教，非智无以广其文；崇阐微言，非贤莫能定其旨。盖真如圣教者，诸法之玄宗，众经之轨躅也。综括宏远，奥旨遐深，极空有之精微，体生灭之机要。词茂道旷，寻之者不究其源；文显义幽，履之者莫测其际。故知，圣慈所被。业无善而不臻；妙化所敷，缘无恶而不翦。开法网之纲纪，弘六度之正教；拯群有之涂炭，启三藏之秘扃。是以，名无翼而长飞，道无根而永固。道名流庆，历遂古而镇常；赴感应身，经尘劫而不朽。晨钟夕梵，交二音于鹫峰；慧日法流，转双轮于鹿菀；排空宝盖，接翔云而共飞；庄野春林，与天华而合彩。

伏惟皇帝陛下，上玄资福，垂拱而治八荒；德被黔黎，敛衽而朝万国。恩加朽骨，石室归贝叶之文；泽及昆虫，金匮流梵说之偈。

遂使，阿耨达水，通神旬之八川；耆阇崛山，接嵩华之翠岭。窃以，性德凝寂，麋归心而不通；智地玄奥，感恳诚而遂显。岂谓，重昏之夜，烛慧炬之光；火宅之朝，降法雨之泽。

于是，百川异流，同会于海，万区分义，总成乎实。岂与汤武校其优劣！尧舜比其圣德者哉！

玄奘法师者，夙怀聪令，立志夷简，神清龆龀之年，体拔浮华之世。凝情定室，匿迹幽巖，栖息三禅，巡游十地。超六尘之境，独步迦维；会一乘之旨，随机化物。以中华之无质，寻印度之真文。远涉恒河，终期满字；频登雪岭，更获半珠。问道往还，十有七载；备通释典，利物为心。

以贞观十九年九月六日，奉敕于弘福寺，翻译圣教要文，凡六百五十七部。引大海之法流，洗尘劳而不竭；传智灯之长焰，皎幽闇而恒明。自非久植胜缘，何以显扬斯旨！所谓，法相常住，齐三光之明；我皇福臻，同二仪之固。

伏见御制众经论序，照古腾今。理，含金石之声；文，抱风云之润。治辄以轻尘足岳，坠露添流，略举大纲，以为斯记。

治素无才学，性不聪敏。内典诸文，殊未观览；所作论序，鄙拙尤繁。忽见来书，褒扬赞述；抚躬自省，惭悚交并。劳师等远臻，深以为愧。

贞观廿二年八月三日。

第二节　天下第二行书

颜真卿的书风是一种钟鼎坐堂、正大光明，丰厚、雄浑，气势非常大，当然里边也有刚烈。但是颜真卿他其实又有另外一方面，他融会各家，他真草隶篆，他能把前朝的各种东西融会。他所首创的那种叫中锋行笔，逆笔启动、中锋行笔，那种藏头护尾的风格，都吃墨很深了，所以显得非常的雄浑有力。这个当然跟盛唐之音是有一种直接的关系，可以说是盛唐之音的一种符号象征。

颜真卿传世碑刻中经常自署“琅琊颜真卿”。古代所说的琅琊，就是今天的山东临沂，这里也是王羲之的老家。琅琊颜氏在历史上是名门望族，颜真卿的祖上可以上溯到那个因德行好而被孔夫子赞曰“贤哉，回也”的颜回。颜氏一门以诗礼传家，名臣辈出，中国历史上的著名人物南朝诗人、与谢灵运齐名的颜延之、以宣扬儒家传统思想为立身治家之道的《颜氏家训》作者、北齐文学家颜之推、唐代著名学者颜师古等颜姓大儒都出自颜门，和颜真卿血脉相承。颜氏家族在西晋时随宗室南迁到建康，后迁长安。

颜真卿，字清臣，公元709年出生在京兆万年，就是今天的陕西西安。开元22（734）年，才华横溢的颜真卿考中进士，那一年他25岁。

天宝十二年，颜真卿被排挤出京，远赴山东德州任平原郡太守。后人称颜真卿为“颜平原”，即由此而来。平原郡远离京城长安，这里土地贫瘠，民风剽悍。正如边塞诗人岑参《送颜平原》诗中所说：“此地邻东溟，孤城吊沧州。海风掣金戟，导吏呼鸣驺。郊原北连燕，剽劫风未休。”摆在新任太守颜真卿面前更为严峻的是，平原郡属心怀二志的奸佞之臣安禄山所管辖，这就为颜真卿日后面临的风险埋下了伏笔。

颜真卿任平原郡太守后，他“废苛政、黜奸小、除奸诡、进忠良”，平原百姓从此安居乐业，道途不惊。为此，颜真卿的好友、唐代著名的边塞诗人高适写下了《奉寄平原颜太守》，诗中说道：“皇皇平原守，驷马出关东。银印垂腰下，天书在箧中。自承到官后，高枕扬清风。豪富已低首，逋逃还力农。”表达了对颜真卿造福一方百姓的赞赏之情。

对安禄山的野心，颜真卿有所防范，他悄悄地在平原郡高筑城，深挖沟，收揽丁壮，积储粮草。颜真卿表面上每日以书会友，吟风弄月，尽造假象以化解安禄山对他的防范和疑心。

天宝十四年安禄山起兵谋反，叛军所到之处，“河朔尽陷，守令或开门出迎，或弃城匿窜，无敢拒者”。面对突如其来的事变，唐玄宗李隆基束手无策，狼狈不堪，他说“河北二十四郡，无一忠臣耶”？颜真卿在山东不等诏令，早已挺身而出，举义讨贼。由于对安禄山早有防范，颜真卿一声令下，所辖的三千人马很快扩充为上万人的威猛之师。

颜真卿在这场关乎唐王朝存亡的动乱中，大忠大勇，功勋卓著。同时他也付出了失去亲人的惨痛代价。叛军大兵压境，攻打常山城的战斗中，颜杲卿弹尽粮绝、寡不敌众，和他的儿子颜季明一齐被俘。叛军要颜季明劝降叔父颜真卿，季明坚决不从，被敌人先割掉耳朵、再割掉鼻子、再割掉嘴巴，死得很壮烈。两年之后，当安史之乱的硝烟散尽，顾不得洗去征尘的颜真卿，就开始四处寻找死难亲人的尸骨。乾元元年九月，颜真卿安葬了亲人。并设薄酒，祭奠为大唐社稷捐躯的颜季明。此时的颜真卿悲从中来，难以自制，写下了那篇流传千古《祭侄季明文稿》，后人称作《祭侄稿》。《祭侄稿》书写 25 行，共 234 个字。祭文情感真切，痛贯心肝，悲壮情怀溢于字里行间。颜真卿面对亲人的亡灵，国难家仇，涌上心头。抚今追昔，感慨万端。

《祭侄稿》开篇从“维乾元元年”开始，可以清楚地看出，颜真卿的心情异常沉重，落笔冷静，书写缓慢，一字一字笔墨饱满，用笔沉重沉着，墨色凝重而近于凝固，似乎在书写过程中还在构思文章所要表达的内容。很快书家的激愤之情渐次高扬，行笔加快，涂改之处、枯墨之笔频现纸上。从“蒲州”二字开始，墨色渐重，笔姿放纵，此后笔势渐次跌宕，可以看出颜真卿的心情越来越不能平静。在“尔父竭诚，常山作郡”一处竟连续涂改三次，难以定稿，在笔墨翻飞之间，他想到了与自己手足情深的族兄颜杲卿，难以抑制的悲情跃然纸上。当他写到“土门既开，凶威大蹙，贼臣不救，孤城围逼。父陷子死，巢倾卵覆。天不悔祸，谁为荼毒”时，字形兀然放大，行笔加

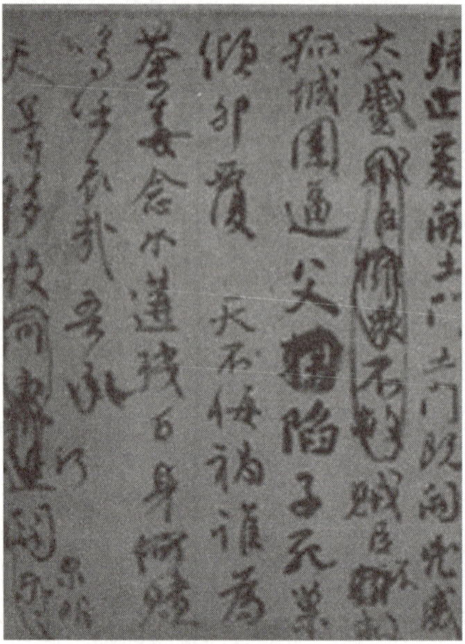

祭侄稿（唐）颜真卿

重。手稿节奏铿锵，音调悲壮，呜咽之声由弱至强，声声入耳。

当写到“百身何赎，呜呼哀哉”，“抚念催切，震悼心颜”时，我们仿佛看到颜真卿老泪纵横，痛心疾首。当“呜呼哀哉”第二次在文中出现时，手稿已经是满篇狼藉，肆意涂抹，无列无行，雷霆轰鸣。对逝去亲人铭心的追念和对叛乱奸佞刻骨的仇恨，使得他无法抑制自己胸中的情感，无法控制手中的这支笔。

通观《祭侄稿》，怎能想象颜真卿会把原本一篇普普通通的祭奠文字写得这样奇崛雄健，这样浩气充塞。江河翻涌，山峦崩催，天塌地陷也不过如此。一千多年来，颜真卿的《祭侄稿》不仅被公认为是颜氏行书中的顶峰之作，而且在中国书法史上被称作继东晋王羲之《兰亭序》之后的天下第二行书。

颜真卿书法的特殊意义在于他一变古法。

王羲之确立的书法传统与风貌，从东晋到晚唐四百年来一直延续。历代书法家们虽然各出机杼，但基本上都是继承有余，创变不足。而颜真卿从王羲之那里继承了书法传统的基本原则，在继承的基础上又完成了中国书法史上的一次革故鼎新的风格转换，创造性地赋予了书法一种崭新的形神风貌，令人耳目一新。颜真卿将魏晋以来的真书和初唐开始的楷书在结体、笔法、形态方面都进一步规范，使楷书成为一种完全成熟的新的书体。

颜真卿的一生活了七十七岁，后人按颜体楷书的发展变化和与之对应的年龄将颜真卿的书法创作划分为小颜、中颜和老颜三个阶段。《多宝塔感应碑》是颜真卿44岁时所作，可以看出，颜真卿此时的楷书仍然是从初唐大书法家褚遂良那里继承而来。从这个时候一直到他五十岁的颜氏书体，被后人称为“小颜”，小颜是他初步确立自己颜体面目的阶段。在这一阶段，颜体的继承还多于创新。经过书法前贤张旭的指点，颜真卿欣喜地说：“自此得攻书之妙，于兹五年，真草自知可成矣。”意思是说，我已经得到了学书之法，从现在算起，五年之内，我的楷书和草书必成大器。

“中颜”是指颜真卿五十岁至六十五岁之间。他63岁所书写的《麻姑仙坛记》这个碑，颜体楷书已经完全成熟。笔画，结体和布白都形成了自己独特的面目。至此颜真卿已经是一变初唐以来的那种楷书风貌，这种风貌是，前者侧，后者正；前者妍，后者比较粗壮；前者雅，后者宜；前者瘦，后者显肥；前者法度深藏，后者有法可循；前者润色开花，后者元气淋漓。

“老颜”一般是指颜真卿六十五岁以后的书法创作，在这一阶段，颜真卿书写了大量的书法作品，颜体从成熟中加以神奇变化，一日有一日之进境，一碑有一碑之异彩。唐大历十四年，公元779年所立的颜君神道碑，因为是颜真卿为他的曾祖父颜勤礼所立，所以后人称其颜勤礼碑。宋代欧阳修在《六一集古录》中曾经对此碑专门收录记载。可是这块石碑在北宋元祐年间忽然神秘失踪了，一直到公元1922年，陕西省在修缮省长公署的时候，竟意外地在公署的后院深土地下发掘了此碑。出土的时候，这块代表了颜真卿书法最高艺术成就的碑刻，除了石碑中部断裂，其他部分都铓锻如新，显得神采奕奕。颜勤礼碑是传世颜书石刻中保存最为完好的。

宋代大诗人陆游在他的诗中写到学书当学颜。这句话也许仅仅是陆游在学习书法时的一点个人体会，却成为后世流传最广的一句学书箴言。

广德二年，公元 764 年，颜真卿被唐代宗李豫封为鲁郡开国公，后人称他颜鲁公即由此而来。

建中二年（公元 781 年）李希烈谋反，叛军攻陷了汝州。宰相卢杞乘机铲除异己，加害颜真卿。他向德宗李适（kuo 音括）建议，糊涂的德宗皇帝准奏，着令颜真卿去传圣谕，招降纳叛。颜真卿受命后，立即动身，前往许昌。消息传开，举朝震动。有大臣急忙上疏德宗，说派颜真卿去宣谕万万不可，结果只能是“失一元老，为国家羞，请留之”，请求德宗收回成命。

他一到许州，就被李希烈扣留了。李希烈先是向他利诱，让他给唐德宗上书，制造一个李希烈愿意罢兵马的假象。又请他做自己的宰相，被颜真卿毅然而然地拒绝了。李希烈恼羞成怒，于是又对颜真卿进行威胁，扬言要把颜真卿活埋，或者烧死。而且他问颜真卿，你知道颜杲卿是怎么死的么，颜真卿微微一笑，你知不知道颜杲卿是我的族兄。颜氏一门没有投降之人。于是颜真卿给朝廷写了遗表、给自己写了墓志铭，给自己写了祭文。在这祭文之中，他严正地写道：“天之昭明，岂可诬乎！有唐之德，则不朽耳！”公元 785 年的八月在蔡州（今河南的汝南）龙兴寺中颜真卿被缢死。

闻听颜真卿遇害，三军将士纷纷痛哭失声。半年后，叛将李希烈被自己手下人所杀，叛乱平定。颜真卿的灵柩才得以护送回京，厚葬于京兆万年颜氏祖茔。德宗皇帝痛诏废朝五日，举国悼念。德宗亲颁诏文，追念颜真卿的一生。

历代评价颜真卿，首先对他道德君子、忠臣烈士的一生不惜笔墨，给予极高的赞誉。颜真卿一生在玄宗、肃宗、代宗、德宗四朝天子为臣，最终为唐王朝而舍生取义、杀身成仁。

南京颜鲁公祠，九十岁高龄的当代女书法家萧娴题写了“丹心臣子，热血书家”八个大字，概括了颜真卿的一生。

第三节　天下第三行书

大文豪苏轼认为：“作字之法，识浅、见狭、学不足三者，终不能尽妙。”书家如果学识浅薄、见识狭隘、学问不足，其书法是不可能达到尽妙程度的。苏轼本人就是中国书法史上最富有浪漫个性和学问文章之气的书法家，他诗词文赋、书画音律无所不精。他的书法既有阳刚之美，又有书卷之气。苏轼广博的学识造就了他那种气吞万里的胸襟气度。

苏轼，字子瞻，号东坡居士。四川眉山人，生于宋仁宗景祐三年（1036）年。苏轼和他的父亲苏洵、弟弟苏辙，在中国文坛上都享有盛名，后人称他们为三苏。唐宋散文八大家中，苏氏父子占得其三。中国古代启蒙教材《三字经》中就有：苏老泉，二十七，始发奋，读书籍，说的就是苏轼的父亲苏洵。在苏轼的家乡四川眉山有歌谣说：眉山生三苏，草木尽皆枯，意思就是说眉山的草木在三苏面前都枯萎了，一点颜色都没有了。之所以这样，原来是颜色全跑到三苏的身上去了。

苏轼 21 岁时，就与父亲、弟弟一道，赴京参加科举考试。当时任主考官的正是那篇流传千古的散文《醉翁亭记》的作者、大文学家欧阳修。苏轼的试卷《刑赏忠厚之至论》令欧阳修眼前一亮，情不自禁地拍案叫绝。他明显地感觉到这个年轻人的不同寻常，感叹道："三十年后，没有人会再提起我，人人都会谈论这个叫苏轼的人的。"欧阳修为苏轼的才气所震撼，他为大宋朝能出现苏轼这样的才子连呼可喜、可喜。欧阳修感慨地说：老夫当避路，放他出一头地也。

今天的我们应该为欧阳修900多年前阅卷时的那双慧眼感叹，为苏轼能碰到欧阳修这样善于识才的伯乐感到庆幸，更要为欧阳修的高风亮节击节叫好。

书法经过初唐四杰到晚唐的颜真卿、柳公权，才算是彻底完成了楷书的成熟过程，楷书的创作也发展到了尽善尽美的阶段，同时也进入了法度森严的阶段，形成了唐朝"尚法"书风。

从唐末经过五代十国到宋初，"尚法"书风一直沿袭下来。有法可依固然使得书法有了规矩和标准。但是，书法毕竟是人类精神的产品、艺术的创造，过于严谨的法度必然会限制人的创造性。宋初的书坛，缺乏引领时代风气的书法大家。欧阳修认为：书之盛莫盛于唐，书之废莫废于今，感叹当朝没有可以与前朝书法大家相抗衡的书法家。欧阳修感叹莫废于今的局面没过多久就发生了变化。这种变化产生的根本原因正是因为苏轼的出现。

浙江大学古典文献学博士后张传旭说："紧跟着晋唐这样一个文艺繁荣、大师辈出的时代之后，要想在艺术上自成一家，有所突破，那必须独辟蹊径。所以最早是由苏轼提出了尚意的口号。"宋代的大书家有一个明显区别于其他朝代的特点，他们的文人修养之高是历代书家所无法比拟的，而苏轼就是其中最杰出的代表。宋代自苏轼开始，那些著名的书法家，不论他们曾经做过什么官，他们首先认定自己的身份是文人，心态自然也应该是文人士大夫心态。以苏东坡为代表的宋人书法，追求的是以文章才学为根基的个体心性的自然流露，这就从根本上突破了唐朝以来以书写法度为要义的风气，而将艺术素质作为书法要义推到至高无上的位置。宋朝的文人们更愿意写出属于自己的那份闲情逸致，在书中同样流露出属于自己的率真性情。这也就是尚意书风的思想基础。

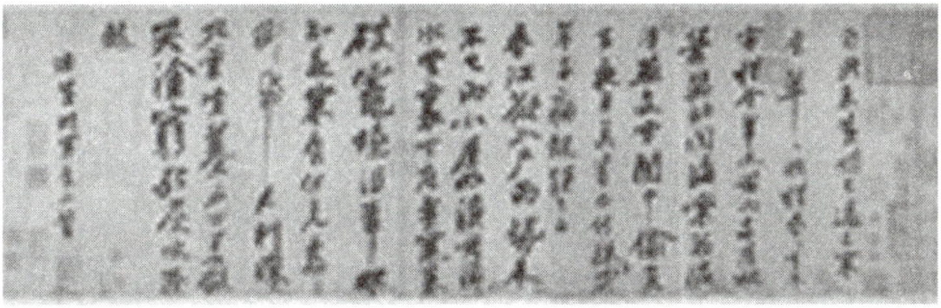

苏轼　黄州寒食诗帖

唐代大诗人杜甫说，“书贵瘦硬方通神”，这说明当时的人们是非常推崇瘦硬书体的。到了宋徽宗赵佶，更把瘦硬书体发挥到了极致。苏轼却针锋相对地提出了自己的艺术观点，他说：“杜陵评书贵瘦硬，此论未公吾不凭。短长肥瘦各有态，玉环飞燕谁敢憎?”明确提出短长肥瘦各有态的主张，认为杨玉环和赵飞燕一肥一瘦，但并不妨碍她们都是倾城倾国的美女，只不过她们美的风格不同罢了。

北宋的建立，结束了中国在唐以后五代十国的大分裂局面。可是北宋对外，处在中国北方少数民族政权军事威胁下。对内，大大小小不同的政治势力结成朋党，新旧党争从来就没有间断过。神宗皇帝也有心改变这样的局面，于是变法求新的重任落到了宰相王安石的肩上。

27 岁的苏轼怀有一腔报国的热忱，从政治、经济、军事等各方面提出了自己的主张。但是苏轼的谋划与王安石的设想存在很大的差异。例如，王安石提出要改变法制，苏轼却初生牛犊不怕虎，公然上书皇帝说：臣窃以为当今之患，虽法令有所未安，而天下之所以不治，失于任人，非法制之罪也。王安石要变法科举，苏轼又上《议学校贡举状》，再次反对王安石的主张。

苏轼的文章诗词在社会上深得人们喜爱，不仅市井百姓喜爱、文人士大夫也喜爱。皇帝不喜欢他这个人，但是对苏轼的诗词文章也是爱不释手。因此，苏轼的文章诗词流传很快、很广。

他完全忘记了还有那么多双仇恨的眼睛在盯着他，没有想到危险就在身旁，必欲除掉他而后快的人无所不在。

元丰二年，也就是公元 1079 年，对苏轼早就心怀不满的一些人摘取苏轼词句中的句子加以分析后上奏皇帝，说苏轼衔怨怀怒、包藏祸心。元丰二年七月苏轼被捕，押解京师。史书记载了当时的情景：顷刻之间，拉一太守，如驱犬鸡。这就是历史上著名的“乌台诗案”。好在京城替苏轼说话的人很多，加之仁宗皇后也亲自出面求情，苏轼这才获赦出狱，发配黄州。

首都师范大学书法文化研究所教授叶培贵认为，黄州是苏轼这一生待过的比较特殊的一个地方，他因为乌台诗案被贬到黄州担任团练副使。这个职位实际上是个虚的，主要的任务是反省自己的错误。因为这样一个背景，所以他在这里其实过得相当不痛快。来到黄州以后，他想起了白居易的一首诗，叫东坡种花诗。当时白居易也是因罪被贬，写下这首诗的。两个人的情境非常相似。所以他就取了东坡作为自己的号，称为东坡居士。

《寒食帖》是苏轼被贬谪黄州第三个年头的三月初七写下的两首诗。因其第一句是“自我来黄州已过三寒食年”，后人称其为《黄州寒食诗帖》，这是苏轼存世作品中最为精彩的代表作，被后世誉为天下第三行书。

苏轼在《黄州寒食诗帖》中情感波澜起伏。前七行书家的心境还比较平和，书写中规中矩，结字以扁平为主。随着情感逐渐向激越过渡，用笔也逐渐沉着痛快，字形出现正斜交替变化，用笔无拘无束，率意奔放。书到后面，越发恣肆挥洒，特别是“哭涂穷”这三个字，字形猛然放大，突兀地出现在读者眼前，产生了令人心惊胆战的视觉冲击力。

《黄州寒食诗》的书法艺术语言运用得炉火纯青、恰到好处。凝重与流动、豪放与平和，有机地融为一体。如果我们再把作者所表达的心境和书法综合起来观看，一幅日暮途穷，断肠人在天涯的场景会清晰地展现在世人面前。在手稿的结尾作者并没有落上自己的名款，仅“右黄州寒食二首”便草草结束了。这在苏轼传世作品中是绝无仅有的。我们可以揣测苏轼的心情，在这个暮春季节，面对连绵不断的淫雨，外面到处是一片泥泞，一片萧瑟，书家病后初愈，面对空灶湿柴，冷清之极，遥望家乡，云路隔断。看不到出路，看不到希望，此情此景，令人不忍卒读。

苏轼作为宋代书坛尚意书风的开山之人，终其一生推崇王羲之、王献之父子，他推崇二王书法的“绚烂至极，复归平淡”，王羲之那种不激不励、平淡深邃的书法风格是苏轼心中的最高典范。苏轼对唐代书法整体上评价并不高，认为唐人一味追求形式，缺乏新意。尚意书法无论在理论上还是在实践上，对于唐代尚法书风都是一种背叛或者说挑战。但是在他需要明确指出一个他心目中最好的书法家时，苏轼却偏偏没有提及书圣王羲之，也没有提王献之，而是出人意料地把这个唯一的选择献给了唐代的颜真卿。在唐代书家中，苏轼唯对颜真卿情有独钟。在对中国传统文化进行总体评价时，他说：诗至于杜子美、文至于韩退之、书至于颜鲁公、画至于吴道子，而古今之变，天下之能事，毕矣。他认为杜甫的诗、韩愈的文、颜真卿的书法、吴道子的绘画至善至美，能达到他们的程度，天下所有之能事，就可以到此为止了。

那么，为什么在这样的时刻书圣王羲之却没有进入苏轼的法眼呢？

《中国书法》杂志社编辑部主任朱培尔认为，因为他在书法标准之外，更看重颜真卿的人格魅力。在苏轼的眼中，颜真卿其实是最符合儒家道德传统的正人君子，这个方面他占的比重非常大。宋朝人论书往往把书品和人品联系起来，苏轼也是赞成书如其人、书为心画的观点。

元祐元年（1086 年），哲宗赵煦登基。小皇帝年方九岁，由祖母高太后摄政。高太后是反对变法的。她对苏轼的才华颇为赏识，于是重召苏东坡回京。在政治漩涡中浮沉起落的苏轼这一次迎来了他仕途最光明灿烂的一幕。

高太后垂帘听政，给保守派东山再起提供了条件，他们纷纷要求废除王安石变法，彻底恢复旧制。但是这时的苏轼已经不再年轻了。他认为对变法应该留利去弊。这自然又引起动荡，于是有人将他比做第二个王安石。这一次不但改革派反对他，保守派也开始反对他。或许是看到自己的处境又一次陷入艰难，苏轼心灰意冷。元祐四年（1089 年）三月，他以龙图阁学士出任杭州。

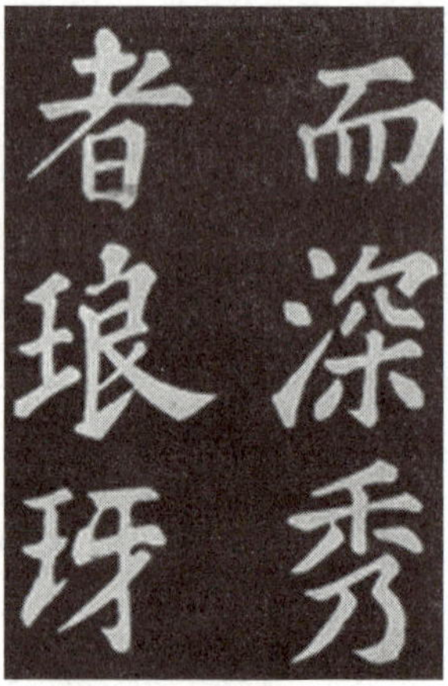

苏轼　醉翁亭记

元祐八年（1093 年），高太后去世，苏轼贬谪惠州。绍圣四年，又是一纸贬书飞来，苏轼再次被贬海南的儋州，真正是到了天涯海角。

元符三年（1100 年）正月，哲宗驾崩，徽宗即位，许多流放边地的大臣接诏内迁，苏轼也在其列。在天涯海角度过四年艰难时光、已经年过花甲的苏轼根本没有想到此生竟还能活着回去。回首多年的经历，苏轼情不自禁，吟诵道：心似已灰之木，身如不系之舟。问汝平生功业，黄州惠州儋州。

在回师北归途经琼州海峡时，苏轼写下了他一生中最后一件书作《江上帖》。《江上帖》用笔雄健，结字精美，章法自然，表现出他睥睨一切的气概和“人书俱老”的境界。后人从笔迹中可以看出，苏轼写此帖时用笔已经出现颤抖，这是垂暮的病态显露。苏轼写下《江上帖》三个月后，他便与世长辞了。公元 1101 年七月二十八日，苏轼病逝于常州，终年 66 岁。据东坡先生墓志铭记载，苏轼去世的消息传出，“吴越之民，相与哭于市；其君子，相与吊于家；讣闻四方，无贤愚皆咨嗟出涕”。

在苏轼去世一年后，朝廷对苏轼的态度突然转变，皇帝颁旨，严令禁止苏轼的诗集文章，捣毁刻有苏字的石碑，销毁苏轼的书法作品。

苏轼在诗中写道：退笔如山未足珍，读书万卷始通神，他认为只有胸中万卷诗书，才能够笔下通神。苏轼是中国古代最先提倡提高书家知识修养的人。主张书家从对书法形成的依附中解放出来，书家的学识修养直接决定他的书法境界。黄庭坚评价苏轼：东坡简札，字形温润，无一点俗气。胸中有书数千卷，则书不病韵。这就解答了为什么苏轼书法无一点俗气的问题，苏轼书法中所充盈的文章学问之气，淋漓尽致地从笔墨之间散发出来，这种浓郁的文人气息，自宋以来，一直影响了中国书法艺术道路 900 多年，直到今天。

第四节　元代大书法家赵孟頫

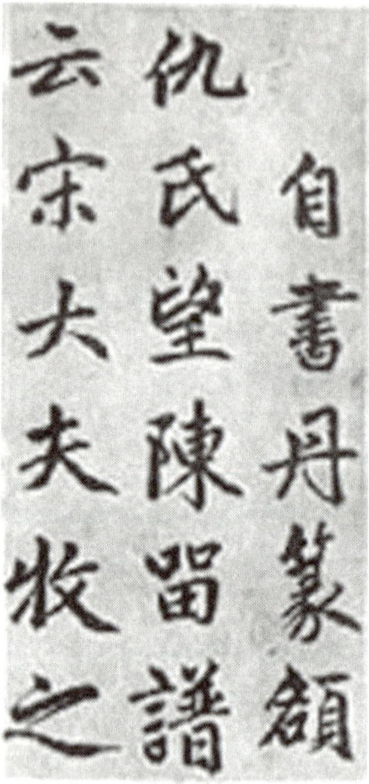

仇锷墓碑铭

赵孟頫，字子昂、号松雪道人。浙江吴兴人。赵孟頫的血统是正宗而高贵的，他是赵宋王朝的后裔。他的十世祖先可以追溯到宋太祖之子赵德芳身上。虽然出身高贵，但赵孟頫的青少年时代却是在坎坷忧患中度过的。他的父亲官至户部侍郎，优越的家庭环境给了幼年的赵孟頫以良好的文化熏陶。不幸的是在赵孟頫十一岁时父亲便去世了。

赵孟頫自幼聪敏，读书过目成诵。十四岁时，赵孟頫便担任真州司户参军，他把这个职务看成是报效朝廷的机会和实现抱负的起点。但他一心想为之效力的朝廷已然是风雨飘摇，这个摇摇欲坠的王朝大厦已经托不起赵孟頫的梦想了。随着南宋的灭亡，赵孟頫不得不闲居家中。在闲居的日子里，赵孟頫苦研学问，沉浸于诗文书画之中。

当时的赵孟頫已然是吴兴一带杰出的青年才俊了，最先推荐赵孟頫出山的是吏部尚书夹谷，他力推赵孟頫为翰林国史院编修官。然而这时的赵孟頫却无心在元朝做官，他婉言谢绝了夹谷的推荐。他在《赠别夹谷公》的一首诗中这样写道：“青青蕙兰花，含英在林中。春风不批拂，胡能建幽心。”赵孟頫借山中静静开放的蕙兰花婉转地表达了自己宁愿闲居在山林，也不愿出去为官的心情。

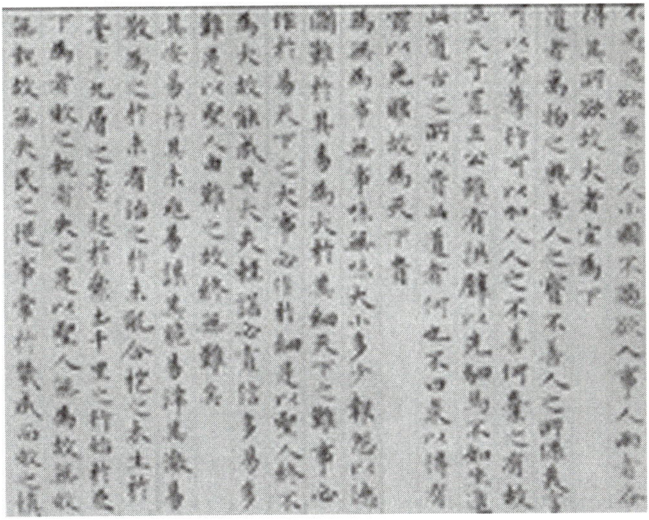

道德经（局部）

后来赵孟頫到达元朝的统治中心元大都后，受到了元世祖忽必烈的接见。看到赵孟頫相貌清奇，器宇轩昂。忽必烈大为赞叹，“以为是神仙中人”。最高统治者的亲切会见，使得年轻的赵孟頫热血沸腾，不禁有些飘飘然起来。他决心要用自己的所学到的知识来报效国家了。

现实让赵孟頫对自己的出山感到懊悔了。37 岁时，入京四年的他写下“误落尘网中，四度京华春”的诗句。

赵孟頫的痛苦并不在于他的怀才不遇，无时无刻挤压在他心口的巨石恰恰是他太熟悉太了解的儒家道德规范了，他清楚地知道自己一士二主的所为是与这个规范截然相悖的，他的心灵时时刻刻都在经受这条无形鞭子的抽打。

在元代，当时的汉族知识分子似乎能够理解赵孟頫，并对他推崇备至。但到了汉族重新统治的明代，对于赵孟頫的议论却越来越多。

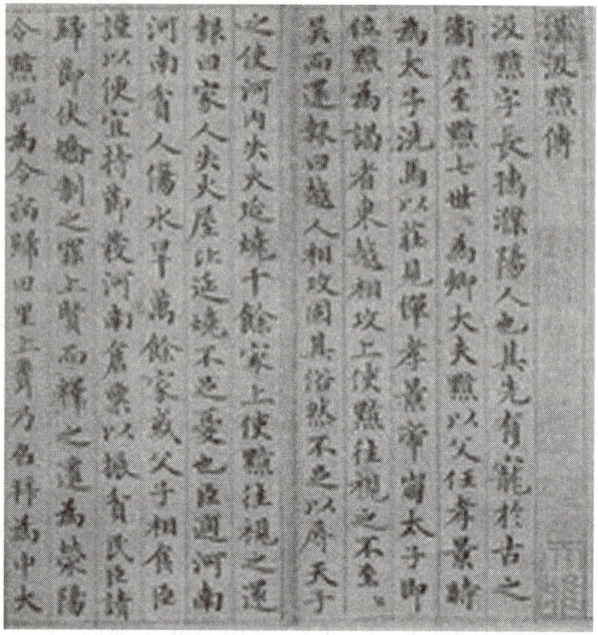

汲黯传（局部）

虽然衡量文人和衡量浴血疆场的将士标准不一，但是在历史上也不乏慷慨赴死、英勇就义的事例。在赵孟頫出生之前570年的唐贞元元年，颜真卿大义凛然，慷慨赴死。在赵孟頫去世220年之后的明末清初，福建的黄道周作为明朝的遗臣，尽管为官时因为直言，被廷杖、被囚禁、被革职，多次受到崇祯皇帝处罚。但当清兵攻进北京时，已经身为庶民的黄道周毅然在故乡起兵，抗清失败，面对屠刀，宁死不降。他和追随他一同赴死的四个学生一起，谈笑自若，在南京引颈就戮。他们死得壮烈，博得了后人的称赞和景仰。

和颜真卿、黄道周相比，赵孟頫的行为自然就形同变节事敌，猥琐无骨。赵孟頫的书法自然也受此牵连。明代的书法理论家项穆就曾以卫道的立场指斥“赵孟頫之书，温润闲雅，似接右军正脉之传，妍媚纤柔，殊乏大节不夺之气”。清代冯班也说：“赵书精工，直逼右军，然气骨自不及宋人，不堪并观也。”这些评论尽管都肯定赵孟頫的书法是和王羲之一脉相承的，但同时又指出，赵孟頫书法中流露出来一种缺乏气节、缺乏骨气的奴性。

首都师范大学书法文化研究所教授叶培贵说：明末清初的一个很著名的思想家同时也是著名的书法家，同时他还是个医学家叫傅山，是比较早的也是比较集中地对赵孟頫出山这个问题提出反对意见的人。傅山本人是坚决不和清朝合作的。比较著名的例子大家可能都知道，就是他为了不剃头宁愿出家做道士。同时穿红衣服，为什么呢，朱衣，明朝的姓是朱，明朝皇族的姓是朱。

康熙皇帝在 1678 年颁诏天下，令三品以上官员推荐“学行兼优、文辞卓越之人”，“朕将亲试录用”。傅山称病推辞，阳曲知县强行将傅山押送北京，逼迫他参加康熙主持的考试。身至北京，傅山卧床不起，拒不参加考试。康熙面对傅山如此之举并不恼怒，反而诏令“傅山文学素著，念其年迈，特授内阁中书”。

如此隆恩，傅山却丝毫不领情，拒绝叩头谢恩。这个宁死不做大清官的傅山，在年轻时也曾经欣赏并学习过赵孟頫的书法。清朝推翻明朝之后，国破之恨无法释怀，转而对赵孟頫变得极为鄙视。他告诉他的子孙说：“予极不喜赵子昂，薄其人遂恶其书”，就是说因为极端鄙视赵孟頫这个人进而才鄙视他的书法。

赵孟頫是无力改变现状的。元贞元年，元世祖忽必烈去世，赵孟頫借口身体有病，终于返回了阔别多年的故乡吴兴。

赵孟頫在江南闲居四年，无官一身轻，寄情山水，颇感自在。大德三年，赵孟頫被任命为集贤直学士，官职虽然没有升迁，但此职并不需要离开江南，在这个职位上，赵孟頫一直干了11年。

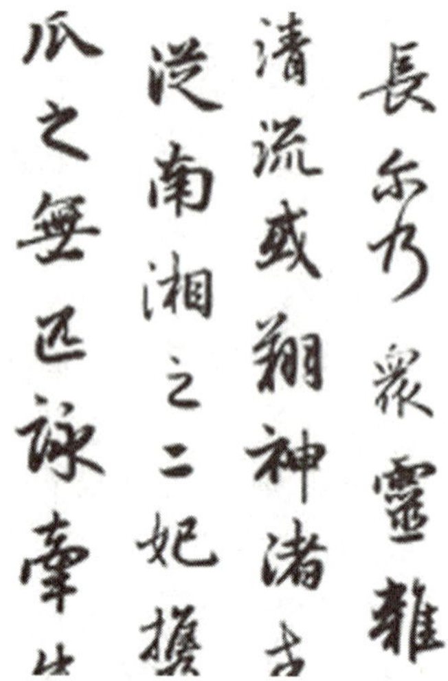

洛神赋（局部）

皇庆三年，随着仁宗即位，赵孟頫的命运发生了根本性的变化。据《元史》记载，仁宗非常器重赵孟頫，他说："文学之士，世所难得，如唐李太白，宋苏子瞻，姓名彰然，常在人耳目。今朕有赵子昂，与古人何异。"仁宗皇帝把赵孟頫比做唐朝的李太白和宋朝的苏东坡。那么他今天拥有了赵孟頫，与拥有李白、苏轼的唐、宋皇帝便没有了区别。得意之情溢于言表。延佑三年七月，赵孟頫被拜为翰林学士、荣禄大夫，官至一品，备受帝王恩宠。

然而赵孟頫面对功名利禄，内心的痛苦仍然不能缓解。回顾自己的一生，他感慨万千，不禁悲从中来，在自己63年的生命历程中，除了书画尚可聊以自慰外，其他一事无成，令他感到惭愧。

赵孟頫的夫人是著名的女词人管道升，她深知赵孟頫的内心痛苦，曾填词劝慰赵孟頫说："人生贵极是王侯，浮名浮利不自由。争得似，一扁舟，吟风弄月归去休"！延佑五年，管道升病逝。相濡以沫的夫人离他而去，赵孟頫受到的打击可想而知。其间，仁宗、英宗数次召他赴京，但此时的赵孟頫早已是心力交瘁，根本无心于朝政了。1322年的6月，赵孟頫无疾而终，享年69岁。

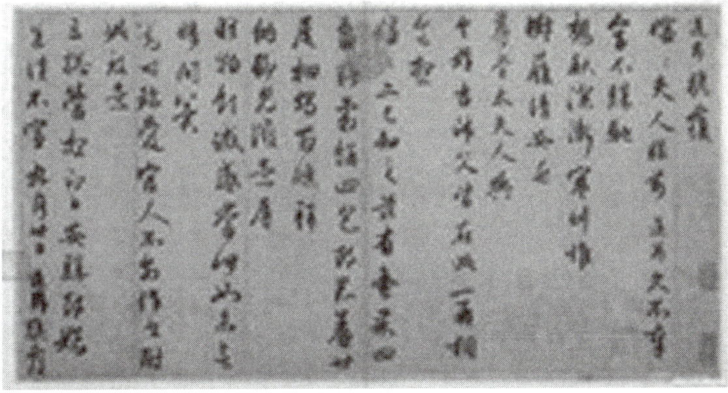

秋深帖

北京师范大学艺术与传播学院教授倪文东认为，蒙古族统治的元朝，到后来的明朝，这样一个过渡时期赵孟頫是一个非常重要的人物，能够在少数民族统治的时代让汉族书法艺术发扬光大他走的是复古路线，以复古来创新。

赵孟頫书法的温雅秀润是前无古人的，后人称其：“肉不没骨，筋不外透，虽姿媚溢发，而波澜老成，譬之丰肌玉环，作霓裳舞，谁不心醉？”赵孟頫书法是秀润之美的典型，如同王羲之书法的中和之美、颜真卿书法的气格之美一样，是无与伦比的。

赵孟頫作为元代地位最为低下的南人，却能够官至一品，名满四海，这在元代历史上独一无二。尽管如此，痛苦而压抑的心态依然伴随着他的一生，使赵孟頫成为一个悲剧人物。但是由于赵孟頫的出现，元代的书画风气发生了巨大的变化。蒙古大汗的铁骑征灭了南宋，赵孟頫则以优秀的汉文化艺术征服了大汗的子孙。一个伟大的艺术家，做到了薪火不灭、古法不失。对于这样一个呕心沥血，把一个文人的微薄之力发挥到极致的人，我们还能苛求他什么呢？在赵孟頫身后 700 多年来，他的声誉一直受到损毁，他的书法成就也一再受到贬低和忽视，他的历史贡献被打了折扣。这一切无一不是和沉浸在中国文人血脉当中的儒家伦理道德规范密切相关。

赵孟頫在个人内心极度痛苦的状态下，忍受着世人所无法理解的心灵折磨，把中国的书法艺术在元代得以传承并发扬光大。由于他的作为，在中华民族文明史上同样树立起一座丰碑。

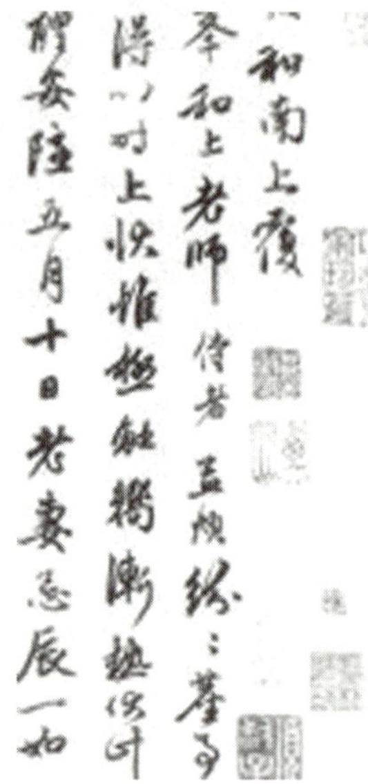

与中峰和尚书（局部）

曾经对赵孟頫深恶痛绝的傅山，到了晚年，对赵孟頫的评价产生了根本的变化，对赵孟頫充满敬佩，这时的傅山开始理性地看待赵孟頫了。也许是随着清朝统治的逐步巩固，明亡的历史不可更改；也许傅山也意识到薪火相传的意义？不管怎么说，这时的他也许才领悟到赵孟頫把自己的理想和抱负寄托于手中的管笔之上是多么难能可贵。

第五节　董其昌的书法

董其昌，字玄宰，号思白，生于公元1555年的松江华亭，董其昌曾经官至礼部尚书，权高位重。但是后人知道董其昌的却往往不是因为他那显赫的官职，真正使他声名远扬的是他那影响后世长达三百多年的书法艺术。

到了清代，康熙、乾隆皇帝都对董其昌的书法作品爱不释手，以为楷模。历经三百多年的沧桑，又有帝王的备至推崇，难怪李鸿章在啸园不惜留下恶名，也要把董其昌的书法碑刻掠为己有了。

董其昌　草书扇面

董其昌出生在一个穷困的乡村秀才家中，生活的窘迫激发了年轻的董其昌一心要走科举入仕之路。他潜心学习经史，钻研八股文章。

董其昌　浚路马湖记

董其昌在自己的书论《画禅室随笔》中，这样记述了自己这段特殊的学书历程，因为书法不好而被剥夺了本来属于自己的第一名，因此发奋向书法前辈学习。先学唐代大师颜真卿、虞世南。之后觉得魏晋书法更为风流，于是，又临王羲之和钟繇。这样苦学三年，已经深得古人之法。文徵明、祝枝山这样的本朝大书法家们已经不看在眼里了。

可以说，青年时代这种咄咄逼人的进取勇气，也正是董其昌日后书艺大进的巨大动力。

据记载曾有落魄的大姓人家子弟以六十金出卖古人的墨迹，当时还困顿贫寒的董其昌竟然拿出自己全部的教书所得购买下来，以致“垂囊而归”，这种举动自然招来家人的责骂。董其昌对此毫不在意，相反，如获至宝般激动竟使他夜不能寐。公元1589年，已经34岁的董其昌迎来了他命运中的一次重要转折。这一年，已经多次参加科举的董其昌，终于得中进士，入北京翰林院学习。

当时的北京，是明朝的文化中心，翰林院又是文人、学士云集的地方，董其昌的同僚都是来自各地的文章高手和丹青名士。特别是董其昌的老师、翰林院学士韩世能，此人嗜书画成癖，在当时是很有名气的书画收藏家和鉴赏家。这么一个人出现在董其昌的面前，是为大幸。董其昌一面听从老师的教诲，一面又大量借阅平日里难得一见的晋唐法帖，“心摹手追至忘寝食”，短短几年，董其昌书学大进，开始在京城渐渐有些名气了。

万历二十六年，公元1598年，他被排挤出京，调任湖广副使。这一年，董其昌43岁，已是他踏入仕途的第十个年头。

深感宫中是非莫测，宦海不定，董其昌干脆称病，不去赴任，他回到了松江，此后在松江一住就是六年。

董其昌常常和友人泛舟浦江，即景乘兴，泼墨山水，观赏法帖，行笔挥毫。这个时期的董其昌不遗余力地搜集王羲之、米芾等诸多名家的法书，日夜赏玩临摹，他的传世书法佳作《戏鸿堂帖》就是在这一时期问世的。

中国书协创作委员会委员郑歌平认为，董其昌不是一个创新派，他笔笔取法古人，有本有源，但他又是一位明代的开派的大家。那么值得我们研究的是，他是怎么开派的呢？董其昌有一个良好的习惯，也就是他临书不死临。正当董其昌在江南游目骋怀、放情山水的时候，朝廷的一道圣旨令他不得不再一次告别已经过了六年的隐逸生活。

董其昌　小楷金刚经

此番朝廷派他出任的是湖广提学副使，任职仅仅一年便返回故里，重新过上了那让他得意的悠游林泉、萧闲疏旷的士大夫生活。董其昌朝夕以书画诗文为乐，佛学禅理寄情。他在一首小诗中这样写道：

无边蕙草袅春烟，谷雨山中叫杜鹃。

多少朱门贵公子，何人消受静中缘。

董其昌所追求的闹中取静或许要得益于他对佛教的笃信。禅宗与道教相比是悲观的，是美好理想幻灭的产物。自然更加符合那个时代的知识分子在现实生活中被挤压的心理状态。被禅宗吸引的士大夫，无不处在对封建秩序既依附又疏导的矛盾心情之中，因此也就更加容易接受禅宗这种从不自由中追求自由的精神生活方式。

公元1620年，明光宗朱常洛即位。这位当年的皇长子，忽然想起了曾经给他讲过课的董其昌。董其昌的才学和为人都给这位新皇帝留下过深刻的记忆，董其昌时来运转自然也就是顺理成章的事了。一道圣旨颁下，钦点董其昌任太常寺少卿、掌管国子司业事。国子司即全国最高学府和教育管理衙门。浩荡的皇恩使董其昌兴奋不已，然而就在董其昌即将动身赴京任职之时，却忽然传来光宗朱常洛驾崩的消息。这一噩耗对董其昌来说，就像是晴天霹雳。他仰天长啸，痛感时运不济。

虽然光宗朱常洛的短命，没有让董其昌走上教育天下英才的国子司业职位，但是在天启二年（1622 年）董其昌还是被新皇帝朱由校招入京城。并在天启五年（1625 年），出任南京礼部尚书。这是董其昌的第三次入仕，这时候的董其昌已经是一位古稀老人了。

董其昌行书手卷

由于当时的党祸酷烈，阉党毒焰熏天，为了明哲保身免遭不测，董其昌在担任尚书一年后便再一次请辞官职，告老还乡了。

董其昌的山水画作《栖霞寺诗意图》，创作时间是 1626 年，也正是董其昌再一次隐退的那一年。董其昌目睹了众所不齿的宦官奸党魏忠贤最终掌管了朝政大权，而昔日与他同朝的许多大臣，都被魏忠贤诬陷处死。在这幅画中，董其昌描绘的佛寺隐隐约约地坐落在遥远的山谷之中。这或许表达了董其昌在当时混乱的政局之下，力图找寻一方清静之地的愿望。

崇祯九年，公元 1636 年 8 月，八十二岁的董其昌走完了他的生命历程。这一年，距董其昌考中进士走上仕途整整 48 年。究其一生，董其昌似乎一直处于一种矛盾之中。一方面是他对于仕途功名的切切向往，另一方面当遇到政治风浪的时候，他又能心甘情愿地弃官返乡，去过他那种怡然自得的隐士生活。如果说这是一种政治上的需要和智慧，是一种以退为进的人生经营的话，那么董其昌在日常生活中的所作所为似乎又无所顾忌、有恃无恐。

董其昌的书法艺术以儒雅清淡和书卷气浓郁被世人称道。然而“书品即人品”、“书为心画”等这些衡量中国传统书法最高艺术境界的尺度在董其昌身上似乎很难得到清晰的解释。几百年来，人们对董其昌书法艺术的追捧从来就没有中断过，与此同时，衡量传统文人的价值尺度却始终对董其昌有着更多的宽容。

中国画研究院理论研究部副主任梅墨生认为，赵孟頫和董其昌他们都曾经有过污点，一般人认为赵孟頫的污点更大一些，他是所谓的二臣，宋朝的宗室做了元朝的大官，备受皇帝的恩宠，就有点背祖离宗的意思，不肖子孙。而董其昌所谓的这种污点主要是他在乡间，在他的家乡，他的家人如何霸道，当然也与他的霸道有关系了。所以这两个问题虽然都是污点，好像在中国人的习俗的观念里性质不同。

不管怎样，作为书家个体，董其昌的确不失为一位引领时代书风的大家。他的书法神韵令人折服，他的笔墨法则不仅影响了当时的审美取向，也深刻地影响了身后近 300 年的大清王朝。

缔造康乾盛世的康熙和乾隆两位皇帝，都对董其昌的书法爱不释手，并以董书作为他们学习书法的楷模。

为了表示对这位书家的仰慕，康熙皇帝还在一次南巡时专程来到董其昌的故里松江，他利用检阅士兵水操的空闲，来到董其昌的祠堂，挥毫写就了四字匾额，书为“芝英云气”，并称赞：“华亭董其昌，书法天资迥异，其高秀圆润之致，流行于楮

栖霞寺诗意图

墨间，非诸家所能及也。”

帝王的偏爱，使董其昌的书法被尊崇到了空前的高度。董其昌的书体被衍生成为清代科举考试的规范体例，这就是所谓的“馆阁体”。一种对于书体的美学评判，在皇权的干预下转换成一种不可违背的规则，不可抗拒，只能遵从。董其昌决然不会料想到，他的笔墨竟然对后世造成了如此深刻的影响。

董其昌恐怕万万不会想到，当初他自己因落笔不工而痛失入仕良机，但是在他去世几十年后，莘莘学子如果要想走上仕途，首先就必须仿效他的一笔一画，写出属于董其昌的书体来。董其昌一生倡导“临书不临死”，而他身后的文人士大夫们却在皇权的威慑下，必须拿出毕恭毕敬的态度来临摹董书。不但临摹，而且必须是死临，真正是千人一面，全国一体。如果不是后来的咸丰皇帝对董其昌的书法尊崇发生了改变进而引起所谓碑学派的陡然起事，他很有可能将一直作为后代的书坛正宗而被人顶礼膜拜。

第六节　宰相与书法

刘墉是清代著名的书法家，是清代帖学的集大成者，后人称他为“浓墨宰相”。从乾隆十七年刘墉考中进士到担任湖南巡抚，除了在乾隆四十一年，回京担任过一年内阁学士外，他就一直在地方上任职，从学政、知府进而攀升到了一省的地方大员。从山西、陕西再到江苏、湖南，二十多年的时间过去，刘墉也已经是一位须发皆白的老人了。但他又怎么能甘心长期被

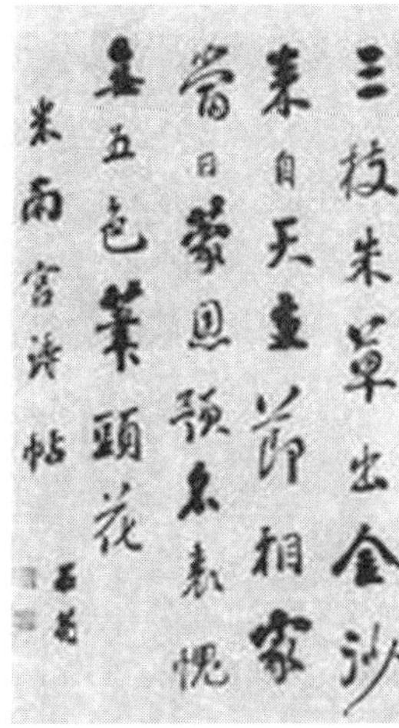

刘墉　元人绝句

排除在京城之外，只是做一个地方大员呢？刘墉的这种不甘心是颇有些依据的，除了对权力的欲望外，还因为他有一个赫赫有名的父亲，他的父亲就是他仕途生涯里的坐标。

刘墉的父亲刘统勋刚正不阿，为官清廉，备受乾隆皇帝信赖，以至于乾隆赞叹道：刘统勋不愧为真宰相。在刘统勋政治生涯的巅峰时期，他既是内阁首辅同时又兼任军机处的首席大臣，作为臣子，这已经是一人之下，万人之上的权力最高点了。

乾隆三十八年，已经忙碌了一天的刘统勋奉旨入宫议事，他冒着寒冷的夜风走进轿子。当他乘坐的轿子抵达东华门前时，轿夫打开轿帘，却发现刘统勋已昏迷不醒。尽管乾隆立即派御医赶来抢救，但这位操劳了近半个世纪的老臣却始终再没有苏醒过来。谁也不会料到刘统勋竟是以这样的方式完成了他最后一次的奉旨入宫。对于这位股肱之臣的去世，乾隆皇帝非常悲痛，亲临其丧。乾隆对刘统勋一生的评价是：神敏刚正，终生不失其正。并把对臣子的最高谥号“文正”赐给了刘统勋。

北京东城礼士胡同129号，这座四合院就是清乾隆时宰相刘统勋的府邸。刘墉自乾隆十六年入仕以后，就住在父亲府邸里面。多年以后，再一次回到这里，触景生情的刘墉，心中自然是百感交集。

1782年对刘墉来说果然是一个好年份，这年11月，回到京城不久的刘墉在升任吏部尚书后又被奉派在上书房，也就是皇子们读书之处的最高行政官员，以后刘墉长期兼任此职，这成为他一生中兼职时间最长的一个职务。

11 月的京城，天气已经传来丝丝凉意，然而刘墉的心头，却涌动着融融的暖意。他知道，入主上书房责任重大，因为这个职务最有利于和皇子们建立起特殊的师生关系，所以担任这一职务意味着往往能受到皇帝的宠信和抬爱。当然刘墉也知道，今天自己能够和皇上宠信的满洲贵族大学士三宝、嵇璜共同掌管上书房，其中一个非常重要的因素还是他那一笔出神入化的好字。

刘墉的书法在当时就拥有很大的名气。清代学者徐珂在《清稗类钞》中说："诸城刘文清书法，论者譬之黄钟、大吕之音，清妙明堂之器，推为一代书家之冠。盖以其融会历代诸大家书法而成自一家，所谓金声玉振，集群贤之大成也。"

刘墉书法的风格和明代以来帖学传统最大的不同之处，便是他不追求一般学帖者习惯的流畅婉丽或纵肆跳宕，而是以丰腴浑厚的点画、率意松散的结字和浓重的墨色，成功地营造出一种雍容、静谧甚至还带有一些懈怠落拓之相的美感。

尽管刘墉博览群书，声名远播，又是名臣刘统勋之子，但他在科举考试的道路上却是一个迟到者，直到乾隆十六年，也就是 1751 年，刘墉才考中进士，那一年，他已经 32 岁了。

有传闻说，刘墉驼背，其貌不扬，遭乾隆鄙视。乾隆为了取笑戏弄刘墉，让他以自身为题当场赋诗一首。刘墉忍辱负重，当即吟出：背驼负乾坤，腹内满经纶。一眼辨忠奸，单腿跳龙门。丹心扶社稷，涂脑报皇恩。以貌取人者，岂是圣贤人。

这只是一种传说而已。历史上的刘墉是否有驼背的残疾，史书上并无记载。问题是，民间传说中的刘罗锅是个机敏绝伦、敢于讽刺皇帝、鞭笞佞臣的化身。那么现实中的那个刘墉，在历经了 20 多年的宦海沉浮，终于回到皇帝身边以后，他的作为是否和民间传说中的一致呢？

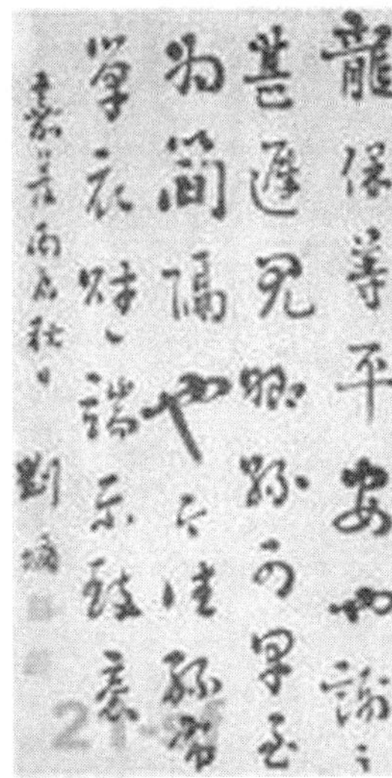

刘墉　行书条幅

据《栖霞阁野乘》卷下《刘文清轶事》条中对刘墉的记载：“刘墉任外吏时，清勤刚正，一时有阎罗包老之称。黄霸入相，声名顿减。时和绅方炙手可热，刘墉惟以滑稽悦容其间。”也就是说，刘墉早年以清官的形象，直声闻天下，而进入宫廷之后，却来了个一百八十度的大转弯，变得圆滑事故起来。

1782 年，刘墉回到京城时已经 64 岁了。此时，比他小三十岁的和绅因为机敏年轻而备受皇帝的赏识，在政坛上迅速崛起。那么刘墉与和绅的关系是不是就像民间传说中的那么势不两立，水火不容呢？

我们仔细查阅了清朝的相关资料，在与和绅同殿称臣的二十多年里，刘墉并未利用左督御史所享有的稽查之特权，以及担任吏部尚书主持京察大计的有利条件对和绅及其朋党进行有效的监督和弹劾。在这一方面，刘墉的确不像他的父亲刘统勋那样有棱有角。

由此可见，民间传说中的那个刘罗锅是凭空杜撰出来的一个充满智慧、敢于伸张正义的化身，刘罗锅已经同他的原型刘墉分道扬镳了。虚构的形象活跃在舞台上，而真实的历史人物留给后人的则是充满矛盾与苦涩的回味。

当时刘墉的这种处世方式在官场并非个别，由于封建专制在清代雍正、乾隆年间的极端强化，统治者并不希望他的臣属追求好的名声，因为在皇帝看来，臣属获取好名的努力既有碍于朝廷吏治，也不利于维护专制权威。然而，士大夫要追求流芳百世的愿望自古就是一种传统，要想改变这种传统，岂是一朝一夕。乾隆帝十分清楚这个道理。出身清官、名相之后的刘墉，在这种政治环境中，也不得不收起自己的求名之心。这也许是刘墉个性转变的一个重要原因，也是他能够长期受到乾隆宠爱的奥密。

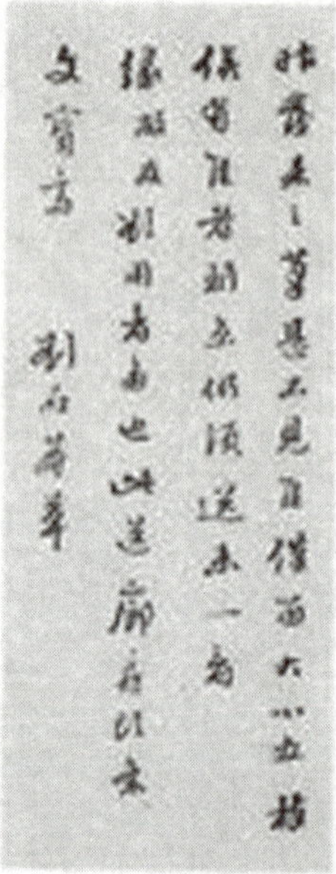

刘墉行书七言联

乾隆二十年，远在西北边陲的刘统勋因一纸疏奏而遭灾祸，刘墉及其家人均被株连，家产也被查抄一空。入狱后，面对着徒有四壁的牢房，不知刘墉都在想些什么。一个多月以后，获释出狱的刘墉即在自己的日记中提醒自己：今后为官为事要切记“敏于行，讷于言”的圣训，三思而后行。那一年，刘墉三十六岁。也许，正是从这个时候开始，刘墉的为官之道发生变化了。

刘墉的一生除了为数不多的诗词外，几乎没有留下任何其他文学作品，这可能就与他慎守“讷于言”有很大关系。

连写字都不露棱角的刘墉，把自己包裹得严严实实，他的书法乍一看笨拙软弱，全无法度。但若细细品味，则点画转折全由古人法度而来，而且举重若轻，转化巧妙而不留痕迹。丰富肥厚中藏遒媚之趣，平淡舒缓外露雍容志向，似乎在简练的外表下隐藏着深不可测的丰富内涵。

古人评价刘墉的书法，五十岁时“书精湛圆，美中有璞”，七十岁以后造诣达到了高峰。相传刘墉的家乡山东诸城名儒臧启谟，书体瘦金，苍劲有力。他对刘墉的书法历来不以为然，臧启谟认为刘墉的书法肥而无神，柔而无力。刘墉对这种看法嗤之以鼻，两人争执不下，于是便各选自己的得意之书，呈送乾隆皇帝品评。乾隆皇帝历来就很赞赏刘墉的字，当他看到臧启谟的书作之后，不禁哑然失笑。他用带有嘲讽的口吻说臧启谟的书法是“竖如枯枝，横似干蛇，浑然一体，枯枝挂干蛇”。这个故事一时间传为笑柄，气得臧启谟从此便再也不写字了。

明末清初，一种方正、光洁、乌黑、大小一律的官场书体大行其道，这种书体被称为“馆阁体”。其实馆阁体就是一种实用的书体，馆阁体在书写的时候，要求是必须既传统又严格，完全掩盖了书写者本人的风格和特点。刘墉以自己的艺术实践和胆魄，首先突破了“馆阁体”的束缚，创作出了新的书法面貌。

到刘墉七十岁以后，又开始潜心于碑派书法的学习。碑派书法，是指重视汉魏、南北朝的碑版石刻的审美主张以及主要以碑刻为取法对象的创作风气。

这时候的刘墉，已经被誉为帖派书法的集大成者，他为什么又会改变方向，重新去学习北朝碑版中的书法呢？

也许，他是想超越自己，也许他已经感到了帖学的局限，也许是当时学习碑派书法的风气开始在整个社会蔓延，他预感到碑派书法以其强劲的生命力将会代替帖派书法，他不甘心被时代所抛弃？无论怎么说，刘墉此时已经是年迈力衰，这对于他来说，不能不是一个遗憾，他已经没有时间和精力把自己推上又一个高峰了。

晚年的刘墉崇尚佛老，对儒教、道教都有很深的研究。他晚年的字融合佛道，生平洒脱之心性浸透字里行间。因此朝野内外渴求刘墉墨迹之人多如牛毛。可是刘墉却极少以字酬人，甚至当朝同僚也很难得到刘墉的真迹。

刘墉几乎一生都在暗流汹涌的官场左右逢源，谨慎务实，历史真实的他既不像电视剧所描写的那个刚直不阿、毕生和贪官污吏水火不容的刘罗锅，也不像他的父亲刘统勋铮铮铁骨，豁出身家性命也要为黎民百姓构建起天下粮仓。作为一个官僚，刘墉既无大功，也无大过，他以圆滑事故的处世哲学平安地保住了他的身家性命和荣华富贵。但是作为一个气贯古今的大书法家，刘墉却实实在在地给后人留下了一份宝贵的精神财富。

嘉庆九年，也就是1804年十二月二十五日，刘墉以86岁高龄在京城去世。

第七节　古代帝王与书法

在北京的紫禁城内，皇帝起居的地方叫内廷。养心殿的西暖阁，面积不大却有着很大的名气。乾隆皇帝御笔亲书的匾额“三希堂”高悬在门楣之上。在这里，珍藏着东晋大书法家王羲之的《快雪时晴帖》、王献之的《中秋帖》和王珣的《伯远帖》。王羲之、王献之、王珣都是生活在距离乾隆皇帝1400多年前的东晋。王羲之被后世誉为书圣，王献之和王珣则分别是王羲之的子侄。乾隆皇帝认为这三卷法帖是稀世珍宝，故而将存放这三卷法帖的西暖阁命名为“三希堂”。

根据乾隆皇帝在位时的社会书风和他本人的书法特点，我们可以推测，在乾隆的心目中，代表书法最高境界的仍然是王羲之，而不是其他什么人。我们从乾隆留下的墨迹中也可以看出，他本人走的也是一条学习王羲之的道路。颜真卿、苏东坡追求变法的书风或许并不被乾隆认可为书源正统。再者毕竟东晋的王羲之要比唐、宋的颜真卿、苏东坡早几百年，自然更显得珍贵。

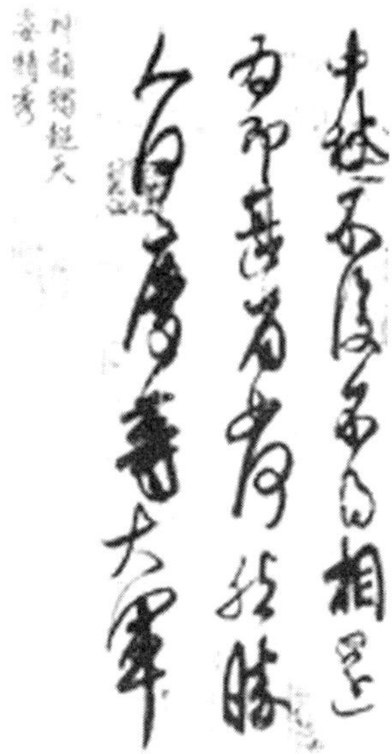

王献之——中秋帖

喜爱书法的帝王可以倡导一代书风，就连王羲之书圣地位的确立和历代帝王的推崇也有着密切的关系。

将王羲之推上书圣地位的关键人物是唐太宗李世民，他亲自为王羲之撰写了一段御评，这就是《王羲之传论》。正是唐太宗李世民确立了王羲之的书圣地位，使得一千多年来中国书法有了以王羲之父子作为衡量尺度的美学标准。从唐朝之后，王羲之受到了历代的推崇与宗法。“书不入晋，固非上流；法不宗王，讵称逸品”，这就是说，学习书法如果不从晋人入手，就不能提高书法的品位；如果不遵从王羲之的法度，便不能得到书法的真谛。明代的项穆总结的这一评价书法的基本原则就是李世民所确立的书法理想境界。

虞世南长期在李世民身边为臣，君臣之间经常在一起讨论书法。虞世南相貌儒雅、身体瘦弱，然而他的书法却是“裾带飘扬而束身矩步，有冠剑不可犯之色”。李世民对虞世南的评价极高，称赞他有五绝：一曰德行，二曰忠直，三曰博学，四曰文辞，五曰书翰。虞世南去世后，李世民怅然若失，叹息没有可以与他一起讨论书法的人了。为了表示厚爱，他钦定将虞世南陪葬于为自己选定的陵寝——昭陵之内。由于酷爱书法而做出如此举动的帝王，李世民堪称千古一人。

李世民喜爱王羲之书法，下令在全国范围内征集王羲之的书作，一时间各地争相献上，鱼龙混杂，真伪莫辨。于是，褚遂良便担当起勘订真伪的重任。

褚遂良深得唐太宗李世民的信任和器重。李世民病重时，召见了褚遂良，他说：“汉武帝寄霍光，刘备托诸葛亮，朕今委卿矣。太子仁孝，其尽诚辅之。”李世民借用了历史上汉武帝向霍光、刘备向诸葛亮托孤的典故，向褚遂良托孤，请他尽心竭力辅佐太子。李世民又对太子说：“遂良在，尔毋忧。”

开明皇帝李世民对虞世南、褚遂良的情意感人至深，可是他对王羲之的推崇就不仅仅是帝王对于书法作品居高临下的喜爱了。正是由于他的推崇，奠定了中国书法千年不变的审美标准。

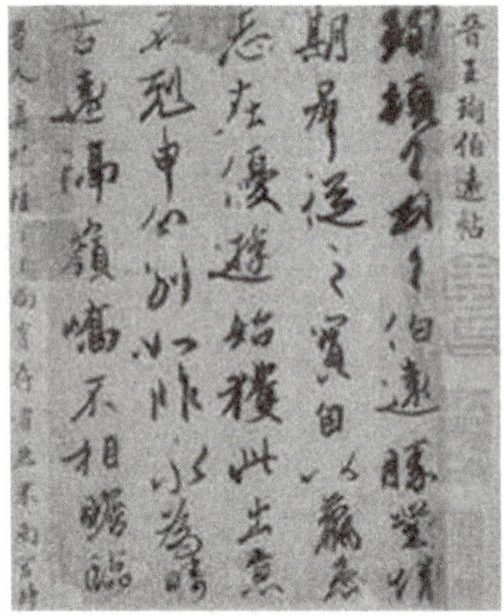

王珣的《伯远帖》

这块立于太原晋祠的石碑，是中国书法历史上第一块以行书书体的碑刻。在它出现之前，碑刻的书体仅仅限于篆、隶、楷书，而从没有出现过行书。这块碑的书家便是唐太宗李世民。可以看出，李世民的书法也是师出二王。李世民之所以把王羲之抬到“书圣”的地位上，是由于王羲之“力兼众美，会成一家”，出神入化地将中庸思想形象化为书法艺术。王羲之能成为“书圣”应该说是历史的选择，李世民顺应了这一历史潮流。

公元975年，立朝三十九年的南唐便被北宋灭了，后主李煜在被宋兵攻破金陵后被迫投降，后来被毒死，仅仅活了41岁。李煜做皇帝昏庸无能，但他在艺术方面却有着独特的才华，是一个非常全面的艺术家。他擅长诗文、精通音乐、能书善画。他的诗词写得非常好，语言生动，形象鲜明。“无言独上西楼，月如钩。寂寞梧桐深院，锁清秋。剪不断，理还乱，是离愁。别是一番滋味在心头。”“问君能有几多愁，恰似一江春水向东流。”李煜在诗词书画方面投入了很大的兴趣，他创办了历史上最早的画院，把当时的著名书画家聚拢在一起，大家谈诗论画，挥毫泼墨。李煜认为要创造好的书法、绘画作品，必须要有高品质的笔、墨、纸、砚。

北京师范大学艺术学院美术与书法系主任秦永龙认为：中国书法的表现除了文字构型和书写的方法、技巧之外，它之所以能成为一种特殊的艺术，它和书写的工具，就是我们说的文房四宝，笔墨纸砚，这是分不开的，这个东西主要是到了汉代以后，就是汉字隶变以后，到了今文字的时代，特别是到了魏晋纸张的使用更加普遍以后，那么这个书法和笔墨纸就有直接的关系了。

南唐画家巨然的《秋山问道图》，使用“李墨”点染出树叶和小草，虽历经千年，依然墨色明亮，层次分明，富有质感。北宋大书法家苏轼就非常喜欢用“李墨”作书，被称为天下第三行书的《寒食帖》至今墨色依然如新。

自古以来，名家作坊对于墨的制造方法是密不示人的，因此高质量的墨产量极少，真正李廷珪造墨产量就更加有限，能流传下来更是绝无仅有。于是，乾隆皇帝命人整理了李墨的生产工艺，绘成《墨法集要图》，再现了李墨的工艺流程，他还指使太监在宫中仿制李墨。

中国的书法逐步从甲骨、竹简、绢帛、麻纸上走了下来，随着宣纸生产技术的不断提高，书法的笔墨变化更加出神入化，相得益彰。北宋大书法家蔡襄就是使用了由李煜命名的“澄心堂”所生产的宣纸后，写了封被称为“澄心堂帖”的短信，信里称赞了宣纸的质量，进而表达了获得这种宣纸的愿望。

宋徽宗赵佶的荒淫无道是世人皆知的，然而在中国2000多年封建历史上历任的346位皇帝中他却是最富艺术气质、最才华横溢的。

赵佶可以称得上是一个“不爱江山爱丹青”的皇帝。在位期间他主持编纂了《宣和书谱》和《宣和画谱》。仅《宣和画谱》就有二十卷，包括二百三十一位画家的六千三百九十六件作品。他的书法别具一格，笔画瘦劲锋利、屈铁断金，因此被后人称为“瘦金体”，瘦金体的用笔特点是“横划收笔带钩，竖划收笔带点，撇如匕首，捺如切刀，竖钩细长，个别连笔则如游丝飞空”，在中国书法的历史长河中以此面目示人的仅此一人。

宋代翰林图画院画师们的平时画作，大多是由赵佶亲自命题，完成之后都由赵佶“御览”。如果对一幅作品满意的话，他会在画上题写诗文、签名画押。于是，后人把这些画称为“御制画”或“御题画”。宋徽宗利用至高无上的皇权推进了绘画的发展，使宋代的绘画艺术有了空前的成就。

北宋张择端所作的《清明上河图》是现存古代绘画中反映社会生活最丰富、场景最宏大，集人物、屋宇、舟桥、林木为一体的鸿篇巨制。张择端完成这幅歌颂太平盛世的历史长卷后，首先将它呈献给了宋徽宗。赵佶因此成为此画的第一位收藏者。赵佶酷爱此画，用他著名的“瘦金体”书法亲笔在图上题写了“清明上河图”五个字，并钤上了他专用的双龙小印。

帝王的喜爱，固然会提高书法地位，弘扬学习书法的风尚。但是有时帝王对于某一派书法的过于痴迷，对于书法的发展却未必是一件幸事。清代中前期书法的发展，因为康、雍、乾三朝皇帝他们对“馆阁体”的导向作用，使得“馆阁体”书法很自然就成为那一时期书法发展的主流。

到清代后期，单一的“馆阁体”书风已经难以满足时人的审美要求，正所谓“物极必反”，一些有识之士对全国一体、千人一面的“馆阁体”一统天下的现状不满。执政的嘉庆、道光皇帝也不像他们的前辈那样一味僵化，无形之中网开一面，所以社会上有了“复古求新”的要求，希望开创新的书法风貌。当时以郑板桥为代表的“扬州八怪”，由于仕途坎坷，于是在他们的心目中，那种为仕途而必备的“馆阁体”书法就像令他们屡试不中的科举制度一样，逆反心理驱使他们对“馆阁体”进行抵制和改造。之所以被人们称之为“怪”，就是因为在他们的书画中鲜明地表现出一种叛逆精神。

帝王的喜好势必影响到臣下，清朝的阅卷官员便把书法的好坏作为科举考试的一项重要标准，以此决定取舍。而好坏的标准也往往以皇帝的好恶为准绳。殿试是由皇帝主持的，能写一手让皇帝喜欢或感觉熟悉的字体，的确在阅卷时占有优势。状元首先必须是书法优秀者。顺治皇帝时，因为他喜欢欧阳询，连续两届科考状元都是欧体的优秀书家。康熙皇帝喜欢王羲之父子的书法，于是就有三届状元书宗二王。

北京大学艺术学系教授徐寒说：纵观这中国历史，封建帝王之施政，不过就两件事，文治与武功，成吉思汗只识弯弓射大雕。这不文啊便被揶揄，这文治对于皇帝来说当然包括许多非真正的内容。而它的象征便是诗、文与书法，能书表示的是文化素养与文明程度。几乎所有的帝王都要沾上书法的边。对于帝王而言，书法当然不完全是一般意义的艺术活动。古人道，言之无文则行之不远，要行之致远感人至深。这就不仅要求文辞美，还要书法美，方能诵之赏心，观之悦目。因此，对于统治者来说，书法就更具有宣教和服务的作用。

书法是历代帝王在登基之前的必修课，它甚至关乎着一国之君的脸面和尊严。长期的笔墨研习，增长了帝王的书写能力和欣赏能力。即使是那些金戈铁马打下江山的少数民族统治者，为了统治地位的稳固，他们也必须学习接受汉族传统文化。所以即使不断地改朝换代，中国书法艺术仍然能够沿着自己的艺术轨迹继续发展。帝王们对于书法的兴趣或轻或重，表现形式千差万别。也许他们有的人是珍爱艺术，有的人是附庸风雅，有的人是出于政治需要，还有的人是出于装点门面。但是作为书法本体来说，帝王的重视与否确是非常重要的。

第三章
汉字与法制文化

我们经常在思考一个问题，在阶级社会以前有没有法律？答案是肯定的。原始社会也需要法律来维护部族的利益，维护长者的尊严。不过当时的法律是低下和粗犷的。法律类型较少，没有复杂的法律关系。到三皇五帝以后产生民法，也只是简单的调解规范。

我们认为，一种法律的报复性越强，越是低级的法律。如奴隶社会的炮烙之刑，封建社会的宫刑腐刑，现代非洲某些地区的椓刑（这些地区的男子犯强奸罪后会被砍去生殖器）等。理智、文明的法律是使犯人悔过为目的，野蛮的法律是以惩罚为目的。

“法”字古代写作灋。为何从三点水？意思是说法应当平正如水，不得偏颇。其中右边“去”字上面的那个字也就是豸字，是一种古代神兽。古代尧之刑罚官叫皋陶（读为 yao，二声），长相丑陋，断案清楚。养一神兽，形状似羊而有一只角，名叫獬豸（xie zhi 均读四声）。断案时如果不能确定疑犯是否有罪，就叫神兽用角触之，一下就知道他有没有犯罪。《说文》云：

“解豸，兽也，似羊，一角，古者决讼，令触不直者。”[①] 东汉杨孚《异物志》：“北荒之中，有兽名獬豸，一角，性别曲直。见人斗，触不直者。”[②] 在《墨子·明鬼下》中有个著名的案例就是通过羊来断定是非的。我曾看见有些县市法院审判庭前就用汉白玉雕塑了一尊这种独角兽，以象征审判的公正，很多人不知道是什么东西。

原始人相信神是无往而不在的，在缺乏科学、整个社会处于蒙昧状态的上古时代，人们不能利用自己的智力来搜索犯罪证据或迫使嫌疑犯吐露真情，便往往借助于神明的裁判，这就是“神判法”。最简单的神判是测验嫌疑犯能否逃过一般人无法抗拒的危险。如古希腊人常把嫌疑犯扔进大海中，或者迫使疑犯跳悬崖；非洲原始人让疑犯饮毒剂或游过满是毒蛇与鳄鱼的池塘。他们相信神灵对于无辜者的生命是不会坐视其死而不加以保护的。神判法在我国少数民族中也广为流行。据 1956 年的调查，景颇族有闷水、捞开水、煮米、斗田螺、鸡蛋卦、诅咒六种神判方法。

法律的“律”源于乐器的六吕之律，其最初的意思是“音律”，是衡量音高的标准，演变为度量衡的准则，后来又表示“正刑定罪”的标准，是一切触犯统治阶级权益及其社会秩序的犯罪行为处罚的量刑依据。

第一节　法制意识

中国古代的法律由于几千年的积淀，人为因素太浓，缺乏

① 许慎（东汉）. 说文解字. 中华书局，1989：P84.

② 杨孚（东汉）. 异物志. 广东出版集团、广东科技出版社，2009.

法治精神，权力对它的影响太大，如古代谁死谁生不是法律而是帝王说了算。汉武帝之乳母按律当死，求救于东方朔。东方朔叫她行刑那天一句话都不说，只盯着武帝看，自己相机救之。行刑时间到了，乳母果真盯着汉武帝看，一句话也不说。东方朔大声斥之曰："你看什么看，难道皇帝还要吃你的奶吗?"武帝顿悟而赦之。

古代法律尽管制定得全，但统治者可以随意更改，滥杀无辜，毫无人性可言。尤其残酷的是动辄夷三族甚至灭九族。三族，即父族、母族和妻族，夷三族就是把父、母和妻子三个方面的所有亲戚杀完。灭九族则是在三族的基础上各包括上中下三代全杀完。最为甚者加以友族（包括学生）为十族，罪魁祸首是明朝的朱棣，可以说是前无古人、后无来者。公元 1401 年 12 月 12 日，正是靖难之役的第三年，燕王朱棣讨伐侄子明建文帝朱允炆。行前好友和谋臣道衍和尚送到北京的郊外，突然向他跪地求道："江南有个叫方孝孺的人非常有学问，南京城破之日，他乃执着之士，必不肯降，请勿杀之。不然，天下的读书种子就绝了。"后来朱棣很快进抵南京金川门，朱允炆在宫中自焚。朱棣即位称明成祖，改元永乐。方孝孺拒不投降，闭门不出，整天哭哭啼啼，为建文服丧，不愿意替朱棣起草诏书。朱棣说："诏天下，非先生草不可。"方投笔于地，边哭边骂："死即死耳，诏不可草!"朱曰："即死，独不顾九族乎?"（意思是如果你不给我起草诏书，我就灭你九族）方云："便十族奈我何!"朱大怒，恨其嘴硬，命左右将其嘴割破撕裂至两耳处，复下狱中，大捕其宗族门人。每逮一人，均牵至方之面前让他看，方头也不回，意甚坚决。后来果然被灭十族（父族、母族、妻族各包括上中下三代再加上朋友和学生），遭难者 873 人，另有流放边关者不计其数。其两个女儿尚未嫁人，被逮至南京时二人联袂投秦淮河而死。其弟方孝友，行刑前见兄长泪流满面，遂赋诗曰："阿兄何必泪潸潸，取义成仁在此间。华表柱头千载后，旅魂依旧到家山。"方最后被杀于南京聚宝门外，死前写有《绝命词》一首，记得前两句是："天降乱离兮孰知其由，奸臣得计兮谋国用猷……"

随着时间的推移，现代人的法制观念正在加强，人们纷纷拿起法律武器保护自己的利益，如前不久广州机场一乞丐由于一乘客扔钱在自己的脸上而起诉，要求赔偿 300 元的精神损失费。某三岁小儿打电话到 110 要求警察抓走自己的母亲，因为她打自己。当然这里有法律思想的差异，如在美国、加拿大等西方国家，警察会干预家庭和老师对孩子和学生的体罚，稍为严重的要坐牢。

在如今的社会，法制的健全还需要时间，如我国到现在还没有民法典，而西方国家几百年前就有了（我国目前正在制定《民法典》）。它对民事法律关系的调整非常重要，是作为一个法治国家必须具备的法律。亚里士多德说，一个法制社会需要两个条件：自觉遵守法律的人和完善的法律体系。

阅读资料

一次体现人性化的临终会见

拿到江苏省高级人民法院刑事终审裁定书的那天，距杀人犯徐某42岁的生日只差1天。身负5条人命的他在屈指可数的生命倒计时中，想和亲人见上最后一面。让徐某和他的家人没想到的是，这个愿望顺利实现了。在最高人民法院收回死刑复核权后，徐某成为南京市第一个被核准死刑并在执行死刑前安排家属会见的杀人犯。

半小时会见彰显司法文明

8月6日下午，徐某在南京因窃财杀人被执行死刑。他在人生最后时刻降临前的几小时见到了亲人。南京中院刑一庭副庭长李畅目睹了徐某与亲人的会面。事隔一个多月，他依然清晰地记得当时的情景。

徐妻第一句话问丈夫："我们不敢相信判决书说的那些事真是你干的。"徐某平静地答道："的确是我干的。"徐父坚定地说："是你干的，我们没有任何办法，杀人偿命，天经地义，这个责任你要承担！"妻子把两个女儿的照片带给徐某看，在一旁默默流泪，徐母忍不住失声哭泣。

徐某表达了自己的忏悔，反复告诫亲人要带好两个女儿，让她们远离网吧、迪厅。父母强忍悲痛让徐某放心，说他们会帮助儿媳将两个孙女抚养成人。徐某叮嘱父母保重身体，嘱咐全家和睦相处，好好生活。

"把我的事儿告诉她们（指女儿）。"徐某的话让站在一旁的法官印象深刻，而他的最后一句话是："见到你们非常高兴，我的最后一个心愿了了，我会很平静地走。”“今后，凡死刑罪犯临刑前想见自己近亲属，都可以提出会见申请和要求，我们会按照相关规定和程序依法办理。”江苏省高院刑一庭庭长薛剑祥说，这样做肯定增加了法官工作量和工作责任，但依法安排刑前会见不但可以使死刑罪犯在生命最后关头得到精神抚慰，有效缓解其心理压力，减少刑前各种意外的发生，还有助于让死刑罪犯家属及全社会切身感受到法律威严的同时，体会到国家司法机关人性关怀的一面，这将在一定程度上减少死刑给罪犯亲属及其家庭带来的负面影响。

李畅记得，在那次半小时的刑前会见结束时，在场监督人员仅提醒了两次，徐某和他的家属就非常理智地分开了。以往死刑罪犯亲属会见曾发生过会见者极度惶恐、寻死觅活的场面，相比之下，徐某和家属的表现很有理智和分寸。最后，徐父、徐母、徐妻3人一起向在场监督会面的法官、检察官和看守所人员鞠躬致谢，感谢为他们提供了这次机会，这最后一次会面也了却了他们的心愿。

第二节　古代法律

据《史记·五帝本纪》载，舜帝制刑法，有五刑之说，进入奴隶社会以后，五刑即墨（在身体或脸上刺字）、劓（割鼻子）、剕（即后来的刖，断足）、宫（割生殖器）、大辟（死）。周代定五刑，是属于封建社会的五刑，即笞（鞭笞）、杖、徒、流、死。制定刑法后，需有执法者。少皋帝手下掌管刑罚的人叫蓐收，长相凶猛，手执大钺，巡视地界，看谁敢犯法。到大禹死后，把位子传给儿子启，中国进入了文明社会。启建立了中国第一个王朝：夏。夏商是巫史文化，以神权巫术统治国家；

周朝以后，人权思想确立，神权衰退，法制逐渐完善。

以上几种主刑都是针对男性犯人而言的，对于女性犯人，五刑则是指：刑舂、拶刑、杖刑、赐死、宫刑。唐代实行的五刑是：

（1）笞刑。以十为一等，分五等，即从十到五十下。

（2）杖刑。以十为一等，分五等，即从六十到一百下。

（3）徒刑。刑期分一年、一年半、二年、二年半、三年五等。

（4）流刑。里程分二千里、二千五百里、三千里三等。

（5）死刑。分绞刑和斩刑二等。

封建五刑一直到清末才被废除。而除主要的五刑之外还有磔（俗称车裂或五马分尸）、髡（即剃发）、髌（也作膑，割膝盖骨）、刵（割耳朵），醢（剁成肉酱），枭首，弃市，族诛等。

中国古代很早就出现了成文立法。据比较可靠的史籍记载，我国在春秋时期，就有公元前536年郑国子产的《刑书》；前505年前后邓析的《竹刑》；前513年晋国的《刑鼎》等。在战国时代，又进一步出现了由魏国李悝编纂的比较系统的《法经》（前407年）。秦汉以后，以秦国的《秦律》和汉朝的《九章律》为开端，历代的统一的成文法典更是绵延不绝。这些法典，不仅体系完整、概念术语明确，而且指导思想、立法原则、各种罪名和刑名以及从抽象的原则到具体案件的推理程序等一应俱全。尤其是公元7世纪初制定颁布的《唐律》，其立法水平可以说在当时世界范围内都是数一数二的。唐代非常重视法律的制定，据统计，从公元619年到851年共汇编了23部法典，其中的《大唐六典》是我国现存最早的行政法典。唐朝的成文法典分为律、令、格、式四类。《唐律》共12篇、30卷、500条。其中不仅有明确的刑法条文，还有诉讼法。如它规定80岁以上、10 岁以下、笃疾者和在囚禁中犯人除告发谋反、叛逆、子孙不孝等罪外，均无告发权。它还规定：90 岁以上、7 岁以下，一律不负刑事责任；80 岁以上、10 岁以下和严重疾病患者，相对无刑事责任；70 岁以上、15 岁以下，必须减轻刑事责任；70 岁以下、15 岁以上，全负刑事责任。

在中国古代，人们也总结出一些运用科学的分析和推理来断案的方法。在古代也有一些很有趣的案例。比如说，在宋朝的时候，有一个大户人家失窃，丢失了金银细软若干，县官找到了十几个犯罪嫌疑人，但都不交代谁是盗贼。后来一个新的县官叫陈述古上任以后决心要破此案。他发现就在这个县城的后山上有一座庙，庙里有一口大钟被当地人视为神灵。所以陈述古就派人把这口大钟抬到他的县衙的后院里，然后用幔布把它围起来。第二天他升堂说："今天我要请神灵来帮助我们审理这个案件，这个神灵就是我们后山寺庙里的这口大钟。大家都知道这口大钟是能够识善恶的，是非常灵验的，所以现在我就让你们每个人依次到后院的那个幔帐里面用手去摸着大钟。如果你是盗贼，这个大钟就会嗡地响起来；如果你是清白的，那你不用担心，这个大钟不会有任何反应的。"接下来依次让他们进到幔帐里边去摸这个大钟，那十几个人摸了一遍，大钟一直也没响。当时有人就觉得，陈述古这个方法可能不灵。陈述古让十几个人回到大堂，然后让衙役分别查验这些人的手掌。这些人伸出手一看，只有一个人的手掌上没有炭灰，其他人的手掌上都是黑的。因为陈述古事前让人在大钟上偷偷地抹上了炭黑，而且在那个幔帐里边是很黑的，人进去后看不清楚。所以他说，手上没有炭灰的人就是盗贼。

第三节　虐刑与虐食

我国古代有很多酷刑，如商鞅车裂而死，故汉字斩字从车从斤，车者车裂，斤者刀砍，俱为死刑。但上古刀砍是腰斩，后来发展为杀头。我们从斩字的结构看，可以证明古代有一种车裂的酷刑。《说文》云：“斩从车斤，斩法车裂也。”清人段玉裁注：“此说从车之意。盖古用车裂，后人乃法车裂之意而用铁钺，故字亦从车，斤者铁钺之类也。”显然，古代这种蛮性的遗留，今人也不必为之讳言的。不管是腰斩还是车裂，都不得全尸，太无人道。腰斩在春秋时常用，孔子对此持赞成态度，甚至促成了一起腰斩之刑。《史记·孔子世家》记载，鲁定公十年，鲁与齐国会盟于夹谷，倡优与侏儒上台演戏，孔子以为不合礼节，向齐君提出抗议，齐君只好使他们身首异处，被腰斩。

春秋时最骇人听闻的也许要数车裂之刑，又叫“轘”，如宣公十一年，陈国国君（灵公）与其两臣孔宁、仪行父共同淫亵夏姬（相传《诗经·株林》即讥此事），被夏姬之子夏征舒一箭射死。楚庄王打着“讨罪平陈”的旗号攻占株林，将夏征舒囚出栗门，车裂而死，就像齐襄公处高渠弥之刑。到了战国时期，车裂现象也较多。公元前338年商君正红时遇见赵良。赵良对商鞅说：“诗云：恃德者昌，恃力者亡。你的末日快到了。”秦孝公一死，商鞅因得罪了太子及其师傅而逃到边关，重金收买守卒要求出关。守卒根本不知道眼前的人就是商鞅，便回答说：“我们也想放你出关，但商君的法度太严了，我们放了你就会被腰斩。”商鞅只好回到咸阳，被秦国新国王处以五马分尸之刑，在闹市肢体被车裂分解。聪明果断的吴起在楚国变法，像商鞅一样触犯了贵族的利益。公元前381年悼王一死，贵族群起攻之，仓促之间，吴起躲到王尸之下。但贵族们不顾“丽兵于王尸者，尽加重罪，逮三族”，射杀吴起（后又被拉出去肢解），射中王尸，后被判死罪者70余家。古代除商鞅、吴起外，被五牛或五马分尸的还有纵横家苏秦、指鹿为马的赵高、与太后姘居的嫪毐。车裂因其太残忍，当时也用得太普遍，终于有人提出要废除。周赧王时，齐王准备在国内正式公布车裂之刑，国中大夫纷纷反对，齐王不听。孔子之后孔穿反复劝阻，齐王才取消了原来的决定。车裂后来仍然有，直到宋代才没有见到车裂的记载。

春秋时期，常喜烹人，如周夷王烹齐哀公，楚微子烹石乞（哀公十六年）；战国时，齐威王烹阿大夫，齐滑王烹文挚；中山国人烹乐羊之子，制成肉羹给乐羊吃，乐羊为求国君信任，喝下烹儿子的肉汤。到秦末，项羽抓住刘邦的父亲，也想烹以送刘，但刘邦说的话让他进退两难：“你我是兄弟，我的父亲就是你的父亲；如果你实在想烹煮你的父亲，请你一定分一杯残羹给我喝。”

《孙子兵法》的作者孙膑的“膑”就是一种刑罚，即砍去膑骨，他的本名已不可考。他为庞涓所谗，被刖去双脚。后两人相互斗法，庞涓攻赵，赵求救于齐，孙膑采用围困魏国都城的办法，迫使庞涓回师，这就是著名的围魏救赵；后来，孙膑创“增兵减灶”之计消灭庞涓于马陵。

楚国有和氏献璧玉于厉王，因厉王的手下未能认出宝玉被刖其左脚；厉王死武王即位，又献璧玉于武王，也被刖其右脚；文王即位，和氏抱璞哭于楚山之下，三日三夜，泪尽继之以血。人问之，他回答：“我不是痛哭我的两脚，而是我的忠心不被人们理解，我的宝玉被人说成是石块。”后文王派工匠雕琢，果然得到巨大的“和氏璧”，也就是后来蔺相如“完璧归赵”的那个璧玉。公元前 98 年司马迁为李陵辩护，觉得李陵其情堪怜，结果触犯了汉武帝，按当时律法可以有三种处罚：一、死刑；二、50 万赎金；三、腐刑（去势），又名宫刑。司马迁父子俱为清官，没有钱又不愿死，只能被迫接受腐刑。在古代各种刑法中，最残酷的是凌迟，就是俗话说的千刀万剐，又叫磔杀，规定刽子手一刀一刀地割，剐千余刀后方被剖心；如果刑犯不到千刀就昏死（其实很多人剐百余刀就死了），那就直接用刀刺心脏。石达开等人在安顺场失败后逮成都被磔杀，但其父子二人，意甚果决，面对川督，骂不绝口；数十刀后，渐至昏迷。

古代除了腰斩、磔杀、绞死、斩首等各种死刑外，对已经死了的罪人还要剖棺剉尸，如 1663 年（清康熙二年）清廷以为庄廷珑所著明史中对满人不敬之语，但庄已死，便剖棺剉尸，其弟及为该书作序者、书商、刻字工全部处斩，家属发配黑龙江为奴。1726 年（雍正四年）查嗣庭为礼部侍郎时江西考题中有“维民所止”一句，被认为是砍雍正的头（雍正二字去掉上面的笔画就是维止二字）。查被迫自杀，但仍被剉尸，所有子女一律处斩。

古代行刑杀人皆在市，《左传·宣公八年》中有“杀诸绛市，六日复苏”；同书昭公十二年有“杀瑕辛于市”；定公十四年有“赵孟尸诸市”。汉代杀人叫弃市，晚近杀人也在市。明代虽有廷杖，都城杀人在西单甘石桥，清代杀人在菜市口。因其地广、人少，可以容纳很多人围观。小说、戏曲中常说“推出午门斩首”，乃曲解“市朝”之义①。

在古代当然也有不怕死的。相传金圣叹这个大才子即是一条好汉。其刑前谈笑自如，叫行刑官附耳过来：“过来我告诉你

① 参看陆宗达《训诂简论》，北京出版社，1980 年版，68 页.

一个秘密，豌豆下酒最好，哈哈哈！”面不改色，从容就死。相传他被腰斩之后，上肢仍然有知觉，以手蘸血在地上写下四个字：“不亦快哉！”

第四节　废除死刑

有关死刑存废的讨论，这些年争议很多。主废派很多是从“生命不能被剥夺”这个概念出发来演绎的。生命能否被剥夺，已经超出了法学特别是法规范学的范畴，牵涉到哲学、伦理学、文学等更广阔的话题。这里要追问的是为什么会有死刑？死刑的本质是一种惩罚手段，是对严重违反共同体秩序的成员的惩罚。这种惩罚是最后的、也是极端的、最残酷的手段，因为它牵扯到对一个人生命的剥夺。但如果不用或者废除掉死刑，仍能较好地甚至更好地治理社会，或者说维护好共同体的秩序，那死刑的存在就没有必要了。

当我们把死刑的存废从一个抽象的制度还原为活生生的现实的时候，死刑终归是一个残忍的事情，其存废是与一定的历史发展阶段联系在一起的，是与人类认知水平的演化有关的。原来死刑的存在源自朴素的“以牙还牙、以眼还眼”的观念，现在人类对这种观念正在质疑，是否非要如此，才能实现正义。在已经没有死刑的欧洲以及世界上其他废除死刑的国家和地区，包括我国的香港和澳门地区，实践已经表明，废除死刑后，社会的秩序并没有受到影响，人们对法律的信仰和公正的认知也没有受到影响。

中国现在还有55个死刑罪名，而且具体的死刑数字也没有公开，受到的国际压力也比较大。要求中国彻底废除死刑，恐怕还需时日。但根据这些年的观察，中国是在往废除死刑的方向发展的。首先从全球各国，包括欧洲国家看，废除死刑的一个规律性的东西，就是先从司法上慎用死刑，随后在立法上减少死刑。中国符合这一趋势，尤其是2007年最高法院收回了死刑复核权后，死刑的数字大量减少。立法上今年第一次就减了13个，只要国内外局势不发生大的变动，这个趋势应当是继续朝着可预期的积极方向发展的。

其次，死刑的执行是从一种“公共景观”逐渐退出公众的视野，中国也符合这一趋势。过去对死刑犯是五花大绑，开公审大会，最后再押解到荒郊野外去执行枪决。现在各地都在建立封闭性的刑场。死刑执行退出公众视野，不再成为公众生活中的一部分，这有利于一种人道文化的建立。

再次，死刑的执行方式由过去的让死刑犯尽可能多地受折磨和痛苦，慢慢地以一种更人道的方式进行。过去枪决还不够，还要让子弹开花，要打得脑浆迸裂，现在越来越多搞注射。原来一颗子弹的钱还要家属出，现在最高院在提供注射死刑的药物时都是免费的。当然，中国要尽快地将枪决和注射两种执行方式统一为注射一种。现在两种方式并用，到底谁用注射，谁用枪决，标准不一，不透明，以致社会上发出“为什么贪官多用注射”的质疑，不利于树立法律面前人人平等的观念。过去死刑犯没有办法见亲属，现在可以见亲属了，当然见面的时间长短等还需要进一步的规范。

毫无疑问，在当前的情况下，死刑罪还有55个，是多了。一些国家只有十几个死刑罪，但联合国人权委员会审议它们对《公约》的履约情况时，都说超出了死刑应有的适用范围。当然，中国不能为削减而削减，一定要创造条件，减少民意的强烈反弹。

现在还保留的55个死罪中，还有一半多是非暴力犯罪，比如还保留有金融类的集资诈骗罪，还有贪污贿赂等。要废除这些条款，还必须创造条件，使得这些犯罪的发案率大幅下降。

对于这20几个非暴力犯罪死刑的废除，不可能一步到位，要逐步进行。这次废除13个，下次未必废除那么多。但条件成熟一个废除一个，拿掉一个死罪都不是简单的事，都是立法上巨大的进步。先把非暴力犯罪的死刑罪拿掉，可以先动“集资诈骗”这类经济犯罪，再考虑“贪污贿赂”等腐败犯罪，最后再考虑暴力犯罪。暴力犯罪又可分为好多种。中国现在的“杀人罪”是笼统的规定，可以判处三年以上有期徒刑到无期直至死刑，但这样的笼统规定是比较罕见的。在欧美和日本等国，杀人罪又有很多的细分。即使杀人，剥夺了别人的生命，也不是那么简单，美国分为好几级，有“一级谋杀”、“二级谋杀”等，并不是只要杀人，就要偿命。近年来中国也有所改变，最高院的司法解释对于那些因婚姻家庭产生矛盾或对于农村地区因纠纷引起的杀人案件，如果被害人有一定过错的，就留有了一定的余地，未必都要判处死刑立即执行。这也是司法的一种进步，要把这种进步在立法上慢慢地巩固、扩大。对于暴力犯罪要有步骤地削减它。对于严重的、有预谋的杀人罪，中国的确存在“杀人偿命”的观念，这种观念根深蒂固，现在可以不考虑它，把它作为一个最后要攻克的堡垒。

第五节　文字狱

中国每一个王朝几乎都有文字狱，这是极权政治的特色之一，在明代以前不过只是偶发事件，到了朱元璋手中，才把文字狱作为一种合法的谋杀手段，到清朝更因为是异族统治，愈演愈烈，作为一种镇压汉民族反抗的工具。柏杨先生《中国人史纲》认为，产生文字狱的心理十分简单。当权者内心有潜在的罪恶感和自卑感时，自顾形惭之余，对别人一言一语都会硬拉到自己头上，采取强烈的报复。犹如一个秃子听到别人在他面前提到电灯泡就七窍生烟一样。朱元璋因为自己曾经当过小偷，就总以为知识分子都要揭他的疮疤。满洲人入关以后，拖着长长的尾巴，自己总认为汉人会借文字来转弯抹角地表示对他们的轻蔑。所以，每一个文字狱，都是当权者神经衰弱、做贼心虚的一种反应。柏杨先生对文字狱有较深的研究，并总结和列举清代 14 个案例。

1. 1660 年（顺治十七年），刘正宗有诗集出版，张晋彦作序，序文中有“将明之才”句，清统治者认为这句话难以理解，结果刘被绞死，张被斩首。

2. 1663 年（康熙二年），庄廷珑著明史案，被人敲诈不成告密，牵连 70 余人被杀，数百人流放充军。

3. 1711 年（康熙五十年），戴名世著《南山集》，曾经引用明末皇帝朱由崧的年号，又主张朱由崧以下三帝应该载入明史，又引方孝标《滇黔记闻》称方所记吴三桂事正确。戴被五马分尸，全族被屠杀；时方已经死了，也被剖棺剉尸，幼小一律处斩。

4. 1725 年（雍正三年），汪景祺著《西征随笔》，记载年羹尧征服青海时见闻，清世宗认为有对其老爹康熙不满的暗示，汪被处斩，妻子发配黑龙江给披甲人为奴。

5. 1726 年（雍正四年）查嗣庭案见上节。

6. 1729 年（雍正七年）吕留良著《杂止集》，坚持汉民族本位，斥责满洲人为夷狄。吕被剖棺剉尸，子孙被斩；又有御史谢济世，因弹劾河南巡抚田文镜，被发配阿尔泰山军营效力。他在军营注解《大学》用古书《礼记》的见解而不用朱熹的见解，雍正认为这是毁谤圣人，命斩首。与谢同在军营效力的原工部侍郎陆生楠，在军营著《通鉴论》，雍正认为他毁谤帝王，影射自己，下令处斩。

7. 1753（乾隆十八）年，乾隆屡次下江南，民不聊生。江南抚州千总卢鲁生，假借大学士孙嘉淦名义，撰写劝止南巡奏章，辞甚悲痛，全国流传。卢鲁生被磔杀，两个儿子处斩，受牵连被定罪下狱的有一千余人。

8. 1755 年，内阁学士胡中藻的诗集中有“一把心肠论浊清”之句，乾隆认为加“浊”于“清”之上居心不良，立即处斩（其实，依照此诗格律，应该押平声，故“浊”字应于“清”字之上）。广西巡抚鄂昌，跟胡作诗唱和，在《塞上吟》中呼蒙古人为“胡儿”，乾隆认为鄂昌自己就是胡儿，诋毁同类，丧心病狂，令其自杀。

9. 1757 年曾经任过浙江布政使的徐州人彭家屏告老在家，刊行族谱，名为《大彭统纪》，看起来像帝王世系模样，遇到“弘历”字样，没有缺笔表示避讳，令其全家自杀。

10. 1764 年（乾隆二十九年）秦州知州赖宏典向在京高级官员请托谋求升迁，信中有“点将交兵，不失军机”语，乾隆认为他明目张胆地谋反，处斩。

11. 1767 年，吕留良学生齐国华因吕案牵连放贬到边荒，期满回家后，刊行自己的文集，乾隆认为书中有很多触犯忌讳的话，下令将齐磔死。

12. 1777 年，王锡侯编撰《字贯》一书，乾隆认为他故意仿效康熙帝编撰《康熙字典》，冒犯唐突，不可饶恕，尤其在书中遇清帝庙号都未缺笔，大逆不道，处斩，著书十余种全部禁毁。

13. 1778 年，徐廷夔遗著《一柱楼诗》中，有“清风不识字，何故乱翻书”和“举杯忽见明天子，且把壶儿抛半边”语句，乾隆剖棺剉尸，儿孙及有关地方官员全部处斩。礼部侍郎沈德潜深得乾隆赏识，作诗请他修改或代作。他死后，乾隆令其家人进贡他的诗集，发现他把替乾隆捉刀的诗也收进自己的诗集中，而且在咏黑牡丹的诗中有“夺朱非正色，异种也称王”，乾隆恼怒，命剖棺剉尸。

14. 1781（乾隆四十六）年，曾任大理寺卿的尹嘉铨，退休后著书，自称“古稀老人”，有一句“为王者师”，乾隆认为狂悖、荒唐，令绞死。

更为荒唐的是，1730 年（雍正八年），河北白云观老道士贾士芬奉诏进京治病，所念咒语中有“天地听我主持，鬼神听我驱使”语，皇帝大怒，下令立即斩首。

第四章
汉字与历法

在讲历法之前先看几个与时间有关的汉字。年，《说文》云："年，熟谷也。"甲骨文和小篆中"年"均象谷子成熟之形。如果说禾谷成熟的周期意味着寒来暑往的周期，那就是地球绕太阳一周的时间，现代叫太阳年。古代谷物一年一熟，故以年指时间。月，本画月亮的形状，后来指月球绕地球一周所需时间。岁，其繁体是歲，字从步戌声，因为岁古指岁星，即木星，12 年由西向东绕一周，每年经过一个星次，故有年之意，如诗经"三岁为妇，靡室劳矣"。太岁运行的十二年周期，称之为"十二次"，每一年都有自己的名字，分别叫：困敦、赤奋若、摄提格、单阏、执徐、大荒落、敦牂、协洽、涒滩、作噩、阉茂、大渊献。古人挺喜欢用这样的方式纪年，比如屈原。他在《离骚》里讲自己出生的日子："摄提格于孟陬兮，惟庚寅吾以降。"依照太岁纪年与十二地支之间的对照，摄提就是寅，孟陬是正月之春，正月也就是寅月，而所谓"庚寅以降"，就是庚寅日出生。全句的意思就是我（屈原）是寅年寅月寅日生的。岁星，古人认为是福星，其所照之地，万物有福。其对应的地面，称为太岁，不能动土。日，甲骨文像太阳之形。由于太阳每天出来一次，故以日指一天，成为时间单位。曆，字从禾从日，指太阳起落和寒暑以及庄稼生长和收获的时节。历法首先是为农业生产服务的，先民在没有历法时，农业生产曾经采用观象授时的办法。象有地象（如布谷鸟叫等），有天象（斗柄授时和中星授时）。刻，本意用刀作符号，古代刻漏制中今一小时为四刻，每刻代表今 15 分钟。

关于福星，是因为唐人阳城来到南方某地当地方官，革除隋末以来献矮人（宫中宠太监王灵起）之陋习，被尊为福星。

道家有三官殿，三官即天、地、水，出生年月分上元、中元、下元，系福星、地君、水君的生日。中元节，俗称鬼节、施孤。中元之意由元宵节延伸而来。古代以正月第一次月圆称为上元（故元宵节又称为上元节），七月为岁中，七月的第一个月圆日称为中元，因以为节名。中元节又称为盂兰盆节，本是印度一种佛教仪式，佛教徒为了追荐祖先举行盂兰盆会。佛经中《盂兰盆经》以修孝顺励佛弟子的旨意，合乎中国追先悼远的民俗信仰，于是益加普及。民间普遍流传着目莲解救母厄的故事："有目莲僧者，法力宏大。其母堕落饿鬼道中，食物入口，即化为烈焰，饥苦太甚。目莲无法解救母厄，于是求教于佛，为说盂兰盆经，教于七月十五日作盂兰盆以救其母。"

上元节是人间的元宵节，人们张灯结彩庆贺元宵。人们认为中元节是鬼节，也应该张灯，为鬼庆祝节日。不过人鬼有别，所以中元张灯和上元张灯不一样。人为阳，鬼为阴；陆为阳，水为阴。水下神秘昏黑，使人想到传说中的幽冥地狱，鬼魂就在那里沉沦。所以，上元张灯是在陆地，中元张灯是在水里。

道家认为天官赐福、地官赦罪、水官解厄。下元节，就是水官旸谷帝君之诞辰，俗谓是日，水官根据考察，录奏天庭，为人解厄。《中华风俗志》也有记载："十月望为下元节，俗传水官解厄之辰，亦有持斋诵经者。"这一天，道观做道场，民间则祭祀亡灵，并祈求下元水官排忧解难。古代又有朝廷是日禁屠及延缓死刑执行日期的规定。宋吴自牧《梦粱录》：“（十月）十五日，水官解厄之日，宫观士庶，设斋建醮，或解厄，或荐亡。”又河北《宣化县新志》：“俗传水官解厄之辰，人亦有持斋者。”此外，在民间，下元节这一日，还有民间工匠祭炉神的习俗，炉神就是太上老君，大概源于道教用炉炼丹。

第一节　远古历法

现在一般认为，夏代的古书《夏小正》是我国最早的一部历书。这本书描述怎样通过观察天象，物候，气象等自然现象来确定季节，月份，并把这些现象与农事挂钩，用以指导农业生产。书中提出了观察北斗旋转而确定季节的方法。同样的方法在古书《鹖冠子》，中也有记载：“斗柄东指天下皆春，斗柄南指天下皆夏，斗柄西指天下皆秋，斗柄北指天下皆冬”。但这只是一部纯理论的书籍，不能算是历书。中国第一部真正和完整的历法应该是汉代的《太初历》。《太初历》由汉代著名的天文历算家落下闳、邓平、唐都等三人于公元前 104 年前后编算成书。

该历法规定，一个月的长度是 29, 530864 天；平年 12 个月，闰年加 1 个月，每 19 年加 7 个闰月。平均下来每年就是 365. 2422 天。根据以上规则，该历法每隔二百年将差一天。但在当时的条件下，这已经是很准确的了。《太初历》一共通用了将近两百年。随后不久，到了南北朝的时候又出现了一部优秀、著名的历法，就是我国历史上伟大的科学家祖冲之编撰的《大明历》。《大明历》规定，一月为 29. 53059 天，与现在的精确测量值每月 29. 530588 天非常接近，相差不到 1 秒。《大明历》还规定，每391年设144个闰月；这样每年365.2428天，与现在的精确测量值每年只相差52秒。《大明历》可以说是我国历史上最为精确的一部历法。而历史上最为全面和详细的历法当属《大衍历》。《大衍历》是唐天宝年间张遂所制。该书共七部分，包括：计算朔月、望月的方法，计算24节气及昼夜长短的方法，计算太阳、月亮运动，计算五大行星的运动，72侯，64卦，以及预测日食、月食等。

我们原来的农历即阴阳历（曾长期被误为夏历），以前，相传在帝舜时代我们先民成熟的历法是太阳历，或称华夏族纪年法，它与我们的农历是不一样的。一年分为10个月。而基础时间分类又以12等分为准，即一天12时辰，12天一旬，36天为一月，72天为一季，360天为一年。一年内分5个季，一季内有2个月，一月内分3旬，还剩下5天，为年之余，刚好作过年的日子用。例如诗经《七月》叙述了从1月至10月的年中行事，中间没有出现过11月和12月。这说明了什么？这不是诗人创作中的疏忽。而是在诗歌发生的时代，根本还没有11月、12月的历法时间概念。中国远古民间曾长期流行10月太阳历。这在我们彝族地区和部分汉民族地区语言遗存中仍可见到痕迹。《诗经·豳风·七月》："一之日觱发，二之日栗烈。无衣无褐，何以卒岁？三之日于耜，四之日举趾。同我妇子，馌彼南亩，田俊至喜。"按太阳的周期一年为365天余。还有5天，这就是用作度岁过年的。我国传统的春节（元旦）年假一般也是5天左右。故一之日，二之日等，应为岁首的第一天，第二天，相当于后来的年初一，年初二之类。至于四之日，那是为祈农事顺利的祭祀日。《诗经》中说得很明白，大年初一，初二，北风凛洌，饥寒交加，"无衣无褐，何以卒岁"，怎么度过这年关！所以，中国远古一度流行10月太阳历是不容置疑的，它是参照地球与太阳的运转规律而制定的历法。据有关专家考证，这种历法颇为科学，相距现在约万年时间。在那个时期，根本谈不上印刷业，真正的传播记忆这些历法，主要靠口耳相传。初民便把亲密的伙伴——牲畜动物选出 12 种与之相配。

刘尧汉先生在《中国文明源头新探》专著中，收集到的尚残存在彝族民众中“十二兽”纪日法，俗称“黑甲子”，透露了我们远古先祖这一历法运用的信息。在文化极度低下、心智尚未开发的民族中，计数是一件比打死一头猛兽还困难的事。中国的二进位太极八卦及阴阳说的数理基础，就留有初民计数到二为止的痕迹。不知过了多少年，人们才从 2 进到 5，中国的五行说留有它的印记，这也是 10 月太阳历，一年为 5 季的基础。至于进到 9，为数极，最后超越 9，突破 10，那又不知经过了多少年的努力。但是，即使到了这个阶段，计数的能力，尚不能普及化，只能保持在少数统治集团人物，如长、巫、史官等人中，对普通的民众来说，仍是极困难的事。他们的抽象思维还不发达，其抽象能力只能包含在已有的形象思维中，只能以一种概念嵌于形象中的野性思维来把握这种历法，以兽名时、定日、计年的方法产生了。这种十二兽纪时法，形象、生动、具体，便于记忆，又不失其计数的实质，很快就风行成俗。华夏族以 10 天干纪名，12 地支以纪时，后来又用天干和地支相配以记日、月、年、时。至于时辰，仍以地支来记，一天分为 12 个时辰，每个时辰两个小时，始于子时终于亥时。为便于记忆，先民用 12 种动物来区分不同的年，就产生了 12 生肖，与彝族的十二兽纪时法同类。

第二节　科学的历法

人们根据地球自转，产生昼夜交替的现象形成了“日”的概念；根据月亮绕地球公转，产生朔望，形成“月”的概念，根据地球绕太阳公转产生的四季交替现象而形成了“年”的概念。这三个概念所依据的物质运动是互相独立的。根据精确测定，地球绕太阳公转一周的时间约为365.2422平太阳日，这叫一个回归年。从一次新月到接连发生的下一次新月的时间间隔为29.5306平太阳日，这叫一个朔望月。

以回归年为单位，在一年中安排多少个整数月，在一个月中又安排多少个整数天的方法和怎样选取一年的起算点的方法就叫历法。

历法问题的复杂性全在于回归年和朔望月这两个周期太零碎，它们同“日”之间的关系，不像公里同米之间的关系那样简单；而且，它们彼此之间也不能通约。所以，历法总是顾此失彼，不能同时协调两个周期。由于这两个原因，历法一般分为三类：太阴历、太阳历和阴阳历。无论哪一种历法，都有一个协调历日周期和天文周期的关系问题。在原则上，历月应力求等于朔望月，历年应力求等于回归年。但由于朔望月和回归年都不是整日数，所以，历月须有大月和小月之分，历年须有平年和闰年之别。通过大月和小月，平年和闰年的适当搭配和安排，使其平均历月等于朔望月，或平均历年等于回归年，这就是历法的主要内容。

一年，就是地球绕太阳公转了一周的时间，全长为365天又1/4天，也就是365日5小时48分46秒，这叫回归年。历法上的年为了应用方便，不采用回归年，而是采用了完整的天数。

公历的平年是365天，闰年是366年，每四年一闰，每百年少闰一次。使用的整天数的年历法叫“历年”。农历是根据月亮的朔望月共12个月算一年，一年是354天。每三年有一个闰年。闰年是383天或384天。一个月，就是月亮绕地球一周，也就是一个朔望月。一个朔望月的长度是29.53059日，也就是29日12时44分3秒，这叫“历月”。众所周知，月亮是个球体，由于月亮绕着地球不停地公转，同时又跟着地球绕着太阳转，所以月亮对地球和太阳的位置也在不断地变动，月亮对着我们照亮的这一面，有时有，有时无，有时多，有时少，这就形成了月亮的圆缺循环，古人云“人有悲欢离合，月有阴晴圆缺，此事古难全”。当我们看不到月亮的时候，叫“朔”（多在阴历的初一和三十日）。过十四、十五天，我们就会看到圆圆的月亮，叫“望”（多在阴历十四、十五、十六日）。月中叫弦，分为上弦和下弦，上弦是阴历十二、十三前后，下弦是阴历十七、十八前后；每月最后一日叫晦，这日晚上出来的月亮叫朓（音 tiǎo，有盼望新月之意），《庄子》中说“朝菌不知晦朔，蟪蛄不知春秋”。古人对新月进行观察，造出一个带有会意性质的形声字“朏”（音 fěi），表示朔望月中每月初三新月出现的日子。但最初它是被用作每月的第一天，也就是新月出来的日子。月亮由这次朔到下次朔或由这次望到下次望，这就是月亮绕地球转了一周，就是一个月，我们把它叫朔望月。月亮圆缺循环变化的规律，人人都可以看到，所以人们很早就把它作为计算日子的单位，把朔望月作为制订历法的根据。阴历的一个月，就是根据朔望月定出来的。一日，就是地球本身自转一周的时间，也就是一个白天加一个黑夜，共计24小时。地球是椭圆形的，自己不会发光，所以在同一个时间里，地球只有一半向着太阳。向着太阳的这一半地球就是白天，地球背着太阳的一面，太阳的光照不到地球上，这一半地球上就是黑夜。由于地球在不停地自转，这样就形成了白天和黑夜有规律地循环。通常把太阳要升起来的时候叫白天，这就是一天的开始。在白天转为黑夜的时候，也就是太阳落下去的时候叫黑夜。一天，通常是指这个天象变化的规律，就很容易被人们所掌握，并利用它来作为计算时间的基本单位。这种用太阳定出来的日，叫“太阳日”。历法上用的不是真的太阳日，而是一个长短不变的日，这个日就是一年之中真太阳日的平均时间长度，就叫“平太阳日”。按照现在惯例，一日的时间分成24等份，就是24小时，把24小时作为一日。依照现在惯例，一日是从半夜0点开始，到次日的半夜24小时止作为一天。但是这里需要提及的是在我国古代传统文化中，又把一天的二十四个小时分为十二个时辰，也就是用民间的十二个属相来代替。恰好每个时辰是两个小时，每逢单数进位，而每个时辰又分为三个部分，为初时、正时和末时，每天的交替时间是从当日的半夜十一点整开始为第二天的子时，而不是通常意义上的0点。所以夜晚11：00整到11：39分为初子时，11：40分到12：19分为正子时，12：20分到凌晨1：00整为末子时。而每天中午11：00整到11：39分为初午时，11：40分到12：19分为正午时，12：20分到下午1：00整为末午时，其他照此类推。

第三节　公元纪年与阴阳历

公元、世纪、年代：“公元”是公历的纪元。它原是以传说的耶稣基督诞生那一年作为公元元年，从公元6世纪到10世纪，逐渐成为基督教国家通用的纪元，所以原先也叫基督纪元。后来被世界多数国家所采用，于是就改称公元。在历史书上，耶稣诞生前的年代被称为公元前（BC）；耶稣诞生那年以后的年代是公元后，简称公元（AD）。世纪一词来源于拉丁文，意思是一百年，也是从耶稣诞生那一年算起：公元元年至100年为1世纪。年代：每十年作为一个年代，比如1980－1989称为80年代。

星期：在欧洲一些国家的语言中，一星期中的各天并不是按数字顺序，而是有着特定的名字，是以“七曜”来分别命名的。七曜指太阳、月亮和水星、金星、火星、木星、土星这七个最亮的大行星。其中，土曜日是星期六，日曜日是星期天，月曜日是星期一，火曜日是星期二，水曜日是星期三，木曜日是星期四，金曜日是星期五。

土星：Saturn（古代希腊，萨图恩，农神），星期六（Saturday）

木星：Jupiter，Jove（主神，宙斯）星期四（Thursday）

火星：Mars（战神马尔斯），星期二（Tuesday）

太阳：Apollo，Sol（太阳神阿波罗）星期天（Sunday）

金星：Venus（维纳斯，爱与美神），星期五（Friday）

水星：Mercury（墨丘利，商人、旅人、盗贼的保护神，又是诸神使者），星期三（Wednesday）

月亮：Diana，Luna（迪安娜，月亮女神，狩猎女神），星期一（Monday）

阳历（即公历），是世界上多数国家通用的历法，由“儒略历”修订而成。儒略历是公元前46年，古罗马统帅儒略·恺撒决定采用的历法。后来奥古斯都加以修订，初步形成体系。再后来，格里高利进一步完善。到1912年成为我国的正式历法。

阳历以地球绕太阳一周（一回归年）为一年。儒略叫人制定历法的时候，由于自己是7月出生的，就规定奇数月大，双数月小，即1、3、5、7、9、11六个是大月，31天；2、4、6、8、10六个月小，30天。这样，就有366天，多了一天，就在2月减去1天，2月就只有29天了。后来奥古斯都当上了皇帝，他是8月生的，就规定8月必须是大月，作了调整：7、8两个月是大月，从9月开始，反过来，单数月小，双数月大，新加了一天，必须减掉，也在2月减。这样，2月就只有28天了。因此，今天的英语里面，七月叫July，八月叫August，分别是这两个皇帝的名字。一回归年的长度是365天5小时48分46秒，也就是说，一年比365天要多一点，大概多四分之一天，所以每4年增加1天，加在2月的末尾，得366天，就是闰年。但是4年加1天比实际回归年多了44分56秒，积满128年左右就又多算了一天，也就是在400年中约多算了3天。阳历闰年规定：公元年数可用4整除的，就算闰年；为了要在400年减去多算的3天，并规定公元世纪的整数，即公元年数是100的整数时，须用400来整除的才算闰年，如1600年、1700年、1800年、1900年、2000年中，中间的3个世纪年不能被400除尽，就不是闰年。这样就巧妙地在400年中减去了3天，就比较科学合理了。这就是阳历的来历。

阴历，是根据月相圆缺变化的周期（即朔望月）来制订的。因为古人称月亮为太阴，所以又有太阴历之称，是纯粹的阴历。我国使用农历，一般人叫它阴历，那是不对的。农历不是一种纯粹的阴历，而是阴阳历。

阴历把月亮圆缺循环一次的时间算做一个月，12个月算做一年。然而月亮圆缺循环一次即一个朔望月，是29天12时44分3秒，比29天多，又比30天少。为方便，阴历把月份分成大月和小月两种，逢单的月是大月30天，逢双的月是小月29天，一年共是354天。实际上，一个朔望月并不正好等于一个大月和一个小月的平均数——29 天半，而是比 29 天半多 44 分 2. 8 秒。所以 12 个朔望月实际上要比 354 天多 8 小时 48 分 34 秒，30 年就要多出 11 天。因此，阴历 30 年中就要安插 11 年闰年，每逢闰年就在 12 个月多加一天。阴历的闰年是 355 天。这样，阴历每 30 年中有 19 年 354 天，11 年 355 天，平均一年的长度是 354 天 8 小时 48 分。它的一年比回归年差不多短了 11 天。3 年就短一个多月，17 年就要短 6 个多月了。所以使用这种历时，新年不一定在冬天过，它可以在春天过，也可以在夏天或秋天过。它的唯一好处就是阴历上的每一个日期都可以知道月亮的形状。阴历作为一种历法，由于它与农业生产和人们的日常生活不相协调，所以当今世界上除了几个伊斯兰教国家因为宗教上的原因仍然使用外，其他国家一般已经废弃不用了。

农历，是把朔望月的时间作为历月的平均时间。这一点上和纯粹的阴历相同，但农历运用了设置闰月的办法和 24 节气的办法，使历年的平均长度等于回归年，这样它就具有了阳历的成分，所以它比纯粹的阴历好。称它为夏历，因为它在以冬至所在的历月为 11 月这一点上，是同先秦时代的夏历相同的。但它并不是先秦的夏历，更不是传说中夏朝的历法。新中国成立后还有人叫夏历，1970 年以后我国改称为农历。至于农历一名的由来，大概因为由于自古以农立国，所以制定历法必须为农业服务。但我们认为，农历同样不能代表中国传统历法，24 节气就其所代表的太阳黄经来说是地地道道的阳历，只是在形式上不同于通常所说的阳历。“农历”的历月是以朔望月为依据的。朔望月的时间是 29 日 12 小时 44 分 3 秒（即 29. 5366 日），因此农历也是大月 30 天，小月 29 天，但它和纯粹的阴历并不完全一样，因为纯粹的阴历是大小月交替编排的，而农历年大小月是经过推算决定的。

农历每一个月初一都正好是“朔”（即月亮在太阳地球中间，且以黑着的半面对着地球的时候）。有时可能出现两个大月，也可以连续出现两个小月。由于朔望月稍大于 29 天半，所以在农历的每 100 个历月里约有 53 个大月和 47 个小月。农历是基本上以 12 个月作为一年的，但 12 个朔望月的时间是 354.3667 日，和回归年比起来要相差 11 天左右。这样每隔 3 年就要多出 33 天。为了把多余的日数消除，每隔 3 年就要加一个月，这就是农历的闰月。有闰月的一年也叫闰年。所以农历的闰年就有 13 个月了。至于闰哪个月是由节气情况决定的。

中国古代历法的基本元素——日、气、朔。中国至迟从殷商时代起就采用干支纪日，从甲子到癸亥，六十干支日名轮流循环使用。“气”是中国古历的阳历成分，从冬至点开始到下一个冬至点为一年（回归年）。一年分成二十四个气，称为二十四节气。按时间等分的叫平气，按一年中太阳所走路程的等分叫定气。从冬至开始，每隔一个气，如：大寒，雨水，春分……都叫中气；其余十二个，如：小寒，立春，惊蛰……都叫节气。朔是中国古代历法的阴历成分。日月的黄道经度相同的时刻叫朔。月亮绕地球转动的速度是不均匀的，它的速度变化的周期叫一个近点月。太阳周年视运动的速度也是不均匀的，它的变化周期直到明末以前一直认为就是一个回归年（见年，月）。由于日、月运动都不均匀，所以每连续两次朔之间的时间也是不相等的。不过，经过长期观测统计，可以求得一个相对稳定的平均数，这个平均数就称为一个朔望月。根据朔望月推算出来的朔，叫平朔。对平朔进行日、月运动不均匀性的改正，得到真实的朔，称为定朔。中国古代的民用历法根据气、朔的变化，可分三个时期：①从春秋战国时代到唐初，是使用平气、平朔时期。②从唐初到明末，是使用平气、定朔时期。③清代以后，是使用定气，定朔时期。

关于闰年：在我国大部分地区，可以在初二的日落后（傍晚）观察西边的天空有没有很细的月牙出现，如果有月牙出现，则说明初一的日月交朔时刻发生较晚，所以这个月应较长，是大月为30天；没有月牙出现就说明初一的日月交朔时刻发生较早，这个就较短，是小月，为29日。这个方法大多数准确，只有极少数例外。农历大月时，月亮一般是十六圆（望日），小月时一般是十五圆（望日）。

定月的方法是用朔望月周期给出，朔所在日为初一，朔望月长约29天半，所以农历大月30天，小月29天。农历平年有十二个月，全年354天或355天，闰年为十三个月，其中某一月为闰月，月名依前一月名而定，如前月是八月，闰月则为闰八月。闰年全年383天或384天。设置闰月的方法是：农历月份中无“中气”的月份则是闰月。

农历月份的别称（部分）：

一月：正月、隅月、孟月、端月、始春、元春。二月：如月、杏月、仲春、早春。三月：病月、桃月、季春、炳月、三春、阳春、暮春。四月：余月、清和月、梅月、孟夏。五月：榴月、薄月、仲夏。六月：且月、荷月、伏月、季夏。七月：相月、巧月、霜月、孟秋、桐月。八月：壮月、桂月、仲秋、中秋月。九月：亥月、菊月、季秋。十月：阳月、小阳春、孟冬。十一月：辜月、葭月、仲冬。十二月：涂月、腊月、嘉平月，季冬。

第四节　24节气

24节气来源于观象授时，是把一年内太阳在黄道上的位置变化和引起的地面气候的演变次序分为 24 段，每段约隔半个月，分别在 12 个月里面。(等分成 24 弧段，每段 15 度为一气，如春分的太阳黄经总是 0 度，清明的太阳黄经总是 15 度。) 在月首的叫节气，在月中的叫“中气”，所谓“气”就是气象、气候的意思。其中立春、春分、立夏、夏至、立秋、秋分、立冬、冬至是用来划分一年四季的；“二分”“二至”是季节转折点，“四立”表示季节的开始。小暑、大暑、处暑、小寒、大寒、表示一年中最热、最冷的出现时期。白露、寒露、霜降反映气温下降的过程与程度；雨水、谷雨、小雪、大雪反映降雨降雪时期的程度；惊蛰、清明、小满、芒种反映季节和农作物的生长现象。人们用一首诗来概括 24 个节气，每一句诗里包括 6 个节气。

春雨惊春清谷天，夏满芒夏暑相连。秋处露秋寒霜降，冬雪雪冬小大寒。

24 节气产生于公元前 2 世纪，最早是黄河流域气候与历法的具体体现。24 节气歌是我们古人智慧的反映，已经在 2016 年 11 月 30 日被列入人类口头和非物质文化遗产名录。

第五节　推算农历

历法已经简单地讲完了，下面我们来教大家推算农历年份：1898 年，在河南安阳小屯村发现甲骨文以后，我国古代历法的神秘面纱被逐渐揭开。人们在几块甲骨片上发现了刻画整齐的干支表（见下表）。起初干支表只用来纪日，后来逐渐发展到用来纪月和纪年，并且一直沿用至今（详见“汉字与神秘文化”）。人们还从另一块甲骨片上发现了这样一段文字：“癸亥二月，癸酉三月，癸卯五月，癸亥五月。”对照下面的干支表，我们不难算出我国殷商时期的历法已经设立了闰月。但所有这些，都只能算是中国历法的萌芽或奠基。我们推算年份，手里最好有60甲子表，有它的话，一目了然。我们一般以辛亥革命这一年为标准（1911年）。比如，有同学的祖父只记得他生于辛未年，而不知道是公历哪一年，我们就可以用辛亥年为参照，表上辛亥是48，辛未是8，8可以看成68，68－48＝20，即1911＋20＝1931，即知他的祖父生于1931年。如果你的叔祖父是丙子年生的，丙子年在花甲表上是13，可以看成73，那么73－48＝25，1911＋25＝1936，你的叔祖父就生于1936年。60花甲循环往复，1911年是辛亥年，1971年也是辛亥年，如果推算比较年轻的人，就以1971年为基准。

60甲子表

1 甲子	13 丙子	25 戊子	37 庚子	49 壬子
2 乙丑	14 丁丑	26 己丑	38 辛丑	50 癸丑
3 丙寅	15 戊寅	27 庚寅	39 壬寅	51 甲寅
4 丁卯	16 己卯	28 辛卯	40 癸卯	52 乙卯
5 戊辰	17 庚辰	29 壬辰	41 甲辰	53 丙辰
6 己巳	18 辛巳	30 癸巳	42 乙巳	54 丁巳
7 庚午	19 壬午	31 甲午	43 丙午	55 戊午
8 辛未	20 癸未	32 乙未	44 丁未	56 己未
9 壬申	21 甲申	33 丙申	45 戊申	57 庚申
10 癸酉	22 乙酉	34 丁酉	46 己酉	58 辛酉
11 甲戌	23 丙戌	35 戊戌	47 庚戌	59 壬戌
12 乙亥	24 丁亥	36 己亥	48 辛亥	60 癸亥

第五章
汉字与数学文化

数学是所有自然科学的工具，同时又是哲学的工具。很多数学问题同时又是哲学问题，有巨大成就的哲学家很多同时又是大数学家。在谈到科学史的时候，一般既要讲哲学家亚里士多德，更要讲欧几里得作为演绎的科学——几何学（即 geometry，geo 为“地”，metry 为“测量”，源自埃及尼罗河流域的土地测量）。因此，我们可以说，数学与哲学都要研究整个世界，都有方法论上的一致性。同时，数学作为人类思维活动的成果，也必然借助于文字来加以表示；也就是说文字是数学的载体，尽管它有诸多的公式和符号。

数学是一门同人民大众贴得很近的学科，它所讨论的宇宙，远比现实的所谓宇宙宏伟雄大。通常所说的宇宙只是三维空间，而数学则建立起了四维、五维乃至 n 维空间，并且，集合论的超限数的空间，远远超过了通常无穷大的空间，它们都远比我们现实的宇宙更具有庄严美、雄伟美。数学是一座远远地超越了我们想象的华丽宫殿，站在这个无比庄严、宏伟的宇宙中的数学家们，以崇敬赞叹的目光远眺着它的壮观、美妙。但是，我们也看到，数学仍然像高耸入云的巴比伦塔一样，庞大、严谨，连上帝都感到敬畏，却是尚未完成的建筑，经不起一个小小的悖论的冲击……

第一节　引言

在讲此内容之前，请大家作一道算术题：有一个人用60元买了一匹马，又以70元卖了出去。然后，他又用80元买回来，再用90元卖出去。在这一桩买卖中，他赚了多少钱？

1. 亏10元　2. 收支平衡　3. 赚10元　4. 赚20元

5. 赚30元

这是一道非常简单的算术题，小学三年级的学生都能做正确，但为何我们在具体调查中50%以上的高中生和40%以上的大学生都做错了呢？这就是心理学上所说的刺激元素组织的不适当（有一次我在大三的一个班上发现有60%以上的学生做错，而且个个都振振有词）。

数学的“数”古文写作：，右边是反文，古代汉语中反文就是手，左边中间是一根竹竿，竹竿的两边被绳索缠绕，表示古代的结绳记事，因此数的产生与结绳记事有关，是非常古老的事情，数学是中国很古老的科学，尤其是数学中的几何学更是早在数千年以前就产生了。

2002年，国际数学家大会在中国北京召开，全球有4000多数学家参加，主要是因为我国的陈省身教授，他在美国留学并在美国工作了几十年，在数学上取得惊人的成就，杨振宁把他比为继欧几里得、高斯、黎曼、嘉当等著名数学家之后的最著名几何学家。九十多岁高龄的他在南开大学创立数学研究所，连过道中都放置黑板，可以让教师和研究生们随时记下自己的所思所想。

数学是人类认识自然、探索自然的有力手段，又是人们掌握世界的辩证的辅佐工具和表现形式，是人类思维法则的极其重要的方面。因此，在中外文化史上，许多哲学家同时又是数学家，如古希腊哲学家的鼻祖泰利斯又是古代数学的创始人，他第一个研究几何。古希腊著名的毕达哥拉斯学派的哲学家们，不仅发现了毕达哥拉斯定理（即直角三角形两直角边平方之和等于斜边的平方），还发现了第一个无理数$\sqrt{2}$。法国的笛卡儿、德国的莱布尼兹、英国的牛顿和罗素等哲学家同时又是大数学家。如笛卡儿不仅写了《哲学原理》《形而上学的沉思》等重要哲学著作，而且创建了解析几何学，第一个把变量引入数学。他有句不朽的名言："一切问题可以化为数学问题，一切数学问题可以化为代数问题，一切代数问题可以化为方程求解。"虽然有些偏颇，但有许多时候的确如此。数学奇才高斯说："数学是科学的女皇。"罗素曾说："数学有至高无上的美，一种冷色而严肃的美，这种美没有音乐或绘画那般华丽的装饰，它可以纯净到崇高的地步。这些至善至美，能在诗歌里得到，也能在数学里得到。"

数学的历史告诉我们，数学本身也是一种文化。它不只是关于数的世界、形的世界或更广阔世界的科学，还是一门充满人文精神的科学。数学文化源远流长、丰富多彩、魅力无穷。这首先在于数学是一种理性的精神，它并不排斥异己，欧氏几何与非欧几何同时存在，这种相互包容的精神正是现代文明的特征之一。克莱因说："正是这种精神激发、促进、鼓舞并驱使人类的思维得以运用到最完善的程度……"其次，数学是一种语言的文化。简洁、明晰的数学语言系统使得数学以其不可比拟、无可替代的数学语言对科学现象和规律进行精确的表达，从而使数学文化能超越某些文化的局限性达到直接传播的效果，有力地促进了人类思想交流的广度和深度，极大地丰富了人类的表达系统。再次，数学是思维的科学。数学的文化意义体现在数学作为一种思维工具，具有运用抽象思维去把握实在的能力。数学对人类理性思维影响的力量，是其他学科所不能比拟的。另外，数学是一门艺术，是美的王国，其概念的简单性、统一性，结构系统的协调性、对称性，数学命题和模型的概括性、典型性和适用性，都是美的内容。数学的发展历史是一部文化史。数学伴随着人类经历了游牧生活、农业社会和工业文明，迎来了信息时代。它始终是人类描述世界图式的有力工具，是打开科学大门的金钥匙。

第二节　中国古代数学

从文明发展的初始阶段起，人们就不断积累事物数量的知识。在最初人们只能简单区分一二三等少数数字，随着生产和社会实践的积累，掌握的数目才逐渐增多。据调查，新中国成立前有些文化发展比较缓慢的少数民族，数目最多只能数到3或10。新石器时代如西安半坡遗址陶器口上的五个刻画符号后来成为殷墟甲骨文中的“一二三四五”。据《易·系辞》记载：“上古结绳而治，后世圣人易之以书契。”在我国历史上与数学起源有密切关系的要算伏羲，很多史学家和算学家都把数学的发明权归于他之下。《汉书·律历志》：“自伏羲画八卦，由数起，至黄帝、尧舜而大备。三代稽古，法度章焉。”《管子·轻重篇》：“伏羲作九九之数以应天道。”刘徽《九章算术注序》中说：“昔者包羲氏始画八卦，以通神明之德，以类万物之情，作九九之数以合六爻之变。”据传伏羲在数学上有两项发明，一是结绳以纪事；二是规矩以方圆。其实结绳并非个人的发明，它是一种原始的计数方法，即在竹竿或木棍上打上绳结来表示事物的多少。汉代巨儒郑玄注曰：“事大，大结其绳；事小，小结其绳。结之多少，随物众寡。”在甲骨文中，“数”字像用手在一根杆上打结之形，即用手结绳以纪事。“规”是画圆的工具，“矩”是画方的工具。在山东汉墓的石柱上有“伏羲手执矩，女娲手执规”的刻像。规矩的发明和使用远在夏商以前，甲骨文中早有“规矩”二字。甲骨文中“规”字像手执规以画圆之状。“矩”字像一把曲尺。刻像伏羲手中的那把矩，由长短两把直尺合成，中间还连上一条杆（如下图）。

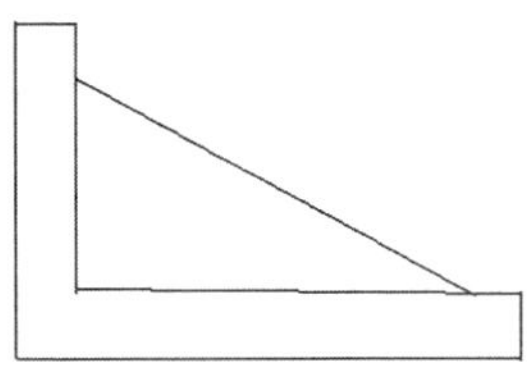

在伏羲之后，另一个与远古数学有密切关系的人是大禹，《史记·夏本纪》说禹“左准绳，右规矩，载四时，以开九州，通九道”。《山海经·海外东经》：“帝（禹）命竖亥步自东极，至于西极，五亿十选（万）九千八百步。”《淮南子》中有：“禹乃使太章步自东极至于西极，二亿三万三千五百里七十五步。使竖亥步自北极至于南极，二亿三万三千五百里七十五步。”在数学发展的最初阶段，计数靠手指，丈量则靠脚，因而“步”就很自然地成为最早的长度单位，正如英语中 foot 既有“脚”之意，又有“英尺”之义。

在殷墟出土的甲骨文卜辞中有很多记数的文字。从一到十及百、千、万是专用的记数文字，共有 13 个独立符号，记数用合文书写，其中有十进位制的记数法，出现最大的数字为三万。其 13 个计数单字是：“一二三四五六七八九十百千万。”前四字是象形文字，可能来源于人类的手指；五至九俱为假借字。

“十”字来自于结绳记事，是一个大的结。“万”字则是一种类似于蝎子的动物，也是假借字。(但也有人认为，汉字的数字系统来源于西部文化，特别是陕西关中地区的文化，具体含义已不可考)。

算筹是中国古代的计算工具，而这种计算方法称为筹算。所谓筹算方法，即是用算筹（约十二、三厘米长的小棍）纵横布置，排列成行，取去归并，左右移动来进行计数和运算的方法。算筹的产生年代已不可考，但可以肯定的是筹算在春秋时代已很普遍。用算筹记数，有纵、横两种方式：

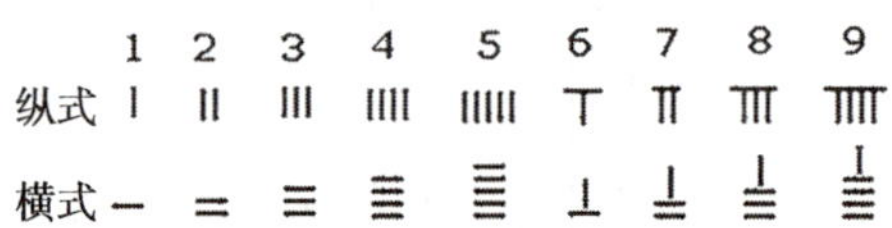

表示一个多位数字时，采用十进位制，各位值的数目从左到右排列，纵横相间。其法则按《孙子算经》的说法是“一纵十横，百立千僵，千、十相望，万、百相当”，并以空位表示零。算筹为加、减、乘、除等运算建立起良好的条件。筹算方法风行两千多年，直到元朝末年才逐渐为珠算所取代，中国古代数学就是在筹算的基础上取得其辉煌成就的。

在几何学方面《史记·夏本纪》中说夏禹治水时已使用了规、矩、准、绳等作图和测量工具，并早已发现“勾三股四弦五”这个商高定理〔西方称勾股定理〕的特例。战国时期，齐国人的《考工记》汇总了当时手工业技术的规范，包含了一些测量的内容，并涉及一些几何知识，例如角的概念。战国时期的百家争鸣也促进了数学的发展，一些学派还总结和概括出与数学有关的许多抽象概念。著名的有《墨经》中关于某些几何名词的定义和命题，例如，“圆，一中同长也”（圆是一个圆心到各边的距离有同样的长度)，“平，同高也”（平行就是高度相同)，“端，体之无厚而最前者也”（点是物体最前端的没有长和宽的部分）等等。墨家还给出有穷和无穷的定义。《庄子》记载了惠施等人的名家学说和桓团、公孙龙等辩者提出的论题，强调抽象的数学思想，例如“一尺之棰，日取其半，万世不竭”，实际上揭示了这样一个渐趋无穷的分数系列（积分）：

1，1/2，1/4，1/8，1/16，1/32……，$1/2^n$

这些许多几何概念的定义、极限思想和其他数学命题是相当可贵的数学思想，但这种重视抽象性和逻辑严密性的新思想未能得到很好的继承和发展。此外，讲述阴阳八卦，预言吉凶的《易经》已有了组合数学的萌芽，并反映出二进制的思想。

这里有必要讲一讲古人的进位。我们的祖先最初有可能是从二进位发展为十进位的，这与他们用两只手和两只手上的十个手指进行计数有关。但古代巴比伦和埃及人在十进制外以60进位作补充，如1854年出土泥版上的数字：1，4，9，16，25，36，49。他们已经知道自然数的平方（1，2，3，4，5，6，7）。后未发现8的平方，但有1.4、1.21直到58.1即1.4 =60 +4 =8的平方，1.21 =60 +21 =9的平方，58.1 =60 * 58 +1 =59的平方。古代玛雅人用的是二十进位制，也许给人类有手指、脚趾共二十个有关。不管是六十进位还是二十进位，与我们的十进位比起来要烦琐得多，至少需要19个或59个不同的数码。所以李约瑟在其《中国科学技术史》第三卷中说：“商代的数字系统是比古巴比伦和古埃及同一时代的字体更为先进、更为科学的。”两千多年前的《河图》《洛书》中有“九宫算”即魔方，如下图所示。

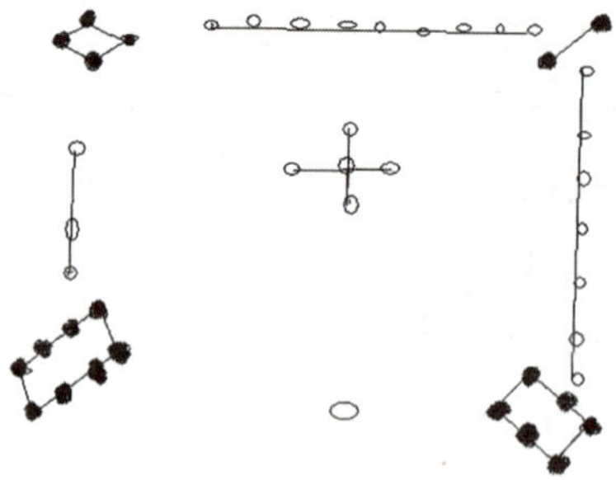

《周易系辞》："河出图，洛出书，圣人则之"右为著名的九宫图，即世界上最早的幻方。它早在《大戴礼》中已有记载，距今2500多年。古人叫"纵横图"，国外叫"魔方"。

4	9	2
3	5	7
8	1	6

商代对数的认识最大三万，最小为一。到周代出现了"亿、兆、经、姟（gāi）"。古制高位数亦为十进，十万为亿，十亿为兆，十兆为经，十经为姟。"姟"有完备之意（如成语"言简意赅"的"赅"亦有完备之意），故"数极于姟"。但过了没多久，姟之上又出现了更大的高位数"秭、选、载、极"。十姟为秭，十秭为选，十选为载，十载为极。同时，一以下的分数也开始出现，《管子·地员篇》有"十分之四"、"十分之七"等。

在周代，各种运算非常普遍，当时的乘法口诀也已形成。李悝《法经·尽地力之效》：

"今一夫挟五口，治田百亩，岁收亩一石半，为粟百五十石（1.5石*100=150，*号在此是乘号，下同）。除十一之税十五石（150/10=15），余百三十五石（150-15=135）。食：人月一石半，五人终岁为粟九十石（1.5*12*5=90）余有四十五石（135-90=45）。石三十为钱千三百五十（30*45=1350）。除社闾尝新春秋之祠用钱三百，余千五十（1350-300=1050）。衣：人率钱三百，五人终岁用千五百（300*5=1500）。不足四百五十（1500－1050＝450钱）。”

汉代韩婴《韩诗外传》卷三以及《战国策》《吕氏春秋》中都有这样的记载：齐桓公招贤纳士，但过了一年还没有一个贤士来。这时候有个乡下老头拿着九九乘法口诀来自荐，遭到嘲笑。老头对桓公说：“这九九之术虽然算不上什么高深的学问，但如果您也能以礼相待，那还怕比我高明的人不来吗?”桓公接受了他的意见并款待了他。一个月后，四面八方的贤士就接踵而至。这充分说明当时的人们早已掌握乘法口诀。

现传中国历史最早的数学专著是1984年在湖北江陵张家山出土的成书于西汉初的汉简《算数书》，与其同时出土的一本汉简历谱所记乃吕后二年（公元前186年），所以该书的成书年代至晚是公元前186年，但一般认为最早的数学典籍是《周髀算经》，而《九章算术》和《数书九章》质量最优（见王树禾《数学思想史》）。西汉末年〔公元前1世纪〕编纂的《周髀算经》，尽管是谈论盖天说宇宙论的天文学著作，但包含许多数学内容，在数学方面主要有两项成就：（1）提出勾股定理的特例及普遍形式；（2）测太阳高、远的陈子测日法，为后来重差术（勾股测量法）的先驱。此外，还有较复杂的开方问题和分数运算等。

《九章算术》是一部经几代人整理、删补和修订而成的古代数学经典著作，约成书于东汉初年〔公元前1世纪〕。全书采用问题集的形式编写，共收集了246个问题及其解法，分属于方田、粟米、衰分、少广、商功、均输、盈不足、方程和勾股九章。主要内容包括分数四则和比例算法、各种面积和体积的计算、关于勾股测量的计算等。在代数方面，《方程》章中所引入的负数概念及正负数加减法法则，在世界数学史上都是最早的记载。书中关于线性方程组的解法和现在中学讲授的方法基本相同。就《九章算术》的特点来说，它注重应用，注重理论联系实际，形成了以筹算为中心的数学体系，对中国古算术影响深远。它的一些成就如十进制、今有术、盈不足术等还传到印度和阿拉伯，并通过这些国家传到欧洲，促进了世界数学的发展。

这里，我们不揣冒昧地给大家介绍几道题：130 题（五卷商功）："今有城，下广四丈，上广二丈，高五丈，袤一百二十六丈五尺，问积几何?"根据当时的情形，他们可能已经采用正确的体积公式 $v = 1/2(a1 + a2)$ bh，其中 $a1$、$a2$ 为上下广，h 是高，b 是袤。又 170 题（六卷均输）："今有兔先走一百步，犬追之二百五十步，不及三十步而止，问犬不止，复行几何步及之?"我们可以设犬速为 $v1$，兔速为 $v2$，犬复行 x 步可追及兔子，则

$$250 + x/v1 = 250 + x - 100/v2$$

$$250/v1 = 250 - 100 + 30/v2$$

以上式除下式，再解出 x。

《孙子算经》中反映"中国剩余定理"，其卷下第 26 题曰："今有物不知其数，三三数之余二，五五数之余三，七七数之余二，问物几何?""答曰：二十三。""术曰：三三数之余二，置一百四十；五五数之余三，置六十三；七七数之余二，置三十；并之，得二百三十三，以二百一十减之即得；凡三三数之余一，则置七十；五五数之余一，则置二十一；七七数之余一，则置十五；一百○五减之，即得。"此处"术"即解决方法，"置"即乘，指与余数相乘。宋代有人把上述算法编成口诀：

三岁孩儿七十稀，五留廿一事尤奇。

七度上元重相会，寒食清明便得知。

上元指元宵节（正月十五），寒食至冬至，冬至至清明 105

天。明代程大位把口诀改写得妇孺皆知：三人同行七十稀，五树梅花廿一枝。七子团圆正月半，除百零五便得知。

具体运算过程：①$2*70=140$；②$3*21=63$；③$2*15=30$。相加 $140+63+30=233$，$233-105=128$，$128-105=23$，23 即为所求的最小数。

魏晋时期中国数学在理论上有了较大的发展。其中赵爽和刘徽（二人生卒年代均不详）的工作被认为是中国古代数学理论体系的开端。三国吴人赵爽是中国古代对数学定理和公式进行证明的最早的数学家之一，对《周髀算经》做了详尽的注释，在《勾股圆方图注》中用几何方法严格证明了勾股定理，他的方法已体现了割补原理的思想。赵爽还提出了用几何方法求解二次方程的新方法。263 年，三国魏人刘徽（中国古代最伟大的数学家）注释《九章算术》，在述中多有创造，在卷一《方田》中创立割圆术（即用圆内接正多边形觚的面积无限逼近圆面积的办法“割之又割”），为圆周率的研究工作奠定了理论基础并提供了科学的算法，他运用“割圆术”得出圆周率的近似值为 3927/1250（即 3.1416）（觚为古代酒具，觚口为正六边形）。

公元 5 世纪，祖冲之、祖暅父子的工作在这一时期最具代表性，他们在《九章算术》刘徽注的基础上，将传统数学大大向前推进了一步，成为重视数学思维和数学推理的典范。计算圆周率精确到小数点后第 6 位，并求得 π 的约率为 22/7，密率为 355/113，其中密率是分子、分母在 1000 以内的最佳值，欧洲直到 16 世纪德国人鄂图和荷兰人安托尼兹才得出同样结果。隋朝大兴土木，客观上促进了数学的发展。唐初王孝通撰《缉古算经》，主要是通过土木工程中计算土方、工程的分工与验收以及仓库和地窖计算等实际问题，讨论如何以几何方式建立三次多项式方程，发展了《九章算术》中的少广、勾股章中开方理论。隋唐时随着科举制度与国子监制度的确立，数学教育有了长足的发展。656 年国子监设立算学馆，设有算学博士和助教，由太史令李淳风等人编纂注释《算经十书》，包括《周髀算经》《九章算术》《海岛算经》《孙子算经》《张丘建算经》《夏侯阳算经》《缉古算经》《五曹算经》《五经算术》和《缀术》作为算学馆学生用的课本，对保存古代数学经典起了重要的作用。

宋、元时期，筹算数学达到极盛，是中国古代数学空前繁荣、硕果累累的全盛时期。这一时期出现了一批著名的数学家和数学著作。公元 1247 年，南宋秦九韶（四川安岳人）在《数书九章》中推广了增乘开方法，叙述了高次方程的数值解法，他列举了 20 多个来自实践的高次方程的解法，最高为 10 次方程。欧洲到 16 世纪意大利人菲尔洛才提出 3 次方程的解法。公元 14 世纪我国人民已使用珠算盘。明代最大的成就是珠算的普及，出现了许多珠算读本，直到程大位的《直指算法统宗》（1592 年）问世。西方传教士和中国学者合译了许多西方数学专著。其中第一部且有重大影响的是意大利传教士利马窦和徐光启合译的《几何原本》前 6 卷（1607 年），其严谨的逻辑体系和演绎方法深受徐光启推崇。入清以后，贯通中西数学的杰出代表是梅文鼎，他坚信中国传统数学“必有精理”，对古代名著做了深入的研究，同时又能正确对待西方数学，使之在中国扎根，对清代中期数学研究的高潮是有积极影响的。清康熙帝爱好科学研究，他御定的《数理精蕴》（53 卷，1723 年），是一部比较全面的初等数学书，对当时的数学研究有一定影响。1840 年鸦片战争后，闭关锁国政策被迫中止。同文馆内添设算学，上海江南制造局内添设翻译馆，由此开始第二次翻译引进的高潮。主要译者和著作有：李善兰与英国传教士伟烈亚力合译的《几何原本》后9卷（1857），使中国有了完整的《几何原本》中译本；《代数学》13卷（1859）；《代微积拾级》18卷（1859）。李善兰与英国传教士艾约瑟合译《圆锥曲线说》3卷，华蘅芳与英国传教士傅兰雅合译《代数术》25卷（1872），《微积溯源》8卷（1874），《决疑数学》10卷（1880）等。在这些译著中，创造了许多数学名词和术语，至今仍在应用。1898年建立京师大学堂，同文馆并入。1905年废除科举，建立西方式学校教育，使用的课本也与西方其他各国相仿。

第三节　数学中的奇异形式

在现代数学中还有一些数字，往往要通过不同数字的组合，才可以得到一些非常奇妙的排列，令人看后叫绝、回味无穷。罗素早就说过，数学中不仅有冷峻之美，还有对称美。这里列举少数几个例子：

9 * 9 + 7 = 88

98 * 9 + 6 = 888

987 * 9 + 5 = 8888

9876 * 9 + 4 = 88888

98765 * 9 + 3 = 888888

987654 * 9 + 2 = 888888

9876543 * 9 + 1 = 8888888

98765432 * 9 + 0 = 88888888

1 * 1 = 1

11 * 11 = 121

111 * 111 = 12321

1111 * 1111 = 1234321

11111 * 11111 = 123454321

111111 * 111111 = 12345654321

1111111 * 1111111 = 1234567654321

11111111 * 11111111 = 123456787654321

111111111 * 111111111 = 12345678987654321

9 * 9 = 81

99 * 99 = 9801

999 * 999 = 998001

9999 * 9999 = 99980001

99999 * 99999 = 9999800001

999999 * 999999 = 999998000001

9999999 * 9999999 = 99999980000001

第四节　植物中的数学

数学作为一种理论体系、一种实际经验的总结，几乎是无处不在、无时不有。笛卡儿根据他所研究的一簇花瓣和叶形曲线特征，列出了数学上有名的“笛卡儿叶线”，有人叫它“茉莉花瓣曲线”。后来，科学家发现植物的花瓣、萼片、果实的数目以及其他方面的特征，都非常吻合于一个奇特的数列——著名的斐波拉契数列：1，2，3，5，8，13，21，34，55，89……其中，从3开始，每一个数字都是前两项之和。

扑克牌上的“梅花”并非梅花，甚至不是花，而是三叶草。在西方历史上，三叶草是一种很有象征意义的植物，据说第一叶代表希望，第二叶代表信心，第三叶代表爱情，而如果你找到了四叶的三叶草，就会交上好运，找到幸福。在野外寻找四叶的三叶草，是西方儿童的一种游戏，不过很难找到，据估计，每一万株三叶草，才会出现一株四叶的突变型。在中国，梅花有着类似的象征意义。民间传说梅花五瓣代表着五福。民国把梅花定为国花，声称梅花五瓣象征五族共和，具有敦五伦、重五常、敷五教的意义。但是梅花有五枚花瓣并非独特，事实上，花最常见的花瓣数目就是五枚，例如与梅同属蔷薇科的其他物种，像桃、李、樱花、杏、苹果、梨等就都开五瓣花。常见的花瓣数还有：3 枚，鸢尾花、百合花（看上去 6 枚，实际上是两套 3 枚）；8 枚，飞燕草；13 枚，瓜叶菊；向日葵的花瓣有的是 21 枚，有的是 34 枚；雏菊的花瓣有的是 34、55 或 89 枚。而其他数目花瓣的花则很少。为什么花瓣数目不是随机分布的？3，5，8，13，21，34，55，89……这就是斐波纳契数。斐波纳契（1170—1240）是中世纪意大利数学家，他不是在数花瓣数目，而是在解一道关于兔子繁殖的问题时，得出了这个数列。假定你有一雄一雌一对刚出生的兔子，它们在长到一个月大小时开始交配，在第二月结束时，雌兔子产下另一对兔子，过了一个月后它们也开始繁殖，如此这般持续下去。每只雌兔在开始繁殖时每月都产下一对兔子，假定没有兔子死亡，在一年后总共会有多少对兔子？在一月底，最初的一对兔子交配，但是还只有 1 对兔子；在二月底，雌兔产下一对兔子，共有 2 对兔子；在三月底，最老的雌兔产下第二对兔子，共有 3 对兔子；在四月底，最老的雌兔产下第三对兔子，两个月前生的雌兔产下一对兔子，共有 5 对兔子……如此这般计算下去，兔子对数分别是：1，1，2，3，5，8，13，21，34，55，89，144……看出规律了吗？从第 3 个数目开始，每个数目都是前面两个数目之和。

植物似乎对斐波纳契数着了迷。不仅花，还有叶、枝条、果实、种子等形态特征，都可发现斐波纳契数。叶序是指叶子在茎上的排列方式，最常见的是互生叶序，即在每个节上只生1叶，交互而生。任意取一个叶子作为起点，向上用线连接各个叶子的着生点，可以发现这是一条螺旋线，盘旋而上，直到上方另一片叶子的着生点恰好与起点叶的着生点重合，作为终点。从起点叶到终点叶之间的螺旋线绕茎周数，称为叶序周。不同种植物的叶序周可能不同，之间的叶数也可能不同。例如榆，叶序周为1（即绕茎1周），有2叶；桑，叶序周为1，有3叶；桃，叶序周为2，有5叶；梨，叶序周为3，有8叶；杏，叶序周为5，有13叶；松，叶序周为8，有21叶……用公式表示（绕茎的周数为分子，叶数为分母），分别为1/2，1/3，2/5，3/8，5/13，8/21……这些是最常见的叶序公式，据估计大约有90%植物属于这类叶序，而它们全都是由斐波纳契数组成的。

你如果观察向日葵的花盘，会发现其种子排列组成了两组相嵌在一起的螺旋线，一组是顺时针方向，一组是逆时针方向。再数数这些螺旋线的数目，虽然不同品种的向日葵会有所不同，但是这两组螺旋线的数目一般是34和55、55和89或89和144，其中前一个数字是顺时针线数，后一个数字是逆时针线数，而每组数字都是斐波纳契数列中相邻的两个数。再看看菠萝、松果上的鳞片排列，虽然不像向日葵花盘那么复杂，也存在类似的两组螺旋线，其数目通常是8和13。有时候这种螺旋线不是那么明显，需要仔细观察才会注意到，例如花菜。如果你拿一颗花菜认真研究一下，会发现花菜上的小花排列也形成了两组螺旋线，再数数螺旋线的数目，是不是也是相邻的两个斐波纳契数，例如顺时针5条，逆时针8条？掰下一朵小花下来再仔细观察，它实际上是由更小的小花组成的，而且也排列成了两条螺旋线，其数目也是相邻的两个斐波纳契数。

为什么植物如此偏爱斐波纳契数？这和另一个更古老的、早在古希腊就被人们注意到甚至去崇拜它的另外一个神秘数字有关。假定有一个数 φ,它有如下有趣的数学关系：

$\varphi^2 - \varphi^1 - \varphi^0 = 0$ 即:$\varphi^2 - \varphi - 1 = 0$ 解这个方程,有两个解：

$(1 + \sqrt{5}) / 2 = 1.6180339887\cdots$

$(1 - \sqrt{5}) / 2 = -0.6180339887$

注意这两个数的小数部分是完全相同的。正数解（1.6180339887…）被称为黄金数或黄金比率，通常用 φ 表示。这是一个无理数，而且是最无理的无理数。同样是无理数，圆周率 π 用 22/7，自然常数 e 用 19/7，$\sqrt{2}$用 7/5 就可以很精确地近似表示出来，而 φ 则不可能用分母为个位数的分数做精确的有理近似。

黄金数有一些奇妙的数学性质。它的倒数恰好等于它的小数部分，也即 $1/\varphi = \varphi - 1$，有时这个倒数也被称为黄金数、黄金比率。如果把一条直线 AB 用 C 点分割，让 AB/AC = AC/CB，那么这个比等于黄金数，C 点被称为黄金分割点。如果一个等腰三角形的顶角是 36 度，那么它的高与底线的比等于黄金数，这样的三角形称为黄金三角形。如果一个矩形的长宽比是黄金数，那么从这个矩形切割掉一个边长为其宽的正方形，剩下的小矩形的长宽比还是黄金数。这样的矩形称为黄金矩形，它可以用上述的方法无限切割下去，得到一个个越来越小的黄金矩形，而如果把这些黄金矩形的对角用弧线连接起来，则形成了一个对数曲线。常见的报纸、杂志、书、纸张、身份证、信用卡用的形状都接近黄金矩形，据说这种形状让人看上去很舒服。的确，在我们的生活中，黄金数无处不在，建筑、艺术品、日常用品在设计上都喜欢用到它，因为它让我们感到美与和谐。

仔细观察向日葵花盘会发现有两组螺旋线，一组顺时针方向盘绕，另一组则逆时针方向盘绕，并且彼此相嵌。虽然不同的向日葵品种中，种子顺、逆时针方向和螺旋线的数量有所不同，但往往不会超出 34 和 55、55 和 89 或 89 和 144 这三组数字，这就是斐波那契数列中的相邻数。前一个数字是顺时针盘绕的线数，后一个数字是逆时针盘绕的线数。雏菊的花盘也如此，只不过数字略小。菠萝果实上的菱形鳞片，一行行排列起来，8 行左倾，13 行右倾。挪威云杉的球果在一个方向上有 3 行鳞片，在另一个方向上有 5 行鳞片。常见的落叶松是一种针叶树，其松果上的鳞片在两个方向上各排成 5 行和 8 行，美国松的松果鳞片在两个方向上各排成 3 行和 5 行。如果是遗传决定了花朵的花瓣数和松果的鳞片数，那么为什么斐波那契数列会与此如此巧合？这也是植物在大自然中长期适应和进化的结果，它也受数学规律的约束。由于该数列中的数值越靠后越大，因此两个相邻的数字之商将越来越接近 0.618034 这个值，如 34/55 =0.6182，接近黄金数。在数学中，还有一个称为黄金角的数值是 137.5 度，这是圆的黄金分割的张角，更精确的值应该是 137.50776 度。车前草的叶片间的夹角正好是 137.5 度，按照这一角度排列的叶片，能很好地镶嵌而又互不重叠，这是植物采光面积最大的排列方式，每片叶子都能最大限度地获得阳光，从而有效地提高植物光合作用的效率。现代建筑师参照这设计出了新颖的螺旋式高楼，最佳的采光效果使每间屋子都很明亮。

关于数学哲学、数学思想以及数学文化，有兴趣的同学可以参考中国科技大学王树禾教授写的《数学思想史》[①]《先秦数学与诸子哲学》[①]《古今数学思想》[②]《数学思维论》[③]《数学哲学引论》[④] 等书。

第五节　哥德巴赫和四色猜想

这是世界近代三大数学难题之一。哥德巴赫是德国一位中学教师，也是一位著名的数学家，生于1690年，1725年当选为俄国彼得堡科学院院士。1742年，哥德巴赫在教学中发现，每个不小于6的偶数都是两个素数（只能被它本身整除的数）之和。如 $6=3+3$，$12=5+7$ 等。

公元1742年6月7日哥德巴赫写信给当时的大数学家欧拉，提出了以下的猜想：

(a) 任何一个 $\geqslant 6$ 之偶数，都可以表示成两个奇质数之和。

(b) 任何一个 $\geqslant 9$ 之奇数，都可以表示成三个奇质数之和。

这就是著名的哥德巴赫猜想。欧拉在6月30日给他的回信中说，他相信这个猜想是正确的，但他不能证明。叙述如此简单的问题，连欧拉这样首屈一指的大数学家都不能证明，这个猜想便引起了许多数学家的注意。几乎同时，大数学家费马也提出这个猜想。至今，许多数学家都不断努力想攻克它，但都

---

① 数学思想史．王树禾著．国防工业出版社，2003年4月版．

① 先秦数学与诸子哲学．周瀚光著．上海古籍出版社，1994年12月版．

② 古今数学思想．M·克莱因著．北京大学数学史翻译组译．上海科学技术出版社，1980年出版．

③ 数学思维论．任樟辉著．广西教育出版社，1996年出版．

④ 数学哲学引论．王前著．辽宁教育出版社，2002年出版．

没有成功。当然曾经有人作了些具体的验证工作，例如：6 =3 +3，8 =3 +5，10 =5 +5 =3 +7，12 =5 +7，14 =7 +7 =3 +11，16 =5 +11，18 =5 +13……有人对 33 ×108 以内且大过 6 之偶数一一进行验算，哥德巴赫猜想（a）都成立。但严格的数学证明尚待数学家的努力。从此，这道著名的数学难题引起了世界上成千上万数学家的注意。200 年过去了，没有人证明它。哥德巴赫猜想由此成为数学皇冠上一颗可望不可即的明珠。到了 20 世纪 20 年代，才有人开始向它靠近。1920 年，挪威数学家布朗用一种古老的筛选法证明 9 +9。这种缩小包围圈的办法很管用，科学家们于是从（9 +9）开始，逐步减少每个数里所含质数因子的个数，直到最后使每个数里都是一个质数为止，这样就证明了哥德巴赫猜想。目前最佳的结果是中国数学家陈景润于 1966 年证明的，称为陈氏定理，“任何充分大的偶数都是一个质数与一个自然数之和，而后者仅仅是两个质数的乘积。”通常都简称这个结果为大偶数可表示为“1 + 2 ”的形式。在陈景润之前，关于偶数可表示为 s 个质数的乘积与 t 个质数的乘积之和（简称“$s + t$ ”问题）猜想的进展情况如下：

1920 年，挪威的布朗证明了 9 +9。

1924 年，德国的拉特马赫证明了 7 +7。

1937 年，意大利的蕾西先后证明了 5 +7，4 +9，3 +15 和 2 +366。

1938 年，苏联的布赫 · 夕太勃证明了 5 +5。

1940 年，苏联的布赫 · 夕太勃证明了 4 +4。

1948 年，匈牙利的瑞尼证明了 1 +c，其中 c 是一很大的自然数。

1956 年，中国的王元证明了 3 +4。

1957 年，中国的王元先后证明了 3 +3 和 2 +3。

1962 年，中国的潘承洞和苏联的巴尔巴恩证明了 1 +5，中国的王元证明了 1 +4。

1965 年，苏联的布赫·夕太勃和小维诺格拉多夫及意大利的朋比利证明了 1 +3。

1966 年，中国的陈景润证明了 1 +2。

最终会由谁攻克 1 +1 这个难题呢？现在还没法预测。

四色猜想：我们打开每张地图，发现不管有多少个相邻国家都只用四种色彩就可以表示出来。1852 年毕业于伦敦大学的格思提出，任何地图着色的这个问题，称为四色猜想。一百多年后的 1976 年，美国数学家阿佩尔与哈肯在美国伊利诺斯大学的两台不同的电子计算机上，用了 1200 个小时，作了 100 亿次判断，终于完成了四色定理的证明。四色猜想的计算机证明，轰动了世界。它不仅解决了一个历时 100 多年的难题，而且有可能成为数学史上一系列新思维的起点。不过也有不少数学家并不满足于计算机取得的成就，他们还在寻找一种简捷明快的书面证明方法。

庞加莱猜想：任何一个封闭的三维空间，只要它里面所有封闭曲线都可以收缩成一点，这个空间就一定是一个三维圆球——这就是法国数学家庞加莱于 1904 年提出的猜想。庞加莱猜想和黎曼假设、霍奇猜想、杨·米尔理论等一样，被并列为七大数学世纪难题之一。2000 年 5 月，美国的克莱数学研究所为每道题悬赏百万美元求解。

一代数学大师、著名华裔数学家领袖丘成桐说："庞加莱猜想是数学界有史以来最重要最伟大的问题之一，比数学历史上任何一个问题都重要。庞加莱猜想比哥德巴赫猜想重要得多!"这颗闪耀在数学星空之上最亮的寒星，竟然被一位"骑自行车上月球”的中国青年数学家摘到了，这个人就是朱熹平，中山大学数学系教师。

第六节　文学与数学

人们都知道黄金分割的0.618这个小数。所谓黄金分割，实际上是一个比例的问题，符合这样的比例，人们就看着顺眼、舒服。当然，情人眼里出西施那是另外一回事。比如，人的肚脐，是人的身长的黄金分割点，你如果用从脚到肚脐的长度去除以人的身高，接近0.618，一般讲是比较好看的黄金身段。而膝盖又是人体肚脐以下部分的黄金分割点，这方面的例子很多。

数字本身有深刻的美的内容。数字和一些美好事物联系在一起，会给人以美的享受。如十个数字：一元复始、一帆风顺；双喜临门、二度梅开；三阳开泰、三思而行；四通八达、四海为家；五世其昌、五官端正；六根清净、六艺、六韬、六合、六极；七情六欲、七曜、七略；八面玲珑、八面威风、八仙、八卦；九霄云外、九转金丹；十全十美；百川归海；“千金易得，一将难求”；“万变不离其宗”。万字本是蝎子形状，假借为数字。另有对联：“十有九人堪白眼，百无一用是书生”。寿联：“人生不满公今满，世上难逢我独逢”。有人这样用数字诗来形容庙里的泥像：“一声不响，二目无光，三餐不食，四肢不勤，五谷不分，六亲不认，七窍不通，八面威风，久坐不动，十分无用。”还有一首带数字的打油诗：“一去二三里，烟村四五家；亭台六七座，八九十枝花。”“三”字在中国文化中有时不是确指而是指多，因为在远古之时，人们的数理概念十分有限。如今的非洲布须曼人的语言中，除了一、二和多以外，就再也没有别的数字了。清代学者汪中有《释三九》等文章可以参看。

“三”作为“多”的意思，如“三人行，必有我师”；“孟母三迁”；大禹“三过家门不入”；“三折肱为良医”。“三”表示多数，后来加倍，其倍为“六”、为“九”、为“十二”、为“三十六”（三十六计，走为上计）、“七十二”（孙悟空72变，猪八戒36变，二郎神也是72变）；中国人偏爱三的倍数，所以唐僧有81难（9个9，或者27个3），梁山有108（36个3，或12个9）条好汉。有名的北京大钟寺、苏州寒山寺、杭州“南屏晚钟”每逢除夕之夜都要鸣108下（明代朗英认为一年有十二月、二十四气、七十二候，加起来是108）；佛教认为人有108种烦恼，敲108下可消忧解愁；在佛教中有108尊法身；日常生活中敲钟、念经、拨动佛珠都是108遍。

中国古代的诗词中更不乏数字美的佳句。如李白的“朝辞白帝彩云间，千里江陵一日还。两岸猿声啼不住，轻舟已过万重山”，是公认的古代长江漂流的名篇，展示了一幅轻快飘逸的画卷。“飞流直下三千尺，疑是银河落九天”，“白发三千丈”，也是借助数字达到了高度的艺术夸张。杜甫的“两个黄鹂鸣翠柳，一行白鹭上青天。窗含西岭千秋雪，门泊东吴万里船”，同样脍炙人口，数字深化了时空意境。他还有“霜皮溜雨四十围，黛色参天二千尺”，“青松恨不高千尺，恶竹应须斩万竿”等，表现出强烈的夸张和爱憎。柳宗元的“千山鸟飞绝，万径人踪灭。孤舟蓑笠翁，独钓寒江雪”，数字具有尖锐的对比和衬托作用。他的“一身去国六千里，万死投荒十二年”和韩愈的“一封朝奏九重天，夕贬潮阳路八千”一样，抒发迁客的失意之情，异曲同工，惊心动魄。岳飞的“三十功名尘与土，八千里路云和月”，陆游的“三万里河东入海，五千仞岳上摩天”，同样是壮怀激烈的。还有一些状似打油诗之作，也含有一定的哲理。如唐诗《题百鸟归巢图》：“一只一只复一只，五六七八九十只，凤凰何少鸟何多？食尽人间千万石。”传说郑板桥见人赏雪吟诗，戏作：“一片二片三四片，五六七八九十片，千片万片无数片，飞入梅花总不见。”读来妙趣横生。再比如，以数字入诗的唐诗有：“一片冰心在玉壶”（王昌龄）、“两朝开济老臣心”（杜甫）、“三山半落青天外”（李白）、“四边伐鼓雪海涌”（岑参）、“五湖烟水独忘机”（温庭筠）、“六年西顾空吟哦”（韩愈）、“七月七日长生殿”（白居易）、“八骏日行三万里”（李商隐）、“九重谁省谏书函”（李商隐）、“十鼓只载数骆驼”（韩愈）、“百年都是几多时”（元稹）、“万古云霄一羽毛”（杜甫）等等，数字和文学语言的结合到了出神入化的境界，引人入胜。

明嘉靖年间，江西状元罗洪克有一天和几个朋友乘船去九江，船夫出上联“一孤舟，二客商，三四五六个水手，扯起七八页风篷，下九江，还有十里”，罗状元和他的朋友无从下手，九百年间，终成绝对。1959 年，广东某装修工托人到 10 里外的农村找一种叫“九里香”的木料，那人乘坐 8765 号轮，只用两天就找到了（1943 年也有人找这种木料，却用了一年）。后来，一位叫李戎翔的人听说后，一下就对出“十里运，九里香，八七六五号轮，虽走四三年老道，只二日，胜似一年”。

广为传颂的《秀才进京赶考》与《文君复书》，把数字用活，体现了数字别具一格的神韵美。《秀才进京赶考》，是说明朝时有一位穷书生，历尽千辛万苦赶往京城应试，由于交通不便，赶到京城时，考试期限已过。经他苦苦哀求，主考官让他先从一到十，再从十到一作一对联。穷书生想起自己的身世，当即一气呵成：

一叶孤舟，坐着二三个骚客，启用四桨五帆，经过六滩七湾，历尽八颠九簸，可叹十分来迟。

十年寒窗，进了九八家书院，抛却七情六欲，苦读五经四书，考了三番二次，今天一定要中。

几十载的人生之路，通过十个数字形象深刻地表现出来了。主考官一看，拍案叫绝，并把他排在榜首。

而《文君复书》说的是司马相如赴长安赶考，在成都北门对送行的妻子卓文君发誓："不高车驷马，不过此桥。"（今成都北的"驷马桥"由此得名）多情的卓文君听说后却深为忧虑，就叮嘱他："男儿功名固然很重要，但也切勿为功名所缠，作茧自缚。"说完，司马相如便上路了。他到了长安，由于在家勤奋读书，终于官拜中郎将。从此，他沉湎于声色犬马、纸醉金迷，觉得卓文君配不上他了，于是就处心积虑想休妻，另娶名门千金。一转眼五年时间过去了。一天卓文君暗自垂泪，忽然京城来了一名差官，交给她一封信，说司马相如大人吩咐，立等回书。卓文君接过信又惊又喜，拆开信一看，寥寥数语：一、二、三、四、五、六、七、八、九、十、百、千、万。卓文君一下子明白了（数字中没有"亿"表明已对她"无意"），当了新贵的丈夫，已有弃她之意。于是她回信写道：

一别之后，二地相悬，只说三四个月，又谁知五年六年。七弦琴无心弹，八行书无可传，九连环又从中折断，十里长亭望眼欲穿，百思想，千思念，万般无奈把郎怨。万语千言说不完，百无聊赖十依栏，重九登高看孤雁，八月中秋月圆人不圆，七月半烧香秉烛问苍天，六伏天人人摇扇我心寒，五月石榴火红偏遭阵阵雨浇花端，四月枇杷未黄我欲对镜心意乱。急匆匆，三月桃花随水转，飘零零，二月风筝线儿断。噫！郎呀郎，巴不得下一世你为女来我为男。

相如读后十分羞愧、内疚，良心受到了谴责，他越想越对不起这位才华出众、多情多义的妻子。后来他用高车驷马，亲自登门接走糟糠之妻卓文君，过上了幸福美满的生活。

第六章
成语中的庄子哲学

在魏晋之交，战乱频仍，世事纷扰，中国思想领域发生了一次大裂变，由此产生一个强劲的思想解放浪潮，形成一个颇具影响力的文化群体，人们称之为“魏晋名士”，他们崇尚清谈，喜服食，美容止，好饮酒，崇尚自然，高扬自我，气概不凡，开一代风气，显一世风流，代表人物为阮籍、嵇康、山涛、王戎、阮咸、刘伶、向秀，史称“竹林七贤”。他们高蹈逊世，纵放不羁，常聚会于竹林，饮酒赋诗，抚筝弹琴，议论时政，品评人物，甚至做出惊世骇俗的举动来，以显示其蔑视礼教、淡出名利、超然物外的雅士情怀。他们是中国第二次思想大解放的英雄人物，是对老庄哲学的继承和发展。我们认为，庄子哲学思想影响了千千万万中国历代知识分子！庄子是先秦道家学派的大思想家。庄子不满于当时的战乱，对人民生活痛苦表示愤慨，他不满现实又无法反抗，不得不走隐居逊世的道路。他的蔑视礼法和权贵，放荡不羁，对统治阶级不合作，在一定历史时期曾有积极作用。

在此我们通过一些成语来讲解庄子的哲学思想。

一、 运斤成风

惠子是庄子的朋友，也是辩论对手。两个人经常为了不同的观点相互争论。惠子死后，庄子去送葬，回头对门徒说：“楚国郢都有个人捣石灰时把一滴泥土溅到了鼻尖上，这滴泥土就像苍蝇翅膀一样薄。捣石灰的人请匠石替他削掉。匠石挥动一把大板斧，挥得呼呼作响，若无其事地随手一斧劈了下去，把那一滴泥土完全削去，但鼻子却没有丝毫损伤。捣石灰的人站着神色不变。宋元君听说了这件事，就把匠石找来，说：你能不能给我表演一下？匠石说：我过去可以这么削，但现在不行了。因为能站着让我用斧子劈去泥点的人已经死了。自从惠子去世，我就没有对手了，没有可以推心置腹谈论的对象了。”

所以在有的时候，一个人的对手正是自己的知音。匠石能够运斤成风，需要胆大的郢都人配合。伯牙善于弹琴，钟子期善于欣赏。伯牙正在弹琴的时候，忽然想到了山岭，在一边听着的钟子期就说：你的琴声仿佛是巍峨的高山。伯牙忽然又想到了河流，钟子期就说：你的琴声仿佛是潺潺的流水。钟子期死后，伯牙把琴砸了，说：我再也不弹琴了，因为我再也找不到钟子期这样的知音了。

三国时候，蜀国大臣李严犯了罪，丞相诸葛亮将他撤职，流放到边远的地方。诸葛亮死后，李严号啕大哭，说：诸葛亮虽然撤了我的职，但是他了解我，知道我的才能，如果他活着，说不定哪天就会重新重用我。现在他死了，还有谁能够了解我呢！在李严的心目中，诸葛亮始终是他的知音。

唐朝韩愈曾说：世有伯乐，然后有千里马。千里马常有，而伯乐不常有。我们的国家的经济建设，既需要千里马，更需要伯乐。匠石虽然有运斤成风的本事，没有捣石灰的人配合也无法表演。所以，有了伯乐的慧眼，有了捣石灰的人配合，千里马才能各尽其才，匠石才能运斤成风。事业才能兴旺，国家才能富强。

二、 呆若木鸡

有一位纪先生替齐王养鸡，这些鸡不是普通的老母鸡，而是要训练好去参加比赛的斗鸡。

纪先生才养了10天，齐王就不耐烦地问："养好了没有？"

纪先生答道："还没好，现在这些鸡还很骄傲，自大得不得了。"

过了10天，齐王又来问，纪先生回答说："还不行，它们一听到声音，一看到人影晃动，就惊动起来。"

又过了10天，齐王又来了，当然还是关心他的斗鸡，纪先生说："不成，还是目光犀利，盛气凌人。"

10天后，齐王已经不抱希望来看他的斗鸡。没料到纪先生这回却说："差不多可以了，鸡虽然有时候会啼叫，可是不会惊慌了，看上却好像木头做的鸡，精神上完全准备好了。其他鸡都不敢来挑战，只有落荒而逃。"

这便是"呆若木鸡"的出处。

原来，呆若木鸡不是真呆，只是看着呆，其实可以斗，可以应战，可以吓退群鸡。

活蹦乱跳、骄态毕露的鸡，不是最厉害的。

目光凝聚、纹丝不动、貌似木头的鸡，才是武林高手，根本不必出招，就令敌人望风而逃。木鸡不易得，养鸡人知道。武林高手难求，行走江湖的人也知道。"望之似木鸡"，这是斗鸡追求的境界。不是骄气，不是盛气，最终是一分呆气。

外表的活泼、逞强、伶俐，都是可以的，但是还不够，还需要不断地磨炼，把浮躁和妄动收敛起来，把力量凝聚于内，看似呆呆的、无啥稀奇，可是那些存心挑衅、争先恐后的斗鸡，碰到一动不动内蕴真气的木鸡，却根本不得近其身，对方还未出手，自己先就吓破胆了。

因此，我们对大学生的要求是：内圣外王。在内心，要有丰富的知识和深厚的涵养；在外，要有良好的技能和处事能力，要能够独当一面，应对各种突发的事件。

三、越俎代庖

在中华民族的历史传说中，有一位杰出的领袖叫唐尧。在唐尧的领导下，人民安居乐业。可是唐尧很谦虚，当他听说隐士许由很有才能的时候，就想把领导权让给许由。唐尧对许由说："日月出来之后还不熄灭烛火，它和日月比起光亮来，不是太没有意义了吗？及时雨普降之后还去灌溉，对于润泽禾苗不是徒劳吗？您如果担任领袖，一定会把天下治理得更好，我占着这个位置还有什么意思呢？我觉得很惭愧，请允许我把天下交给您来治理。"

许由说："您治理天下，已经治理得很好了。我如果再来代替你，不是沽名钓誉吗？我现在自食其力，要那些虚名干什么？鹪鹩在森林里筑巢，也不过占一棵树枝；鼹鼠喝黄河里的水，不过喝饱自己的肚皮。天下对我又有什么用呢？算了吧，厨师即使不做祭祀用的饭菜，管祭祀的人也不能越位来代替他下厨房做菜。"

这里需要阐明两点，第一，尧帝说的话，反映了典型的民族思维模式。谦虚作为中华民族的美德，但是也有其缺点，就是褒扬他人而贬低自己，忽视了自己的主观能动性。犹太民族是最善于经商的民族之一，他们坚信，别人的1000根蜡烛也不可能使自己的一根蜡烛失去光彩。第二，通过许由说的话，我们应该明白，人的欲望是无止境的，但人的生命是短暂的，占有的物质再多，也没有多大作用。这正是道家所要表达的思想，如果我们的官员懂得道家思想，就不会贪污那么多的钱财。这些钱财再多，对他们有限的生命来说，不过是个阿拉伯数字而已。

四、 盗亦有道

春秋时期，最有名的大盗叫盗跖。盗跖的部下问盗跖说："做大盗也有法则吗?"盗跖回答说："无论做什么事情都有法则。做大盗怎能没有法则呢? 凭空能猜出屋里储藏着多少财物，这就是圣；带头先进入屋里，就是勇；最后退出屋子，就是义；酌情判断能否动手，就是智；分赃均匀，就是仁。不具备这五种素质而成为大盗是不可能的。"

盗跖这一套说教，和儒家宣扬的"圣人之道"如出一辙，由此讽刺了儒家的虚伪。看来"圣人之道"如果用来教育君子，君子就能被培养成圣人；如果被坏人利用，坏人就能成为大盗。可是天下圣人少而大盗多，可见"圣人之道"给天下带来的利益少，带来的祸患多。所以说：圣人不死，大盗不止。只有打击虚伪的"圣人之道"，让人民一切顺乎自然，天下才能太平。

庄子对盗跖是有同情心的，曾多次指出这个社会是"窃钩者诛，窃国者为诸侯"，并且说，"圣人之道"教大家追名逐利，圣人的危害其实超过大盗。与其把跖叫盗跖，不如把孔子（孔丘）叫盗丘。认为虚伪的“圣人之道”才是造成天下混乱的原因。

传统文化中对侠义的大盗历来都是推崇的。《史记·游侠列传》里讲了很多侠客的故事，这些侠客大多数是大盗，但由于他们虽然是大盗但却很讲道义，所以司马迁为他们列传，使他们的英名千古流传。

唐代杜光庭所著《虬髯客传》讲了一个仗义疏财、劫富济贫的侠盗的故事。故事讲的是隋朝末年，隋炀帝只顾东巡享乐，朝政由大臣杨素把持。有一天，布衣（平民老百姓）李靖求见。杨素的一个侍妾爱慕李靖的才华，连夜投奔李靖。这个侍妾姓张，因为手持红色的拂尘，所以称为红拂。在他们逃出京城的路上，认识了一个长着络腮胡子（虬髯）的人，他始终没有说自己的名字，只说也姓张，排行第三。张是我国第一大姓，叫“张三”的不知道有多少人。但是这个张三非同寻常。他喝酒的时候用人心当下酒菜，并且说，这是天下负心人的心，我追了他十年了，今天终于砍下他的头，摘下他的心，消除了我的遗憾。当时天下大乱，群雄纷起，张三本来有问鼎中原的野心，后来看到秦王李世民胜过自己，是真命天子，就把自己积攒的大量金银珠宝全部送给李靖，让他辅佐李世民建功立业。从张三的行径和他的家财来看，他原先应该是个江洋大盗，否则不可能积攒这么多财富。后来李靖靠着这些财富，果然帮助李世民推翻了隋朝，建立了唐朝。天下太平以后，张三决心在海外建立一个自己的世界，于是率领海船千艘，甲兵十万，入扶余国，杀其主自立。看起来，这个虬髯客张三，真是一个盗亦有道的侠盗典型。虬髯客和李靖、红拂的故事后来被编成戏曲，称为“风尘三侠”。

五、 无中生有

道家认为世间万物都是从无开始的。从无生出有，又从有发展成万物。《庄子·齐物论》指出，小到生命，大到宇宙，都有一个开始，在开始之前有一个未曾开始的开始，还有连未曾开始都未曾开始的开始。宇宙之初的形态是“有”，在“有”之前是“无”。道家认为：道生一，一生二，二生三，三生万物。应用到《易经》就是无极生太极，太极生两仪，两仪生四象，四象生八卦，直至无穷。但是事物一开始，首先是“无中生有”。

庄子的无中生有理论，和现代的宇宙大爆炸理论有相似之处。大爆炸理论认为大爆炸是宇宙的起源，也是时间和空间的开始。在此以前（其实没有什么以前），一切都是“无”。

道家对“无”非常看重。老子曾说：一个车轮有三十根辐条，可是中间必须空出来，才好安放车轴。中间空出来的地方，看起来什么也没有，可是正因为那儿什么也没有，才有放置车轴的用处。一座房子中间必须留有空间，人才能住进去。这个空间仿佛什么也没有，可是如果没有这个“什么也没有”的空间，房子就不叫房子了。正是这个空间，使房子具有了人们建筑它时所要求的功能。事实上，房子的功能就在这个“无”上。

“无中生有”本来是道家的哲学思想，后来人们用它的字面意思，一般把无中生有形容为胡说八道。庄子若地下有知对此也无可奈何。

六、庖丁解牛 游刃有余

庄子在《养生主》中讲了一个“庖丁解牛”的故事，用以表述一种养生的方法。所谓“庖丁”，本指厨房里面打杂的人，在这个故事中指屠夫（在古代汉语中，庖是厨房，丁是男子）。故事说：庖丁为文惠君宰牛，用手触摸的时候，用肩抵顶的时候，用脚践踏的时候，用膝压制的时候，都发出一种嘎喳嘎喳的声音，伴随着刀的出出进进，那个动作像是在跳《桑林》之舞，那个声音像是在奏《经首》之乐。抑扬顿挫，优美动听。文惠君站在一旁看得出了神，不由得赞扬道：呀，真神了！难道宰牛的技艺也能达到如此高超吗？

庖丁放下牛刀回答说：我所追求的是宰牛的道理呀，道理要比技艺更高一筹。想当初我刚开始学宰牛的时候，所见到的牛没有一个不是完整的。三年之后，所见到的牛没有一个再是完整的了。到了现在，我看牛的时候，是用精神去体会它，而不是用眼去观察它，感官都停止了活动而精神却在游走。按照天然造成的牛体纹理，扩展已有的缝隙，刺入原有的空虚，顺着它原本就能拆解的部位拆解它。那个刀刃连牛身上的经络和软骨都没有碰它一碰，且不要说是那些大的骨骼了。一个好的厨师，一年要换一把刀，因为他用刀去割肉，时间长了刀就钝了。一个普通的厨师，一月要换一把刀，因为他用刀砍骨头，用不了多久刀就钝了。而我的这把刀，已经用了十九年了，所解的牛已有数千头，可刀刃却像是新磨的一样。要知道，牛的骨节中间是有空隙的，而刀刃刺入有空隙的骨间，游走那刀刃，一定是大有余地可行的。正因为这样，所以十九年了，我的刀刃还像新磨的一样。尽管我已经这样熟练了，但是每当刀刃走到骨节相交的地方，或是遇到难解的牛体时，还是不断地告诫自己要小心一些，用眼凝视着，慢慢地操作着，用刀轻轻地拨动，之后哗啦一声便解开了。每当这时，我便提起刀来，向四周环顾一下，为自己的高超技艺而踌躇满志。再用布把刀轻轻地抹一抹，收藏起来。

文惠君听后感叹地说：讲得太好了！我听了你的话后，懂得了养生的道理。

庖丁讲解牛的道理，而文惠君却说懂得了怎样养生。之所以如此，那是因为养生与解牛具有相似性，这就是不要做危害己身的事情。所谓己身，对于解牛来说，那就是刀刃；对于养生来说，那就是身体。刀刃要想长久保持锋利，那就不要去碰牛体的硬骨，就像庖丁的刀一样。庖丁用的刀十九年却像新的一样，因为它从来不去碰那些硬骨头，甚至连软骨头和经络也不触及，只是在牛体原有的空间穿行。顺着牛体原有的空隙游走，不但牛体会顺利解开，而且也不损伤刀刃。这就叫顺其自然。同样的道理，人的身体要想长存，也不能触及那些有伤于己的硬东西，而要在那些硬东西的中间行动。这些硬东西不是别的，说得简单一些，也就是两个字：一者是名；一者是刑。图名，那就可能会出现两种情况：一种是真做好事；一种是假做好事。真做好事，往往会忘我地操劳，把自己的身体搞垮；假做好事，往往最后会败露于世，身败名裂。触刑，那就是在做坏事。做了坏事，没有不结恶果的，到罪恶满盈的时候，命也就保不住了。因此，人生在世不仅要做好事而不做坏事，而且好事要自然而然地去做，千万不能有意地去做，不能为了沽名钓誉而做。做坏事和为了获名而做好事，就像是刀刃触及牛体的硬骨一样，会伤及己身。正因为这样，所以庄子说：当你做好事的时候，不要以追求名誉为目的；当你做坏事的时候，千万不要触及刑律。按照这样的法则行事，就可以保护身体，就可以保全生命，就可以侍奉父母，就可以享尽天年。

七、相濡以沫

在庄子看来，混沌无知的状态，是万物最为适宜的状态。不管是什么东西，不管它与其他东西的处境是多么不同，或高或低，或热或凉，或干或湿，或净或脏，只要是合于自己的原本真性，它就会生活得很自在，以致达到什么都没感觉，什么全都忘记的程度。庄子把这种情况称为“相忘”，意思是完全适宜、无所感知。与此相反，一旦脱离了与其原本真性相适应的环境，它就会感到不适，甚至受到伤害，不管他眼下所处的环境在旁人看来多优越，多么令人羡慕，也毫不例外。换个角度说，一个东西一旦对自己所处的环境有所感觉的时候，这个环境便与它的原本真性产生了距离，感觉越大，距离也就越大，到它的感受达到不能再忍受的时候，那它就难以存在了。关于这一点大家可能一下就想起禅宗，其思想何其相似！

庄子在《大宗师》中用鱼的处境变化来说明这个道理。他说：湖泊干涸了，原先在水中嬉戏的鱼都被搁浅在陆地上。它们快要干死了，相互之间吹出湿气呵护着，吐出唾沫湿润着，多么友爱！多有亲情！可是它们都不愿意这样，在它们看来，与其在干涸的陆地上如此友爱亲情，还不如在江湖水中各自游走、相互忘去。也就是说，当它们相互牵挂，相互怜悯的时候，也就是处在最不适宜、最为危险的境地的时候。一旦脱离了不适和危险的境地，它们就忘记了对方，甚至也就忘记了自己。而当它们忘记了对方，忘记了自己，什么也不想，什么也不知的时候，它们也就完全回归到了自然而然、自由自在的境界。

这种境界也是最符合它们真性、它们最为适宜的境界。所以庄子说，鱼儿相濡于陆地，不如相忘于江湖。按照这样的道理来观察社会和人情，友爱和亲情并不是一种好现象，它是真性受损、环境恶化的象征，是混沌消散、人心奸巧的结果。假如不是如此，大家都自然而然地生活，自然而然地交往，都在与自己真性相适的环境里自由成长，哪里用得着故意亲近？庄子由此得出结论说，最好的生活是自然而然、无感无知的生活。一旦打破了这种生活环境，哪怕是进入一种看上去很豪华、荣耀的境地，那可就要注意了，它很可能带来与自己的追求完全相反的结果，因为这种环境的改变与自己的本性不相适应。

八、 无为而治

庄子看来，天地人世都有一个自然的秩序。顺应着这个自然的秩序，天地人世就和谐；违背这个自然的秩序，天地人物就混乱。因此，肩负维护天下和谐责任的帝王，主要的职责是维护天地人世的原本秩序，不必有什么个人的建树，也不可有什么个人的作为。做到了这一点，天下自然大治。庄子将这一理论概括成一句话，那就是“帝王无为天下功”。其意是说，帝王只要不将自己的意志强加于天下，天下自然和谐，自然功成。与此相对应，天下之所以出现大乱，原因不在别处，关键在于帝王超越了自己的职责，提出了自己的主观建树，将自己的主观建树强加于天下。

《庄子·徐无鬼》中讲了一个黄帝问童的故事，其中点明了帝王治理天下的主要责任，故事说：黄帝要去具茨山拜见大隗神仙迷了路。此时恰好有一个小童在那里牧马，于是黄帝上前问路说：“小娃娃，你知道具茨山吗”？小童回答说：“知道。”

黄帝感到很惊奇，说：“那么我来问你，你知道治理天下的道理吗”？小童说：“治理天下，也不过像我这样罢了，有什么事情可做呢？我从小就在天地四方游玩，有一次犯了头晕目眩的毛病，碰到一位老人告诉我：你乘上时光的车子，到襄城的郊外去游玩吧。于是我就来到了这里。现在我的病稍有好转，又要去天地四方游玩了。治理天下也就像我这样游玩观赏罢了，有什么事情好做呢”？

故事以黄帝与小童的对话为背景，本身就有很深的寓意。其意是说，治理天下，说到底是连无知无能的小童也可胜任。如此简单的一件事情，竟然连黄帝这样的圣人都不知道。所以陷于无知，原因在于他们要寻找治国之道。治国之道本来就在眼前，本来不用寻找，而他们却偏偏不信，偏偏要找，鬼迷心窍，哪能不迷路呢？因为黄帝坚持要问，所以小童不得已回答了治理天下的道理。其意是维护天下原本的自然本性，不要将其自然本性之外的东西强加其身。要说治国者的责任，也不过是维护天下的自然而已。老子说过，治大国如烹小鲜。如果我们的官员懂得这个道理，就不会发生前些年强迫农民把地里的庄稼拔掉，改种什么甘蓝等经济作物导致价格大跌伤农的事件了。

九、 自在真性

《庄子·至乐》讲了这样一个故事：孔子的弟子颜回要去齐国宣传孔子的学说，孔子面有忧色。子贡离开自己的座位悄悄地问孔子：“颜回要去齐国，先生面有忧色，这是为什么呢？”孔子说，过去管子曾经说过一句话，我很赞赏。他说，小口袋不可以用来装大东西，短绳子不可以用来汲深井水。这是说，每种东西都有固定的性能，都有一定的形体，只能从事与其性能相适应的工作，只能办成与其形体相适应的事情，既不能超越，也不能不及，超越和不及都会给它带来危害。现在颜回要齐国了，我怕他向齐王讲什么尧舜事迹、黄帝功果，再加上有关燧人和神农的业绩。如果讲这些，齐王一定会用来反省自己。反省而不得要领，那就会对颜回讲的道理产生怀疑。一旦有所怀疑，颜回就有可能被处死。你不是听说过吗？过去有一只海鸟落在鲁国的郊外，鲁侯将它迎入庙堂之上，给它奏最高雅的音乐，给它吃最精美的食物。可是海鸟却感到满眼昏花，忧愁悲哀，不敢吃一口肉，不敢喝一杯酒，没有过三天便死了。鲁侯这是以养活自己的方法来养活鸟，不是以养活鸟的方法来养活鸟，与鸟的本性不相适应，所以鸟不能生活。用养活鸟的方法养活鸟，那就是让它居住在森林里，漫步在沙滩上，漂浮在江湖中，觅食于鱼鳅间，与自己的同类共飞同止，与自己的伙伴同游共处。它怕人声嘈杂，为什么要用那嘈杂的声音来招待它呢？《咸池》《九韶》这些人们认为高雅的音乐，在洞庭的旷野中弹奏，鸟听到后会吓得高飞，兽听到后会吓得逃走，鱼听到后会吓得深潜，就连一般的人刚刚听到，也不过是围观而已。鱼在水中才能生活，人在水中就会淹死。他们的性能不同，所以彼此的好恶也就相异。正因为如此，所以圣人不要求不同的事物有同样的性能，不要求不同的人做成同样的事情。他只要求名誉与实际相符合，做事与能力相适应。这就叫理通情顺而福气常存。

这个故事是说，一种事物有一种事物的特性，一种东西有一种东西存在的特殊环境。如果想要维持一种事物，保存一种东西，就不能脱离了它的特性，不能改变其存在的环境，也不能用其他事物的特性要求它，用其他东西存在的环境对待它，否则的话，就会适得其反，事与愿违。也就是说，事物存在的最佳环境，就是与其原本真性相适应的环境。处在这种环境中，事物就安闲自在，这就叫顺其自然，也就既不觉得甘甜，也不觉得苦涩，无知无觉，这就叫混沌。自然、混沌就是事物存在的最佳状态。孔子所以为颜回担心，就是怕他不懂得这个道理，用齐王听不懂的道理去教育齐王。如果这样就会招来两个恶果：一个是齐王更加迷惑不解，另一个是颜回遭到杀身之祸。

家雀只适宜跳跃于枝头，老鼠只适宜居于洞穴，在人看来，枝头、洞穴是那么简陋、寡淡，而把家雀、老鼠请到高堂、宫室中来，待之以美味馔肴，闻之以高雅音乐，在人看来，那可是非常优厚的了，而家雀和老鼠却接受不了，它们会非常难受，以至死亡。之所以有这样的结果，是因为人的这种行为违背了家雀和老鼠的真性，使它们脱离了最适合它们真性的环境。这是告诉人们，无论对己还是对人，都要顺应其原本真性，不要人为造作，主观生事。

什么是原本真性？原本真性就是天生原有的、没有被人为改造过的特质、性能和喜好。如何判定是否符合原本真性？最好的方法，就是看自己或对方有没有异样的感觉。没有异样的感觉，说明自己或对方是处在与环境融为一体、不分物我的自然混沌状态，说明原本真性自然存在，没有受到损害；出现了异样的感觉，说明自己或对方与环境有了隔阂，发生了错位，说明原本真性受到了制约和伤害。《庄子·达生》篇中用脚和鞋的关系说明了这一点。文中说：

有一个工匠名叫工倕，他用手指画圆画方比用规矩还要准确，手指行止随着物件的变化而变化，从来不用心来计量，所以他的心境自由自在，从来不受外物制约。这是什么原因呢？原因在于他适应事物自身的本性。正因为适应事物的本性，所以也就用不着用心计量，所以也就没有什么感觉。这就像穿鞋子一样，当人忘掉自己鞋带的时候，也就是鞋带最合适的时候。由此推论，当自己忘掉是非的时候，也就是心境最舒适的时候，就是与外物最吻合的时候，一旦到了连舒适都忘掉的时候，那就没有什么不吻合的东西了。

没有什么不吻合的东西，也就是自身与一切东西相吻合，就是自身处在与自己本性完全适宜的环境之中。处在这种环境之中，自己便失去了一切感受和知觉，也就是说达到与外界混为一体、内心无知无识的境地，这就是混沌的境地。

十、用志不分

《庄子·达生》：仲尼适楚，出于林中，见佝偻者承蜩，犹掇之也。仲尼曰："子巧乎，有道耶？"曰："我有道也。五六月，累丸二而不坠，则失者锱铢；累三而不坠，则失者十一；累五而不坠，犹掇之也。吾处身也，若厥株拘；吾执臂也，若槁木之枝。虽天地之大，万物之多，而唯蜩翼之知。吾不反不侧，不以万物易蜩之翼，何为而不得？"孔子顾谓弟子曰："用志不分，乃凝于神。其佝偻丈人之谓乎！"

译文：孔子到楚国去游说，带着学生在一片树林中休息，看见一个驼背老人正在粘蝉，他举着竹竿瞄准树上的鸣蝉一粘一个，就给捡起来一样。孔子问道："你的手艺真巧！有什么高招吗？"老人说："有啊！每年五六月间，我就天天练习用竹竿累小球。如果这天累上两个小球而不掉下来，那么我出去粘蝉有失手，但不多。如果累了三个小球而不掉下来，把握就更大了，十拿九稳。如果累上五个小球而不掉，那就十拿十稳，百发百中，就像捡起来一样。我操作时，站在树下一动不动，身体好像木桩；我举起手臂时，手臂就如枯树的枝丫一样。世界之大，万物虽多，我只关注蝉儿的翅膀。我既不左顾右盼，也不东张西望，就是再贵重的东西也换不了我的蝉翼。你说我能不手到擒来吗？”孔子回头对学生们说：“心神专注，凝于一点，定出神功。这说的就是驼背老人吧？”

心思专一，我们大家容易说到，但很少有人能做到。

十一、材与不材

《庄子·山木》篇讲了一个“杀不鸣之雁”的故事，故事说：庄子带着学生在山里看见一棵大树，枝叶非常茂盛，可是砍伐木材的人却不伐它。庄子询问其中的原因，伐木的人回答说：“其材没有可用之处。”庄子说：“它能长这么大，原来是因为它的木材没有用处。看来只有没有用的东西才能享尽自然的寿命啊！”庄子出山后住在一位老朋友家。主人非常高兴，让儿子给庄子烹鹅吃。儿子问：“现在家中有两只鹅，一只会鸣叫，一只不会。杀哪只呢？”主人说：“这还用问，当然杀那只不能鸣叫的了！”第二天弟子请教庄子说：“昨天在山中看见那棵树，因为没有用处而得享尽自然的寿命；可主人家的那只鹅，却因为没有用处而被烹食。看来有用也难以避免祸患，无用也难以避免祸患，先生究竟是做有用之人还是做无用之人呢？”庄子笑笑说：“我将处在有用和无用之间。说处在有用与无用之间，与我所要处的境界好像很接近了，但还没有达到，因为这样做还会受到事物变化的牵累，还需要判断有用与无用，还需要考虑怎样才处在其间。我所要处的境界是：乘着自然而然的大道自由自主地漫游，无荣誉也无耻辱，一会儿像是一条龙，一会儿像是一条蛇，随着时间的变化而变化，绝不做那一成不变的事情；一会儿向上，一会儿向下，以自然和谐为标准，飘飘游游，就像是来到万物的发源地一样，不分彼此，不分是非。这样一来，就能纵览事物的起伏和变化。纵览事物的起伏和变化，就能驾驭事物的起伏和变化，就不受事物发展变化的左右。做到了这一点，怎么还会有牵累呢？这是神农和黄帝遵循的法则呀！如果固执于万物各自的性情，固执于人伦传统的秩序，那就不是这样了：合在一起的东西走向分离，成功的东西走向毁败，刚正的东西受到挫折，尊贵的东西遭到非议；有为则有所不为，贤明则遭人谋算，无能受人欺侮。如果是这样，怎么能永远保持住自身呢？真是可悲呀！你们一定要牢牢记住，只有顺从自然而然的大道，才能在随着事物的变化而变化中保持自身的不变化。”

十二、 大而无当

惠施对庄子说：“魏王送给我一粒大葫芦种子，我把它种了下去，没想到培育出来的葫芦太大了，竟然能在里面存放五石粮食。我想用它来存水，可是这皮太脆，没有力量承受；我把它剖开当瓢用，可是它太大，没有水缸能够容纳它。它太大，大到了无所适用的地步，所以我一生气，就把它给砸碎了。”庄子笑笑说：“以我之见，不是瓢大而无用，而是先生不懂得如何使用。您没有听说过吗，过去宋国有一个人，善于配制不皲手的药，正因为有这种技能，所以他家世世代代都在从事漂洗纱絮的工作。有一位南方的客人听说这件事后想花百金买他家的药方。这个家族聚在一起商量了起来，大家都说：我们家世世代代从事漂洗纱絮，一年下来顶多不过挣几金。现在只是出卖不皲手的药方就能得到百金，这么好的事情哪有不做的道理呢？

于是便把药方卖给了人家。那位游客将这个方子献给了吴国的国王。后来吴国与越国进行水战，用这个方子制药，涂在手上防冻裂，而越国将士却经不起水洒风吹，个个皮裂指肿，难以使用兵器，被吴军打得大败而逃，最后只好向吴国献地求降。吴王赐献方子的游客土地、封侯爵。同样是这一种药方，作为一种不裂手的技术，并没有发生变化，可是一种人一辈子只能漂洗纱絮，而另一种人却能用它赐土封侯。这是在使用方法上的区别呀。现在先生有一个可放五石粮食的葫芦，为什么不把它剖开做成小舟漂浮于江湖之上，而却在那里为其没有用处而犯愁呢？由此可见，先生还有不达事理的地方呀！”惠施又说：“我有一棵大树，人们称之为臭椿。它的根部臃肿无度，难用绳墨打出直线；它的小枝卷曲盘转，难用规矩量出方圆。因为它什么用处也没有，所以立在大路旁边，没有一个木匠看它一眼，我看先生的言论也与这棵大树不相上下，大而无用，所以人们都把它抛在一边。”庄子说：“先生没有见过山里的黄鼠狼吗？它低低地伏着身子，等待着那满不在乎的猎物，一旦时机到来，便嗖的一声窜出，东跳西扑，不避高下。这可以说是很有技巧了吧？可是不小心就中了那猎人的机关，死在捕获野兽的网罟之中。而你看那旄牛，大如遮天之云，能负重致远，却不能捉鼠。这就是有大用者不能有小用的例子。先生既然有大树，并为它无用而犯愁，为什么不把它种在什么也不生长的地方，立于无人烟之野，在它旁边徘徊散步，在它下面逍遥寝卧？这是何等的快乐啊！像这样的大树，不受刀斧之祸，不受它物宰割，即使说它没有派上用场，那又有什么值得忧愁的呢？”

这个故事主要还是针对庄子学说而说的。在先秦诸子百家争鸣过程中，老庄之独树一帜，以宏大坦荡、不拘细微、扫视环宇、逍遥无为而闻名于世。正因为如此，所以不为拘于人事、谨小慎微的人们所理解。庄子在老子思想的基础上更向无所拘束的方向发展了一步，并以许多神秘离奇的寓言故事表述其意，更为一般人所不解，因此有大而无当之嫌。这个故事以惠施与庄子对话为线索，对大而无当的问题进行了辨析。

这个故事内蕴着一种思想，那就是：世上的事物都有自身的用处，小有小的用处，大有大的用处。小东西有小用而难以有大用，大东西有大用而难以有小用。各有其能，各有所用。从这种思想出发可以明了一个道理：不能以自己的才能去衡量他人的才能，不能因为他人没有自己的才能就认为人家没有才能；大用者大才的看不起有小才的是无知，有小才的讥讽大才为无才更是可悲。庄子在《逍遥游》中的鲲鹏、蜩、学鸠各有各的观点，各有各的用处。

十三、 望洋兴叹　贻笑大方　井底之蛙

《庄子·秋水》篇中描绘了一个河水流至大海得新知的故事，以此来表述大上有大、小下有小、大小无极、无可自负的道理。故事说：秋天来了，这是个下雨的季节，大大小小的河流都灌得满满的。那些大河，水势盛大，河床扩展，两岸相望，连放牧的牲畜是牛是马都分不清楚。看到这个景象，河伯得意极了，在他看来，天下最美、天下最富，非己莫属。他顺着水势东流而去，一直来到了北海。再向东，啊！不得了了，那可真正是一望无际！到这个时候他才醒悟过来，望洋兴叹，自愧不如。（注意，这里的“望洋”是联绵词，若有所失的样子，不是望着海洋）。于是向北海之神若说：今天我才知道我就是狂妄的人。要不是来到你的门前，看到了你的广阔无边，我会一直以为我是天下第一，那就会永远贻笑大方了。

北海若说：对井底之蛙是无法描述海的博大的，这是因为它受到生活空间的局限；对夏天之虫是无法描述冰的寒冷的，这是因为它囿于生活时间的短暂；对偏见之士是无法讲述道的无穷的，这是因为他受到了以往教养的浸染。现在你从峡谷之中走了出来，看到了大海，这才知道了自己的不足。也正因为你有了这样的经历，所以可以对你讲讲天下的大道理了。天下的水，没有再比海大的了。万条江河归大海，不知道什么时候才停止，可是它从来没有注满过；海底缝隙向下漏，不知道什么时候才止息，可是它从来没有空虚过。春秋四季不断变化，可是它却始终如一；由此可见，它超过江河的水量，那是不可量度的。即使这样，我从来都没有以此为大，而总是拿自己与天地相比，知道自己来于阴阳之气。我处在天地之间，那不就像是小石小木处在大山之中吗？只觉得自己很小很小，又有什么东西值得称大呢？即使把四海连在一起，在天地之间，也只不过像是蚁穴处在大泽之中；看那中国处在海内，不像是一颗米粒处在大仓之中吗？天地之间的事物以万为计，人不过是其中之一；人与九州相比，他只是生活在生长谷物、能通舟车的一个地方，如果与万物相比，不是像毫毛之末处在马体之中吗？五帝为之运筹、三王为之争夺、仁人为之担忧、志士为之操劳的，也不过就是这点东西而已。伯夷因为放弃它而得到贤士之名，孔子因为谈论它而得到博闻之称，人的这种自以为然不正像你刚才一样吗？

河伯说：照这样的道理来看，我以天地为大而以豪末为小，可以吗？

北海若说：不可。环宇之内的事物，数量没有穷尽，时间没有终止，终始没有缘故。所以大智大慧的人既能看到远又能看到近。因此，见到小的不以为小，见到大的也不以为大，因为他知道事物的大小是没有穷尽的。大上还有大，小下还有小；既能理解古又能理解今，因此，长寿也不厌烦，短寿也不强求，因为他知道时间是没有止境的，时前还有前，时后还有后；既能体察盈又能体察亏，因此获得之时不欢喜，损失之时不忧悲，因为他知道得失是没有常规的。得也可能就是失，失也可能就是得；能明晓人生平坦的大道是什么，因此生存而不以为是福，死亡而不以为是祸，因为他知道终始是没有缘故的，祸也可能就是福，福也可能就是祸。照此看来，人们所知，还不如不知；人们出生之间，还不如未生之时。人们都在用最小的东西衡量最大的东西，因此越求越迷乱，甚至连自己也弄不清楚是怎么回事了。这样看来，怎么能知道毫末就是那最小的东西，天地就是那最大的东西呢？

北海若首先讲了自己之大，大到万川归之不见满、底缝泻漏不见虚、旱涝无常它有常、四季变化终如一的程度。之后讲大而不大的道理，那是因为还有比它更大的天地，还有产生出它的阴阳之气。天地虽大，但却不是最大，因为环宇之内的事物是没有穷尽的，大小都是相对而言的，大上有大无极限，小下有小无穷尽。正因为如此，所以，再大的东西也无可自大，再小的东西也无须自卑。这正是故事所要讲的基本道理。

道理虽然如此，可是人们却不知，他们总以自己一孔之见为满足，总以自己一见之得匡万物，结果就不能不产生混乱和迷惑。不仅产生混乱和迷惑，而且还以混乱为条理、以迷惑为清晰，正像河伯未出峡谷之时自以为大一样。这就是讲述这个故事的缘由和意义。

十四、无用之用

《庄子·人间世》还讲了几个类似的故事，理论色彩较上面的故事稍为浓厚，现在引述如下：有一个叫支离疏的人，脸面被包在了肚脐之下，双肩竖在头顶之上，两腿挟肋而臀部为足，发鬃上指而五官朝天。即使如此，以缝补为业而足以糊口，以筛谷为务而足以养家。国家征兵，他可以大摇大摆在征兵场所走来走去；国有徭役，他因体为残疾而免于征集；国家扶贫，他因失去劳力而获得三钟粟和十捆柴的救济。破碎身体的人尚且可以保存自己的身体，享尽天年，何况破碎志向的人呢？山林之所以被砍伐，并不是别人在砍伐它，而是它自己在砍伐自己；蜡烛之所以被燃烧，并不是别人在燃烧它，而是它自己燃烧自己。桂皮因为可食，所以才被削剥；漆液因为有用，所以才被剖割。人们都知道有用的东西有用，而不知道无用的东西有用啊！

十五、朝三暮四

在齐物论中，庄子认为，任何东西，你想肯定，都能从中找出可以肯定的正面；你想否定，都能从中找出可以否定的负面。道理因实践而形成，万物因命名而确定。每种东西都有存在的理由，也有存在的形态。比如小花小草、参天大树，丑陋麻风女、西施大美人，各有各存在的理由。万物虽多，可以以一视之；万物不齐，可以齐观之。这就是齐物。因此，事物有不同的方面，是因为站在不同的角度来看问题。没有毁就没有成，没有高就没有低。所谓是非是说话者的角度不同，是非也是相对的。蠢材不懂是非原是同一回事，白费精神坚持片面之词。话说老翁饲养猕猴，早晚两餐供应橡子。某晨，老翁宣布说：“从今天起，早晨三升橡子，晚上四升橡子。”群猴愤怒，声称准备绝食抗议。老翁又说：“好吧好吧，改成早晨四升，晚上三升。”群猴欢呼胜利，愉快进餐。朝四暮三、朝三暮四其间并无是非得失，原是同一回事。群猴不懂，愤怒啦愉快啦白费精神罢了。猕猴也是只顾早餐不顾晚餐，坚持片面的观点啊。

十六、 濠梁之辩

庄子的好友惠施当上了梁国的宰相，庄子想去看看他。刚踏进梁国边境，就有人跑去报告惠施：“相爷，有个姓庄的家伙想要取代您的位子，就快要进入京城啦!”惠施信以为真，赶忙派人四处打探，到处搜捕，姓庄的倒抓了几个，没有一个叫庄周。庄子身上穿的是粗葛布衣，脚上蹬一双草鞋，头发蓬松，径直来到相府，惠施非常尴尬。庄子说：“南方有一种鸟叫鹓鶵，是凤凰一类的神鸟，非梧桐不栖，非竹米不食，非甘泉不饮。当它飞过天空时，有一只猫头鹰正在地上撕扯腐鼠，担心神鸟抢它的食物，不住地向天发出唬、唬的声音。现在你是以你的梁国来唬我吗？老兄放心撕啄你的梁国好了，何必唬我呢!”惠施忙说：“误会、误会。”叫人准备饭菜招待客人。第二天，宰相惠施视察梁国东南边境，邀庄子同去。他们最后到了濠水，对岸是属于楚国之地了。时以仲秋，濠水碧澄。庄子在桥上俯视一群悠闲游动的白鲦鱼说：“白鲦鱼多么快乐啊!”惠施说：“子非鱼，焉知鱼之乐？”庄子答道：“你不是我，怎么知道我不知道鱼快乐？”惠施认真说：“我不是你，确实不知你；但你根本不是鱼，怎么能知道鱼快乐呢？”庄子说：“我得提醒你，是你刚才问我从何而知道鱼快乐，对吧？你这样问等于默认我已知道鱼快乐，只是不明白我从何而知罢了。我现在回答你，我是从濠水桥上知道鱼快乐的。”惠施说：“你把我都搞糊涂了”。

十七、庄生梦蝶

《庄子·齐物论》：梦中饮酒的人，醒了以后在哭泣。梦中哭泣的人，醒了以后去畋猎。梦之中又有梦，而且在梦中时并不自知是在做梦。愚笨的人梦醒之后自以为知道是做了一个梦，但却不知他仍然是在一个大梦之中。我和你都是梦，我告诉你我和你都是梦，也是一个梦。

以前庄周做梦，在梦中成为一只蝴蝶，成为蝴蝶以后感觉身心都很便当，并没有什么不适，飞起来真是一只蝴蝶。梦醒了，就又还是庄周，觉得作为庄周身心也很适应。不知道庄周在梦中成为蝴蝶了呢？还是蝴蝶在梦中成为现在的庄周呢？

庄子快要死了，周围的人都颇伤心。庄子于是劝他们说：“丽姬嫁给晋献公的时候，那个伤心哪，泪水把整个衣服都浸透了。可是后来到了王宫，天天有柔软的床睡，有四海的美味吃，这才知道自己当初哭哭啼啼是多么愚蠢。人都怕死，但死了以后没准还会后悔生呢。有一次我梦到一具骷髅，它告诉我说，死了以后，没有君没有臣，没有春夏也没有秋冬，每日舒舒服服地和天地在一起，天地的一切也就是它的一切了。所以根本用不着贪生怕死。”

万物齐一，生也与死齐，生命来源于大自然，终究会回归故土，与大自然融为一体。在此，我们应该学会怎样面对死亡。死是永恒的，在人类能够认识的100多亿光年范围之内，死亡占统治地位，只有极少数的星球上有生命，其余全是一片漆黑和寂静；这些少数的生命载体也会因各种原因毁于一旦。人生有限，怎样在这有限的生命中体现自己的价值，就是我们应当思考的问题。我个人认为，只要经常反思两点即可无愧于天下：第一是我们到底为亲人、朋友做了些什么？（我们对父母是否孝顺，对朋友是否义气，对贫穷的、残疾的普通百姓是否有过关心和帮助）；第二是我们到底为这个世界做了些什么？你是一个破坏者还是一个建设者？你是对他人有用还是无用？因此，我认为我们在有生之年要爱护生命、珍惜生命，不要随便毁弃自己和他人的生命，要做一个对世界、对世人有用的人；在我们或者他人的生命和财产安全遭到威胁、破坏时我们要挺身而出，即使是牺牲自己的生命也在所不惜。

第七章
汉字与宗教

并非每一种哲学体系都是一种宗教，而每一种宗教却都是一种哲学体系。

宗教要有价值就必须能排除恐惧、减少迷惑、解决纷争。如果没有理论的形成，也就是说如果没有哲学的话，是做不到这一点的。

宗教是人类所特有的，并具有神圣性、超越性、广泛群众基础的文化现象。中西宗教差异显然受到由文字差异导致的民族心理文化结构差异的影响。中国宗教的特点在于其强烈的世俗精神，高度功利化、实用化、政治化。中国信教者追求的主要不是彼岸的现实利益。许多人从现代的角度观察，否认儒家具有宗教性。其实，儒家当然有其学术流派的性质，然而从汉武帝起到1911年清代末年止，儒家与孔孟初创时期及现代中国不同，不仅是个学派，同时还是和国家政权结合在一起的兼具宗教和教化职能的国家宗教，也就是儒教。中国古代国家不但有正规的宗教祭祀礼仪，而且老百姓家中也都供有“天地君亲师”的神位，显然具备宗教整合社会、陶冶人格的功能。从皇帝到一般读书人都要祭拜孔（文）庙，也具备了宗教的仪式。同时，又把皇帝当成“真命天子”、“龙子龙孙”，顶礼膜拜，都有宗教的性质。李泽厚说："祠堂就是儒教拜祖宗。"假如不能理解这一点，就很难理解从汉代到清代两千年来中国的社会和文化现象。有兴趣的同学，可以阅读张荣明的《中国的国教：从上古到东汉》和谢谦的《中国古代宗教和礼乐文化》两本专著。

从中国信教者的行为看，大部份不像西方宗教徒那样只信仰自己皈依的唯一真神，他们什么庙（寺、观、礼拜堂）都可以进，什么神像前都可以烧香磕头，目的都是为了求得神佑，避祸趋福，求得自己和家人的现实利益。中国人的信仰行为可以带有明显的功利性、实用性，所谓"平时不烧香，急时抱佛脚"。家里，甚至有些庙里，可以同时供上如来佛、观音菩萨、玉皇大帝、王母娘娘、太上老君、关云长、赵公明等神像、牌位。在为死者办丧事仪式时，可以出现和尚、道士、军乐队各自组成的队伍同时并列，蔚为奇观的景象。

西方宗教的特点则在于强烈的超越性、虔诚性、理想化、超功利、超世俗。他们把"彼岸世界"作为追求的终极目标，即使在现实生活中，也时刻关心"终极关怀"等问题。他们对自己的信仰无限忠诚。他们知道凡人永远不可能长生不老，也不可能成神成仙，只要在尘世遵从圣训，辛劳从事以尽"天职"，甚至不惜以身殉道，成为本教的圣徒，在彼岸世界永享安乐，就是过了有价值的一生。他们懂得在神的面前要保持谦卑，任何凡人都不得希企像神那样具有凌驾他人之上的地位，但也不妄自菲薄、受人奴役。人权、自由、平等、法治，这些今日已成为普遍价值取向的基本理念正是从理性宗教的信仰中脱胎而出的。可惜中国古代缺乏理性宗教的土壤，无法产生人权、自由、法治等花草，无法形成"天赋人权，生来平等"的思想。西方宗教，特别是基督教（新教），由马丁·路德着重发展了一个新的概念—“天职”，意为上帝赋予的神圣职责，天赋的使命。新教徒奋发工作，多产精品不是为了自己的福利，而是为了用自己努力创造的优秀成果，奉献给造物主，以报答神的恩惠，博取神的荣宠。这给了他们无尽的力量。

第一节　汉语中的佛教词汇

在中国词汇发展史上，宗教中佛教和道教具有较强的影响力，尤其是佛教。佛教自汉代传入中国后，经魏晋南北朝以至唐宋，有了极为广泛的传播，特别是达摩以后禅宗盛行，佛教文化深入人心对汉语产生了巨大的影响，部分佛教新词进入了汉语的普通词汇，有的进入基本词汇。其中有的是梵文音译，有的是意译，有的是用旧词装新意。

一、音译词

比丘　　出家修行的男子，少年初受戒，叫沙弥，至 20 岁受具足戒叫比丘。

比丘尼　女子少受戒叫沙弥尼，20 岁叫比丘尼，省称加汉语词素成尼姑。

刹那　　梵文 ksana 的音译。古印度教表示很短的计时单位。《大唐西域记》：“时极短者，谓刹那也。”本指妇女纺一寻线所用的时间。

阿弥陀　佛名，指西方极乐世界中最大的佛，后世教徒以口头诵念表示祈祷、祝愿、谢神。

和尚　　印度指师父，中国指佛教徒。

偈　　　佛经中的唱诵词

袈裟　　佛家指僧侣披在外面的法衣，其本意为不正色。法衣的用色要避开五正色（青、黄、赤、白、黑）和五间色

（绯、红、紫、绿、碧）。传入中国后，也有用鲜艳的色彩如紫、金镂袈裟等。通常用小片长方形布连缀而成，分三、七、九条三种。

劫　　指世界从形成到毁灭的一个周期。一劫包括成、住、坏、空四个时间。后人借以指天灾人祸，如“在劫难逃”。

罗刹　　本为古印度土著。雅利安人进入印度以后，诬蔑罗刹人凶恶可怕，于是“罗刹”转化为一种黑身、朱发、歪眼的恶魔。佛教中指恶鬼。

罗汉　　又作阿罗汉，佛家圣者。

魔　　本意为障碍、破坏，佛教指妨碍修行、破坏佛法的邪恶之神。

南无（nà mō）恭敬、信从之意。南无阿弥陀佛即恭敬、礼拜阿弥陀佛之意。

涅槃　　意为灭度、圆寂，脱离一切烦恼，进入自由无碍的境界。后指佛或高僧逝世。郭沫若有诗名《凤凰涅槃》，意即凤凰死后的再生。

菩萨　　本意为觉有情、道众生，指上求佛法、下化众生的圣者。在三乘中，他比罗汉高、比佛低，如观音、文殊、普贤、地藏等。

三昧　　正定，屏除杂念、专注一境。引申为精髓、奥妙。如“不知其中三昧”。

僧　　男性佛教徒，出家人。

头陀　　行脚乞食之僧人。

夜叉　　本为印度神话中的小神，佛家认为是吃人的恶魔，能飞腾空中，迅速隐蔽。汉语用指丑恶凶暴之人。

此类词还有舍利、塔、阎罗、沙弥、沙门、菩提等。

二、意译词

慈悲　与众生同乐为慈，拔除众生苦恼为悲。

道场　指供奉佛家、诵经礼拜、举行法会的地方。

地狱　苦的世界。

烦恼　身心为贪欲所困惑而产生的精神状态。

合掌　佛教的一种仪式，合两掌以表敬意。

金刚　金刚石。又指金刚杵。佛教护法神手执金刚杵，故以金刚为护法神名，如八大金刚。

苦海　佛家以为人间烦恼痛苦，深广如海，以之喻世俗。

轮回　众生如车轮旋转于六道之中，只有成佛之人才能免受轮回之苦。

三生　指生命的三个阶段，即前生、今生和来生。

世界　相当于汉语原有的宇宙或天下，包括上下四方，古往今来。《楞严经》："世为迁流，界为方位。汝今当之，东、南、西、北、东南、西南、东北、西北上、下为界，过去、未来、现在为世。"关于宇宙，《淮南子注》曰："四方上下曰宇，往古来今曰宙。"在佛经中，世与界是分得很严的，"三世"指过去、未来、现在；"三界"指欲界、色界、无色界。后来，世界义混同并扩大。在现代粤方言中，"世界"用途特别广泛，如"捞世界"（谋生）、"好世界"（生活好）、"倾世界"（谈生活）等，"世界"简直与"生活"义差不多。

世尊　为教徒对如来之尊称。

习气　指由现行烦恼历久而形成的种种积习。后泛指难以改变的言行、习惯。

因明　因是原因、理由，明指学术。因明是关于逻辑推理的学说。

圆满　佛家称佛事完毕为圆满，即"圆融无碍"之义，后泛指事情完美无缺。如功德圆满。

转变　由一种情况变为另一种情况。《俱舍论》卷四："何名转变？谓相续中前后异性。"此词一直用到现在，没有什么变化。另有如真谛、大乘、小乘、平等等词。

法宝　佛教以佛、法、僧为三宝，法宝是三宝之一。这个名词在旧小说中改变了意义（旧书中认为道人、和尚有法宝）。如今"法宝"指取胜的宝贝（武器）。

三、旧词新意，即以原有形式赋予新的内容

布施　上古汉语是以财物予人。佛家用来翻译 danna（檀那），即为佛教徒提供饮食。

禅　　上古指封土为坛，扫地为祭。古代皇帝巡游，登泰山封土为坛以祭天，于小丘扫地以祭山川，音 shàn。佛家用译禅那，音 chán，表示心中寂静，没有杂念。《顿悟入道要门论》上：妄念不生为禅，坐见本性为定。

法门　上古指王宫的南门，佛家用为修行者入道的门径。成语"不二法门"。

法事　上古指合乎礼法之事，佛家用来表示供佛、施僧、诵经、修行等事。

精进　上古指精干而有上进心，佛家用译 virya ，指勤修佛法，不懈地修善正恶，利益众生。后泛指学习刻苦，不断进步。

居士　上古指未做官的士人，佛家指在家受过三规、五戒的教徒。

如意　上古是"符合心意"，后译阿那律，是一种用骨、角、玉、石、竹、木、铜、铁等制成的爪杖，长约三尺，前端作手指形，用以挠痒，可如人意，故名如意。近代如意是一种象征吉祥的器物，头成灵芝形或云形，柄微曲，用金玉等制成。

结果　原指"结成果实"，用以指"由于某个原因造成的后果"。

众生　上古泛指有生命的东西。《礼记 祭义》："众生必死，死必为土"。佛家用译 sattva 指一切有情、有生的人或物。

庄严　上古二字一般不连用，是同义词；即使偶尔连用也指整治行装。佛经中用译 sarita ，是装饰、修养之义。《华严探玄记》："庄严有二义，一是具德义，二交饰义"。而现代汉语中庄严是"严肃庄重"的意思，如"妙相庄严"。与佛经原义不同，但它是从佛经的"庄严"发展而来。

来自佛教的成语较多，如：

不二法门（引申指没有其他途径、方法，"别无他途"）

不可思议（不能去想，不可思想，后指无法想象，无法理解）

功德圆满（本指法事、道场做完或做得很完美，后指取得很大成就）

回光返照（本指太阳将落由于反射天空出现的短暂发亮现象）

六根清净（全身心无杂念，无欲望。眼耳鼻舌身意为"六根"）

当头棒喝（源于禅宗，棒打、呵斥均为禅宗使弟子顿悟的手段）

天花乱坠（佛在讲法时有鲜花从天而坠，后指讲演者不停地讲）

五体投地（五体指两肘、两膝、头部）

叶落归根（喻人死前回归故土）

一尘不染（佛家心中没有灰尘、不受污染）

一佛出世（二佛涅槃，指被人打得很惨）

勇猛精进（佛家不断研修，不断进步）

想入非非（佛家入定的方式，入定之前不能想其他杂事，

“非想非非想”，有时连不能想杂事的念头也不能有）

阅读资料

曼谷的西郊有一座寺院，因为地处偏僻，香火一直不旺。原来的住持圆寂后，索提法师来到这里接替做新住持。

初来乍到，他绕着寺院巡视，发现寺院周围山坡上到处长满了灌木。那些灌木杂乱无章，树形恣意而张扬。

索提法师找了一把剪子，不时地去修剪一棵灌木，半年过去了！那棵灌木被修成一个漂亮的圆球形状。僧侣们看到之后，疑惑不解。问住持，法师却笑而不答……

一天，寺院里来了一位衣衫光鲜、气宇不凡的客人。

寒暄让座之后，对方说自己路过此地，随便进来看看。法师很客气地陪客人四处游转，行走间，客人向法师请教了一个问题：人怎样才能够清除自己的欲望？

索提法师微微一笑，返身进入内室拿了一把剪子出来，对客人说：施主，请跟我来。

他把客人带到了灌木丛地，客人看到了法师修剪的那一棵成型的灌木。法师把剪子递给了客人，说道：您只要经常像我这样去修剪一棵灌木，您的欲望就会消除。

客人接过剪子，走向一棵灌木，咔嚓咔嚓地剪了起来。

一壶茶的工夫过去了，法师问他感觉如何，客人笑了笑说：感觉身体舒展了很多，可是平日堵在心中的那些欲望好像并没有放下。

法师颔首说：刚刚开始会是这样的，经常修剪就会好了！

客人走的时候，和法师约定，他十天之后还会再来。法师不知道，这个人就是泰国享有盛名的珠宝大亨。近来，遇到了从未经历过的生意上的难题。

十天后，大亨来了；二十天后，大亨又来了；三月过后，大亨已经把那棵灌木修成了一只初具规模的鸟形。

法师问他：现在你是否懂得如何消除你的欲望了？

大亨面带愧色地回答：可能是我太愚钝，每次修剪的时候，倒是能够气定神闲，心无杂念。可是，一从你这里离开，回到我的生活圈子之后，我的所有欲望依然会像往常那样冒出来。

法师笑而不答。

当大亨的“鸟”完全成型之后，索提法师又向他问了同样的问题，他的回答依旧……

这次，法师对大亨说：施主，您知道当初我为什么建议让您修剪灌木吗？我只是希望您每次修剪前，都能够发现，原来剪去的部分又会重新长出来。就像我们人类的欲望，您别指望能够完全把它消除。我们能够做到的，就是尽力把它修剪得美观。放任欲望，它就会像满坡生长的灌木，丑陋不堪。但是，经常修剪，就能够成为一道亮丽悦目的风景。对于名利也是这样，只要取之有道，用之有道，利己惠人，它就不应该被看成是心灵的枷锁。

大亨恍然……此后，随着越来越多的香客的到来，寺院周围的灌木也一棵一棵地被修剪成各种形状。这里的香火渐渐旺盛起来，日益闻名。

第二节　关于宗教派别

中国是一个多宗教的国家。中国古代有天帝崇拜、祖先崇拜、鬼神崇拜和圣贤崇拜（夏商周）。到东周时宗法神权下移，皇权确立。佛教于两汉之际入中国，东汉时僧人多为西域人，汉末三国时，下层佛教徒逐渐增多。安息国僧人安世高于桓、灵之际来中国译佛经。东汉产生了道教，它来源于古代的民间巫术和神仙方术，又将老子、庄子加以附会引申，具有庞杂性。后来便有儒、佛、道之争。唐高祖以老子李耳为李家祖宗，宣布道教第一、儒学第二、佛教第三。景教是唐代传入中国的基督教派别，于635年由波斯传入中国。景教（基督教之一支）流行210年后，于唐武宗灭佛时废止，其后在内地绝迹。伊斯兰教于唐时传入中国，651年大食国派使者到长安朝贡。

道教：东汉时张陵客居四川，在大邑县西的鹤鸣山创立道教，他自称“天师”，因入教者要交五斗米，故名“五斗米道”，又叫“天师道”。至今大邑鹤鸣山下还有日本京都大学立的“汉天师道发源地碑”。死后其子张衡继续行道，张衡死后又由其子张鲁继之，在四川、汉中等地很有影响。“太平道”是以崇尚《太平经》而得名，张角兄弟就积极传播太平道，借以进行农民起义。隋唐至宋代，道教日益发展。公元666年，唐高宗封老子为“太上玄元皇帝”。742年，唐玄宗规定：庄子为南华真人，文子为通玄真人，列子为冲虚真人，庚桑子为洞虚真人。其四子所著书改为真经（故《庄子》又叫《南华真经》）。金大定七年（1167），王重阳创立全真道。王的弟子丘处机为元太祖看重，盛极一时。此时天师道合并于正一道，道教就分为以符箓为主的正一派和以炼丹为主的全真派。道教对中国、对世界的巨大贡献就是道士在炼制丹药的过程中，发明了火药。火药的发明，影响了世界格局，使世界从冷兵器时代进入火器时代。明清时期，道教与迷信结合颇深，逐渐衰落。新中国成立以后，两派分裂局面结束，20世纪50年代成立了中国道教协会。2015年，武当山道教协会会长李光富道长当选为中国道教协会会长。李光富，男，汉族，湖北郧县人，1955年8月出生，无党派，在职研究生学历，任十堰市政协副主席。十一届全国政协委员，湖北省道协名誉会长，武当道教功夫团团长。

佛教：从公元4世纪开始，中国的佛教先后传入朝鲜、日本、越南等国，并得到发扬光大。值得一提的是鉴真大师。他俗姓淳于，扬州人，自幼出家，不仅精于佛学，而且在临床医学和药物学上有很深的造诣。唐天宝元年，应日本留学僧荣睿、普照之邀，决定赴日本，但五次东渡都因官府阻拦或因飓风未能成功，其间荣睿身亡，自己双目失明。753年，年已63岁的鉴真同弟子14人，东渡成功。第二年3月，被迎入日本首都奈良东大寺，天皇授以“传灯大法师位”。4月，筑坛为皇室及僧侣400余人受戒。后来仿唐建立“唐昭提寺”，校勘日本的佛教经典，带到日本的绣像、雕塑、画像、金、铜像和书帖，成为日本文化发展的楷模；还传授医药知识和榨糖、缝纫、豆腐、酱油酿造等技术。由于奈良曾经是日本的都城，有很多仿古建筑，尤其是唐代风格的建筑，在二战后期，著名建筑学家梁思成先生向盟军司令麦克阿瑟建议，不要把原子弹扔在奈良，避免了文物的损毁。

从印度传入中国的佛教，在修行思想上有显、密之分，在修行方法上有大乘、小乘之分。“乘”是梵文yāna（衍那）的意译，指运载工具，比喻佛法普济众生，像舟车能载人由此达彼一样。“小乘”原为大乘佛教出现后（约公元一世纪左右），对以前原始佛教（指公元前六世纪至四世纪时期，释迦牟尼及其三四传弟子时代的佛教）和部派佛教（指公元前四世纪至公元一世纪时期上座部、大众部各部派佛教）的称谓，而大乘则为该派对自己的褒誉。如斯里兰卡、泰国、缅甸、老挝、柬埔寨等南亚、东南亚各国，所传为小乘系统佛教，但他们自称为“上座部佛教”，不接受“小乘”的称号。小乘六根（眼耳鼻舌身意）对应于六尘（色声香味触法），四谛是苦、集、灭、盗，主张“戒、定、慧”。大乘有六度：布施、持戒、忍辱、精进、禅定、般若（智慧）。

大乘和小乘的区别在于，小乘自渡，大乘不仅自渡，还要渡人。密宗和显宗的区别是，密宗认为自己的先师曾经受到释迦牟尼秘密传授佛法。

中土佛教主要有：天台宗，源于北齐、南陈，为智凯所创；法相宗（也叫唯识宗），玄奘所创；华严宗，武则天时的法藏所创，以《华严经》为主要经典。净土宗，创始人为道绰，主要经典《无量寿经》、《阿弥陀经》，大诵佛之名号，人终时得往生净土，“日诵七万为限”，故名。

佛教的中国化：中国的僧俗两界共同改造佛教，建立了适合国情的中国佛教，使佛教从东汉魏晋时期的寄人篱下走向隋唐时期的自立门户。三国时吴国有一个叫支谦的佛经翻译家，30 年中共译出印度佛经 36 部，48 卷。其中，《维摩诘经》一经译出便风靡士大夫阶层，在以后的 150 年间，又被其他人再译 4 次，还出了一个合订本。这样，大乘佛教使无数士人学子为之倾倒。《维摩诘经》是一部专讲不必出家却照样念佛的居士经。维摩诘是吠舍离神通广大的大乘居士，“深入微妙，出入智度无极”，连佛祖都让他三分。他曾经以称病为由，同佛祖派来问病的文殊师利（是智慧第一的菩萨）等反复论说佛法，义理深奥，妙语横生，使得文殊佩服不已。

据《维摩诘经·方便品》记载，他虽过着十足的世俗贵族奢华生活，但其动机和目的是超俗的，精神境界是高尚纯洁的。他吃着精美的食物，却“内心如禅”；其豪华生活，只是为了“善权方便”，教化众生。它使中国士大夫在修齐治平与尽忠尽孝之间不再有艰难的抉择，是禅宗发源的温床。因此，唐代著名诗人王维的父母亲给自己的孩子取名维，字摩诘。

中国佛教历史上的三武之祸：第一次是北魏的太武皇帝。446 年，正是杏城（陕西黄陵）民变的次年，拓跋焘驻军长安，在佛寺中发现武器，他立刻指控佛教徒跟杏城民变领袖盖吴共同谋反，下令全国焚毁所有的寺庙，和尚尼姑，不分老少，一律处斩。不过，他的孙儿拓跋濬却信奉佛教，452 年即位后，佛教即行复兴。第二次在 574 年，北周第三任皇帝宇文邕（武皇帝）禁佛，但没有发生流血；第三次是 845 年，唐第 18 任皇帝李炎（唐武宗）禁佛，也同时禁止其他所有宗教，包括道教。

藏传佛教：系公元 7 世纪时印度密教和汉地传入的大乘佛教与西藏原有的苯教结合而成，即喇嘛教。分为前弘期（7～9 世纪，由松赞干布始，其一夫人为文成公主，另一夫人为尼泊尔公主，俱信佛，他也信佛）、沉寂期（公元 841 年，朗达玛当松赞时灭佛，持续一百多年）和后弘期（978 年佛教再度兴起）。后有宁玛（红教）、萨迦（花教）、葛举（白教）、泽当（黑教）和宗客巴的格鲁派（黄教）等教派。后来，宗客巴大师创立的格鲁派占据统治地位，一般所说的喇嘛教就指的是格鲁派。格鲁派有 6 大丛林，就是格鲁派 6 个著名寺庙，即：拉萨三大寺（甘丹寺、哲蚌寺、色拉寺）、青海塔尔寺、日喀则札什伦布寺、甘肃拉卜楞寺。

禅宗：佛教南顿北渐，以禅宗为最。如来与迦叶有所谓“拈花微笑公案”，后经达摩（人称初祖，于公元 527 年来到中国）逐渐传至五祖弘忍。实际创始人是惠能（638～713 年）。他所创立的南宗最具中国特色，是中国佛教一场重大的革新运动。惠能标榜“不立文字”，只留下一部由别人记录整理的《坛经》，该经是中国僧人著作中唯一名列佛经的一部作品。惠能以后，禅宗分为五个支派，时在晚唐五代，后流传至日本、朝鲜。

禅宗的特点是：第一，主张佛性本有，不假外求。“自性本自具足”，“佛向性中作，莫向身外求”（《坛经》）。因此，“明心见性”即是成佛。第二，主张顿悟，反对渐修。北宗神秀主渐修。惠能主张一旦觉悟即可成佛，甚至放下屠刀即可立地成佛。在川西佛教圣地高堂寺，壁上有“人、弓、刀”组成的一个汉字，初不知何意，后才明为“佛”字之本意。第三，不诵经义，不习禅定，不习传统仪规戒律，所谓“教外别传”。惠能以后的五宗，更强调“真如”不能用正面语言文字表达，便用比喻、隐语，乃至拳打脚踢来引发信徒觉悟，称之为机锋、棒喝。第四，破偶像、反离俗，主张即事修行，使佛教世俗化达到顶点。禅宗后期愈加强调入世即出世，所谓佛法不过“吃饭、着衣、屙屎、送尿”，“运水搬柴，无非妙道”。禅僧呵佛骂祖，无所不为。义玄说：“逢佛杀佛，逢贼杀贼。”云门更称：恨不得释迦初生时就“一棒打杀，与狗子吃”。这种完全否定佛教传统的作风，预示着佛教危机的来临。但禅宗重视现实和简便易行的特点，使它拥有众多的信徒，对中国文化的发展产生了超过其他宗派的广泛影响。

按照南宗禅的观点，禅既然是一种行动，就不必下大功夫读经，越读离佛越远。禅宗讲求直接行动。如一个小和尚问老和尚：你天天给我们讲佛法，佛究竟是什么人啊？老和尚说自己年高耳聋，叫小和尚走进，突然捉住小和尚鼻子使劲扭。小和尚很诚实，虽然痛还是说不懂。老和尚便大骂小和尚，叫他马上滚出去。小和尚还是莫明其妙。这时另外一个和尚说道，你不必问佛是谁，你首先要知道你是谁。现在的人都问佛是谁，而不知自己是谁。

南宗认为，真理简单，但体验悟透却很难。所以，有人问问题，最好不要讲清楚，否则他就不去想了。当有人问问题时，禅宗和尚喜欢打哑谜，你问东，他答西。他要你自己动老筋，下面这个故事就是关于禅宗“不说破”的间接教学法：吴祖寺中有一个和尚，人问他禅是什么，他说：“有两个贼，一个老贼，一个小贼。老贼年纪大了，一天，小贼问：爸爸，您老了，告诉我谋生的法子吧。老贼不好推却，就答应了。他晚上把儿子带到一富人家，挖了一个洞，钻进屋里，用百宝囊中的钥匙，将一个大柜子的锁打开，叫儿子进到里面去。等儿子进去后把柜子锁了，大喊有贼，便走了。富人起来查看，没有丢什么东西，又去睡觉。小贼不知其父用意，便想办法逃出去。于是就学老鼠咬衣服的声音，太太听见后就叫丫鬟掌灯来看，刚开柜门，小贼一跃而起，推倒丫鬟，吹灭灯火，飞快逃走。富家发觉，派人直追，小贼急中生智，抱起大石抛在河中，自己则绕道回家。到了家里，见其父正在喝酒，便埋怨起来。其父问明他是怎样逃出来后说：你以后就不愁没有饭吃了。像这小贼能从无中想出办法，便是禅了。”

这里应当说说六祖惠能。他本是五祖弘忍座下弟子，俗姓卢，不识文字，但悟性较高。相传弘忍为选嗣法弟子，命大家各作一偈，神秀曰：“身是菩提树，心如明镜台；时时勤拂拭，勿使染尘埃。”惠能托人作一偈曰：“菩提本无树，明镜亦非台。本来无一物，何处惹尘埃。”一众皆惊。五祖用鞋搽了偈，曰：“亦未见性。”次日五祖潜至碓房，以杖击碓三下而去。惠能三更至五祖之室，五祖为说《金刚经》，传之衣钵。后至广州法性寺，遇住持正在讲法，有二僧争风动幡动，惠能言“不是风动，不是幡动，仁者心动”。后落发于法性寺，受俱足戒。后至韶阳曹溪，广传佛法，人称曹溪惠能。惠能著名的弟子有南岳怀让、青原行思、荷泽神会、南阳慧忠、永嘉玄觉，形成禅宗的主流，其中以南岳、青原两家弘传最盛。南岳下数传形成沩仰、临济两宗，青原下数传分为曹洞、云门、法眼三宗，世称“五家”。其中临济、曹洞两宗流传时间最长。临济宗在宋代形成黄龙、杨岐两派，合称“五家七宗”。

曹溪是地名，在广东曲江县双峰山下，唐仪凤二年（公元676年），六祖惠能住持曹溪宝林寺，此后曹溪被历代禅者视为禅宗祖庭。曹溪水喻指禅法。《密庵语录》载：“凭听一滴曹溪水，散作皇都内苑春。”观赏茶汤色泽称之为“曹溪观水”。宋代大文学家苏轼在写给友人的一首诗中曾表达了如此深挚的向往之情：水香知是曹溪口，眼净同看古佛衣，不向南华结香火，此身何处是真依？

沩仰宗，沩山灵佑及其弟子仰山慧寂创立。其修行理论继承和发扬道一、怀海“理事如如”的精神，认为万物有情，皆有佛性，人若明心见性，即可成佛。临济宗，义玄创立。因义玄住镇州（治所在今河北正定）临济院而得名。提出“三玄”（三种原则）、“三要”（三种要点）、“四料简”（四种简别）、“四照用”（四种方法）等接引学人。因其机锋峭峻，别成一家。喝是临济宗的一大特色。临济禅师有一次问一个僧人：“有时一喝如金刚王宝剑，有时一喝如踞地金毛狮子，有时一喝如竹竿影草，有时一声吆喝不当作一声吆喝用，你对此怎么领会？”僧人正在迟疑，禅师便对他一喝。曹洞宗，洞山良价及其弟子曹山本寂创立。其教法“五位群臣”说，从理事、体用关系上说明事理不二、体用无碍的道理。云门宗，文偃创立。因文偃住韶州云门山（在今广东乳源县北）光泰禅院而得名。其禅风被称为云门三句：“涵盖乾坤”，“截断众流”，“随波逐浪”。常用“顾”、“鉴”、“咦”三种表示，接引学人，表现出“刚劲”的宗风。法眼宗，文益创立。南唐中主李璟赐其谥为“大法眼禅师”而得名。提出“理事不二，贵在圆融”和“不着他求，尽由心造”的主张。以“对病施药，相身裁缝，随其器量，扫除情解”概括其宗风。黄龙派，慧南创立。因其住黄龙山（在今江西南昌市）而得名。法门为“道不假修，但莫污染；禅不假学，贵在息心”。杨岐派，创始人方会。因住杨岐山（在今江西萍乡市北）而得名。

第三节　佛教人物

四大天王：古代印度次大陆的神话说，须弥山腰有“四天王天”。须弥山腰有一座稍小的山叫犍陀罗山，此山有四山峰，四天王及其眷属分住其上。东方持国天王，身白色，穿甲戴胄，左手把刀，右手长矛。南方增长天王，身青色，穿甲胄，持宝剑。西方广目天王，身红色，穿甲胄，左手执矛，右手把索。北方多闻天王毘沙门在四天王中最为突出，身作金色，金刚甲胄，左手持宝塔，脚踏三夜叉。宋元以后，佛教汉化，他不再特殊，并从他身上分化出“托塔李天王”。经过《封神演义》、《西游记》等书的改造，产生了现代的四大天王：

增长天王魔礼青　掌青光宝剑一口　职风
广目天王魔礼红　掌碧玉琵琶一面　职调
多闻天王魔礼海　掌混元珠伞一把　职雨
持国天王魔礼寿　掌紫金龙花狐貂　职顺

罗汉：是阿罗汉（梵文 Arhat 的音译）的简称，原来指原始的小乘佛教所达到的最高成就。佛教中的四大罗汉是指大迦叶、君屠钵叹、宾头卢、罗云四比丘。他们都是“声闻”，即亲自听过释迦牟尼言教的人。在唐僧的著作中提到十六罗汉，在绘画中发展为十八罗汉，后来又有五百罗汉。据《十诵律》所记，释迦生时，有随他听法传道的五百弟子，称为五百罗汉。现代北京碧云寺、上海龙华寺、汉阳归元寺、昆明筇竹寺、成都宝光寺都有罗汉堂和五百罗汉塑像。

四大菩萨：菩萨是仅次于佛的尊者。唐代画像中菩萨形象确定下来，大都面作女相，慈眉善目，肤色润泽，因此后来观音成了女性。汉文佛典中著名的菩萨有弥勒、文殊、普贤、观世音、大势至、地藏等几位。弥勒后来升级成了佛，因为著名的菩萨常作佛的近侍。释迦佛的左侍是文殊，右侍是普贤，合称“华严三圣”。接引众生往西方极乐世界的是阿弥陀佛，他的左侍是观世音，右侍是大势至，合称“西方三圣”。后来，大势至菩萨未能独立成军，在中国没有什么影响力。因此，一般所谓四大菩萨是：文殊、普贤、观音、地藏。

第四节　肉身和尚

中国佛教名山中，供奉肉身和尚最多的就是九华山。从地理位置来讲，九华山潮湿多雨，并不适合肉身和尚的保存。但九华山肉身和尚多，主要是由于大德高僧严谨的修持，使他们的心体广大，内心清净，心无污染，行为自然高尚，他们的身体机能也随之发生了变化，潜能显现，灵异显现，有的能示现神通。这种身心的变化，是无比复杂而神奇的，戒定慧之所熏修，是佛教对肉身菩萨现象的基本解释。严谨的修持，是肉身不烂的主要原因。

金乔觉（公元696—794年），新罗僧，又名释地藏，俗称金地藏。金身坐化九华山的新罗王子金乔觉，为古新罗国（今朝鲜半岛）国王金氏近族。公元719年，古新罗国王子金乔觉渡海来唐，卓锡九华，发下“众生度尽，方证菩提，地狱未空，誓不成佛”的宏愿，苦心修行75载，99岁圆寂，肉身不腐。

元际禅师：在唐贞元六年（公元790年），91岁高龄的元际禅师自知来日不多了，他悄然返回故乡湖南衡山的南台寺，停止进食。只嘱门徒将他平日搜集来的百多种草药熬汤，他每天豪饮10多碗。饮后小便频繁，大汗涔涔。门徒见此，纷纷劝阻，元际禅师只是笑而不答，继续饮用这种散发芳香的草药汤。一个月后，他清瘦了，但脸色红赤，两目如炬。有一天，他口念佛经，端坐不动，安详地圆寂了。又过了月余，禅师的肉身不但不腐，而且还芬芳四溢。门徒们大感惊诧，认为这是禅师功德无量的结果，便特建了庙寺敬奉。千百年来，该寺香火甚盛，历久不辍一直到清末民初。后来日本侵略中国，一个叫渡边四郎的日本间谍通过日本在中国的势力，把肉身秘密运送回日本，放在自己的地下室里，直到1947年病死。抗战胜利以后，国民政府向日本政府索取，日本政府派人在地下室里找到，如今存放在横滨的总持寺，成为日本的国宝。

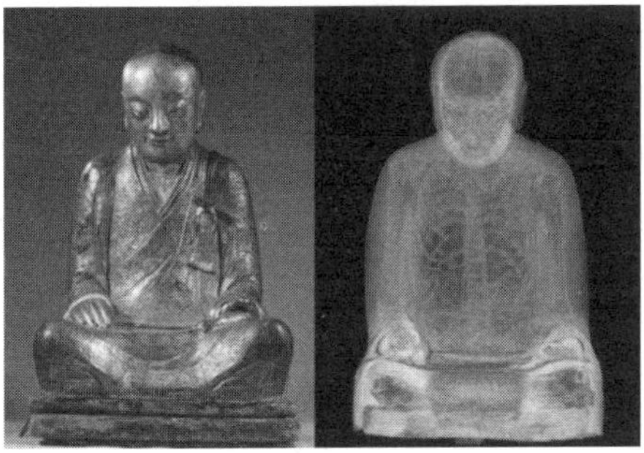

元际禅师

无暇禅师：九华山最著名的"肉身菩萨"，现供奉在九华山百岁宫。他历游五台、峨眉等山，于明朝万历年间来九华山东崖峰结茅，耗用28年时间，以指血调研银珠濡笔，写成《大方广佛华严经》一部，共八十一卷，至为珍贵。天启三年寿终，124岁。明思宗朱由检尊无暇禅师为"应身菩萨"。

仁义师太（公元1911—1995年）：俗名姜素敏，籍贯辽宁沈阳，精通医学，救人无数。1940年奔赴山西五台山，在显通寺出家，取法名仁义。出家后一心向道，潜心修持，深入经藏，农禅并重。1995年4月，至九华山通慧禅林，是年初冬，停食7日，安然示寂，年八十五。

第五节　禅宗公案

禅宗在中国佛教各宗派中流传时间最长，至今仍延绵不绝。它在中国哲学思想上也有着重要的影响。宋、明理学的代表人物如周敦颐、朱熹、程颐、程颢、陆九渊、王守仁都从禅宗中汲取营养。禅宗思想也是近代资产阶级思想家如谭嗣同、章太炎建立他们思想体系的渊源之一，对外传播亦甚广。8世纪，新罗僧信行入唐从神秀受法，将北宗禅传至朝鲜。道义从马祖弟子智藏受法，回国传入南宗禅，称禅寂宗，后改称曹溪宗，为朝鲜禅宗主流。12世纪末，日僧荣西入宋，受法于临济宗黄龙派虚庵怀敞，将此宗传入日本，称千光派。俊荷受杨岐派禅法，回国弘传。南宋末年中国禅僧多渡日，传杨岐派禅法。13世纪初，日僧道元回日本弘法。17世纪，福建黄檗山万福寺隐元隆琦应邀赴日弘法，设坛传授禅戒，成为与曹洞、临济并列的黄檗宗，至今不衰。

德山宣鉴禅师，四川人，俗姓周，幼年出家，曾精研佛法，尤其擅长讲解《金刚经》，故有周金刚之称。当他听说南方禅宗十分兴盛，便不平道："佛学如此博大精深，即使修行一辈子，也难以成佛。南方的妖魔竟敢胡诌什么直指人心，见性成佛。我要捣毁他们的老巢，灭绝这些邪种，以报答佛恩。"于是，他挑着自著《青龙疏抄》离开了四川。在湖南澧阳的路上，他看到一位妇人在卖饼子，当时他肚子有点饿了，就停下担子，想买点心。妇人指着他的担子问："里面装的是什么书啊?"德山道："是《金刚经》。"妇人说："我有一个问题，你要答得上来就送你点心吃；如果答不上来就请你走开，没有点心吃。《金刚经》上说：过去心不可得，现在心不可得，将来心也不可得。不知道你点的是哪个心?"周金刚顿时哑口无言。随后，他到龙潭崇信禅师那里去，一进法堂他就大声嚷嚷："久闻龙潭大名，到此一看，既不见潭，也不见龙。"崇信躬身道："你已经亲身到了龙潭。"德山无法回答，就留了下来。

一天夜里，德山宣鉴侍立在龙潭身旁，龙潭禅师说："夜深了，你怎么还不回去。"德山宣鉴便往外走，刚出去又回来说："外面好黑。"禅师便点起一支蜡烛给他。他刚伸手接，禅师就一口吹灭。德山顿时大悟。第二天，龙潭对大众说："这里有个汉子，牙齿好像剑树，张着血盆大口。一棒打不回头。他日异时，在孤峰顶上，树立我的道法。"德山宣鉴悟道后，便把《金刚经疏抄》等在法堂上一把火烧了。

德山宣鉴悟道后上堂说："说得出来也三十大棒，说不出来也三十大棒。"德山的棒与临济的喝，形成禅宗特有的棒喝交加。有人问："什么是菩萨?"德山宣鉴就用棒子打他："出去!别到这里来拉屎!"那人又问"什么是佛?"德山宣鉴回答："佛是西天老骚狐。"德山宣鉴有一天在堂上说："我这里没有佛，没有祖，达摩是老臊胡，释迦牟尼是干屎橛，文殊、普贤是挑粪工，什么等觉、妙觉都是凡夫，菩提智慧、涅槃境界都是系驴的木桩。十二类佛经是阎王簿，是擦疮的废纸，什么四果三贤、初心十地都是守坟的鬼，自身难保。"临终时，德山宣鉴告诫徒子徒孙道：扪空追响，劳汝心神。梦觉觉非，竟有何事！（意思是：追逐虚空幻响，只会徒劳你们的心神；梦中醒来，才会觉悟到它的虚幻，明了本来无事的道理。）

文字魔：仰山是沩山的学生，沩山见到仰山："孩子，你要快点开悟哦，不要执着于文字和概念。"仰山："我连信仰都不要呢！"沩山："你是信了才不要呢，还是不相信才不要呢？"仰山："除了我自己之外，不能信个什么。"沩山："这样的话，你只能算是个小乘佛法之徒罢了。"仰山："我连佛都不要见。"沩山："经书中有多少是佛说的？多少是魔说的？"仰山："统统是魔说的！"沩山："好好好！此后，没有什么可以难倒你的了。"后来，仰山承续了沩山的衣钵，继续开创沩仰宗的禅风。基本的观念本来就是简单清楚的，但是用以表达的文字，却是通往禅境的一道魔障。沩山本想帮仰山打破这道魔障的，不期，仰山早已悟了。

怀海禅师是福建人，为马祖席下最著名的入室弟子，后住江西百丈山，世称为百丈禅师。四方禅僧，纷至沓来。席下人才济济，如沩山、希运等后来都成为一代宗师。

怀海参见马祖大师（马祖道一是四川成都人，俗姓马，在佛教僧侣中，以俗姓称祖的，可能只有他）后，成了马大师侍者。每次施主送斋饭来，怀海一揭开饭盒盖的时候，马大师就拈起一块烧饼，问大众："是什么？"每回都这样。就这样，怀海在马祖身边待了三年。有一天，众人都在外面劳作，突然一个和尚听到了鼓声，便扛起工具，大笑而归。百丈怀海感慨道："真是一个好释子！与观音菩萨听音入理有同工之妙！"百丈禅师回去后问那个和尚："你刚才明白了什么道理？"和尚说："刚才肚子正好饿了，一听到鼓声，我便赶紧回来吃饭。"百丈听后，哈哈大笑。

一日不作，一日不食：怀海禅师对禅宗的又一个巨大贡献就是订立了天下闻名的禅门清规（《百丈清规》）。他总是亲自实践、带头劳动，年老了也不停止在外劳作。据说百丈怀海禅师九十四岁时，还与弟子们一起劳动。有一次，弟子们把他的农具悄悄地藏起来了，想让他休息。百丈说：“我没有什么德行，怎么敢让别人养着我呢?”所以，当天他没有参加劳动，也没有吃饭。百丈怀海就这样告诫他的弟子们要“一日不作，一日不食。”这句话成为千古传颂的佳句名言。

野狐禅：百丈和尚每次说法的时候，都有一位老人常跟随大众听法，众人离开，老人亦离开。忽然有一天不离开，百丈禅师于是问：“面前站立的又是什么人?”老人云：“我不是人啊。在过去迦叶佛时代，我曾住持此山，因有位云游僧人问：大修行的人还会落入因果吗？我回答说：不落因果。就因为回答错了，使我被罚变成狐狸身而轮回五百世。现在请和尚代转一语，为我脱离野狐身。”于是问：“大修行的人还落因果吗?”百丈禅师：“不昧因果。”老人于言下大悟，作礼说：“我已脱离野狐身了，住在山后，请按和尚礼仪葬我。”百丈真的在后山洞穴中，找到野狐的尸体，便依礼火葬。

炉中灵火：一次，灵佑在百丈怀海身边，怀海问：“是谁?”灵佑答：“是我”。怀海说：“你拨拨看，炉子里有火么?”灵佑拨了拨炉子说：“没火”。百丈怀海亲自起来，在炉子深处拨出几粒火炭，夹起来对灵佑说：“瞧，这是什么?”灵佑当下大悟。

第六节　禅之观念

平常心是道：龙牙山居遁禅师参禅很久，但自觉收效不大。为了求得大彻大悟，明心见性，他决定去终南山翠微禅师处参禅。在终南山，他诚恳求教，但一月多来，始终未蒙翠微禅师召见开示。居遁忍无可忍，一天，他竟自走进法堂向翠微禅师问道："学僧来到禅师的座下参学已经好几个月，为何禅师不开示一法？"翠微禅师听了以后，反问道："嫌什么？"这一反问，使得居遁不得要领，只好告别，又往德山向宣鉴禅师学法。居遁在德山的遭遇并不比在终南山好，一连住了几个月，亦不得要领。有一天他鼓起勇气又向宣鉴禅师说："学人早就耳闻德山禅师，但是我来这里已好多时日，却得不到禅师的一句佛法。"德山禅师听了以后，也回答道："嫌什么？"居遁很吃惊，这二位禅师的所答竟不谋而合，可他依然不得要领，不得已，就转往洞山良价禅师处参学。一日，居遁找到机会，向洞山良价禅师问道："佛法紧要处，乞师一言。"洞山良价禅师告诉他道："等洞水逆流的时候再向你说。"意思是说：我们的无明烦恼像水流着，我们要想觉悟，要逆生死之流，不能随世俗之见，顺水而流。龙牙居遁禅师听了这一句话，终于大彻大悟了。世人用疑心参禅，用体会参禅，用问道参禅，终不及用平常心参禅。我们在世间的生活，全在颠倒矛盾妄想之中，如能明白洞水逆流，那就是平常心显现。所谓禅就是平常心。

无言之声：一天，有一位修行者专程来到山中拜访禅师，请教有关禅的事情。禅师却避而不答，反问他："你到这里之前，经过一个山谷吧？""是的，我曾经过一个山谷。""你可听到山谷的声音？""听到了"！"那么，从听到山谷声音的地方进去，就是通往禅门之路了。"在人类还没有发明文字之前，天地间早已运行着真理。文字只能做有形的表达，而无法使人深入地了解，只有亲身体验才能了解其真正的含义。只有了解原来的意思，再去接触语言文字，才能够真正理解。这就是禅门不立文字的真谛。如何亲身体验禅呢？那就是参悟。参就是参与，即进入角色。悟者觉也，左从心，右五口。哪五口？眼、耳、鼻、舌、身也。通过五口，与外界的交流与融合，再透过这个意门，从而达到心灵的觉醒。

柳绿花红：有位禅师，学禅归来告诉别人说："我已真正领悟到眼横鼻直的真理。所以，我空着手回来了。"众人听后，莫不捧腹大笑。可是笑声过后，他们又都觉得自己的笑声，竟是那样的空洞。这正验证了老子"下士闻道大笑之，不笑不足以为道"的名言。"眼横鼻直"这一事实，不经过一番深入修炼的人，是无法领悟其中的真谛。有些禅师，甚至还要经过"看山不是山，看水不是水"的境界，才能达到"看山还是山，看水还是水"。只是这山、这水与那山、那水有着本质的不同。苏轼的"柳绿花红真面目"。你看到的又是个什么样子呢?

不雨花犹落，无风絮自飞。秋天，有修行的弟子问禅师："槿花带露，桐叶舞秋风，如何从这些现象中了悟人生的真实?"禅师答道："不雨花犹落，无风絮自飞。"花落不因雨下，絮飞不因风吹。禅师要求我们向内审视自己，洞穿"花开自会落，人生必然死"的自然法则，而抱持着超越态度。努力为死，也努力为生。

山花开似锦，涧水湛如蓝：有人请教大龙禅师："有形的东西一定会消失，世上有永恒不变的真理吗?"大龙禅师回答："山花开似锦，涧水湛如蓝。"多么美妙的一幅山水画啊！"山花开似锦"——山上开的花呀，美得像锦缎似的，转眼即会凋谢，但仍不停地奔放绽开；"涧水湛如蓝"——溪流深处的水呀，映衬着蓝天的景色，溪面却静止不变。这一对句，隐喻着世界本身就是美的，稍不经意，就将流逝消失。生命的意义在于生的过程。在我们这个物质世界，有一个时间之箭，任何东西都受它的强烈影响。花开的本身，注定要凋落，山花却不因要凋谢而不蓬勃开放；清清的涧水不因其流动，而不映衬蓝天。时间之箭是单向的，我们这些有生命之物，都要把握住现在和今朝。

第八章 汉字中的婚姻文化

人类在原始时期过着群居生活，两性的结合毫无顾忌。到了母系氏族社会，人们只知有母不知有父，中国古代有很多关于伟人、名人之母的生育故事充分说明这一点：附宝感北斗而生黄帝，女登感神龙而生炎帝，姜嫄履大人迹而生后稷，简狄吞玄鸟之卵而生契。今四川与云南接壤的泸沽湖一带的纳西人仍过着母系社会的生活方式，男的实行走婚，家中舅舅地位较高。全世界都有洪水时代兄妹二人繁衍后代的故事，有人认为是兄妹婚的反映，我认为在我们现在的人类之前可能已经存在过一个文明高度发达的人类，他们在最后曾经历过一个洪水时代，导致绝大多数的“前人类”死亡，神话中的所谓兄妹结合其实就是两个不同的部落或集团，为繁衍人类而结合在一起。关于这一点，目前已有很多证据证明。

第一节 婚姻作为一种文化

婚姻本身是一种文化现象，是整体文化的一个组成部分。

婚字从女从昏，反映了原始公社时代掠夺婚的痕迹。《说文解字》：“婚，妇家也。礼娶妇以昏时。妇人，阴也，故曰婚。

从女从昏，昏亦声。”世界各地古代都有抢妻的习俗，至今巴西的森林部族人还对远方的村庄进行袭击，用强力把女子带回家中为妻。《周易》中多处有“匪寇婚媾”的句子，甲骨文中“娶”字字形像一只手举起大斧，对着一个屈膝的女子，表明娶妻是用战争和武力威逼的形式进行的，婚姻是黄昏时候成婚之意。“取”字在甲骨文中像以手抓取对方耳朵之形。“娶”，即将女子作为战利品带回家中。先秦以前的婚俗：“嫁女之家三夜不熄烛……娶妇之家三日不举乐”，“婚礼不贺”，主要是担心女方来夺人而保密，也是掠夺婚的遗迹。肯尼亚基库族的婚礼留有一些属于抢婚残余的习俗。在当地人中，婚礼举行的日期是不通知新娘的，而是采取抢的方法。接新娘的日期对新娘保密，新郎先是让自己的姐妹预先选中新娘，到时再和自己的兄弟们将新娘抢回家。新娘在这种情况下往往装出一副不愿意的样子，呼喊打闹，新娘家的人也装出一副和新郎家的人争夺新娘的样子。不过结果都是新郎如意将新娘抢回家。为表示不愿意离开父母，新娘在路上要哭声不断，直到进入洞房之后才不哭了。新娘虽然不哭了，但要大唱悲伤的歌曲，并且一直持续到第八天为止。在第八天新郎家要杀羊祈福，之后新娘择吉日回娘家。一路上，新娘由一个小姑娘用棍子牵着，新娘垂着泪默默地跟在后面，不能和路人说话，回到家后婚礼才告结束。

我国由原始群婚制向一夫一妻制过渡，大概完成于夏代。上古原始社会存在的婚姻方式主要有：血族婚、亚血族婚（族外婚，或“普那路亚”婚）、对偶婚、一夫一妻的个体婚。西周时从礼制和法律上规定一夫一妻制，但实际上只针对女子，有权和有钱的男子仍然过着一夫多妻的生活。

嫁字《说文解字》：“嫁，女适人也。从女家声。”《白虎通》：“嫁者，家也。妇人外成，以出适人为家。”“归”之繁体

“歸”从妇从止，段注云：“妇止者，妇止于是也。”《诗经·桃夭》：“之子于归，宜其室家。”归，女嫁也。今天仍然有人祝贺女子出嫁叫“于归之喜”。古代的婚姻是包办婚姻，即所谓“父母之命，媒妁之言”。《诗经·齐风·南山》：“取妻如之何？必告父母……取妻如之何？匪媒不得。”《诗经·郑风·将仲子》描写一个少女因为害怕父母的责骂而拒绝热恋中的小伙子来家中幽会：“将仲子兮，无逾我里！无折我树杞！岂敢爱之，畏我父母。仲可怀也，父母之言，亦可畏也。”（请仲子你不要翻墙进来，也不要弄断我的杞树；并不是我舍不得它们，而是害怕我的父母。你，我是会想念的，但父母的话也不能不听从）。另外一首《卫风·氓》：“送子涉淇，至于顿丘。匪我愆期，子无良媒。将子无怒，秋以为期。”（送你送到淇水外，人不停步到顿丘；不是我不守信用，而是你没有好的媒人。请你千万不要发脾气，秋天我就嫁给你）可见没有媒人在当时是不行的，但是有所松动，只要双方确实相互喜欢，也可私订终身。“媒”字，现在是媒介之意，古代是谋划的意思，即通过谋合而使女方父母同意让这桩婚事成功，故从女从某。“妁”也有谋的意思，又有“酌”的意思。“媒妁”的职责就是对婚姻的双方进行说合、斟酌，促其成功。西周还专设“媒氏”的机构和官员来进行管理，但到春秋战国时期民间也有青年男女自由恋爱的。《诗经》中就描写过很多热恋的场面。如“静女其姝，俟我于城隅。爱而不见，搔首踟躇”（靓妞长得很漂亮，悄悄等我于城墙。突然不见她身影，抓破脑袋很惆怅）。周代实行娉娶婚，主要有六礼：纳采、问名、纳吉、纳征、请期、亲迎。纳采，就是男家向女方送点小礼物（一只“雁”即古代的鹅），表示求婚之意；问名就是男家问清楚女子的姓名、八字等，以便回家占卜吉凶；纳吉就是在祖庙卜得吉兆以后到女家报喜。在问名纳吉时也要送礼，一般是一只鹅，有时也送其他礼物，如首饰衣物等，俗称“过小礼”。纳征就是男方用束帛、俪皮等物为女方聘礼，这就等于宣告订婚，所以要送较重的聘礼。第五是请期，就是男方派专人赴女家告知举行婚礼的日期。请期也用鹅，以及其他礼物相送。第六是亲迎，是最隆重的礼节，要男方具车马礼品，由新郎到女方家中亲自迎娶。亲迎后还要“共牢而食，合卺而醑”，即同吃鼎中所煮的小猪肉，同用一瓢舀酒来漱口，喻夫妻同舟共济，同甘共苦。合卺（音 jǐn）可以说就是早期交杯酒的名称，正因为它在婚礼中是个具有象征意义的标志，所以后来人们便把“合卺”一词作为婚姻的代称。今四川大邑县在刘文彩地主庄园的旁边把原刘文辉的新公馆辟为“川西民俗博物馆”，其中就通过塑像生动地展示了这六个过程。

古代婚姻就其本质来讲，其买卖性质甚浓，古籍中说“伏羲制嫁娶，以俪皮为礼”，远古已有交换之嫌。《礼记·曲礼》：“女子许嫁，缨。”男方交钱以后，婚姻就算定下，女子头上就得戴上缨，直到迎亲时由新郎取下。缨，有人认为是表明卖出的东西未提货之标记；人们以孥称妻，而孥正是货币财物之意。正是这个“缨”后来演变为一种婚仪。它是一种丝绳，女子许配他人后，便用来束发，以此表示她有对象，直到成婚时才由新郎亲手从她的头发上解下。《仪礼·士昏礼》说“主人（婿）入，亲脱妇缨”。可见，缨确是夫妻关系的信物。汉唐诗歌中，有“与君初婚时，结发恩义重”（曹植《种葛篇》）、“结发为君妻，席不暖君床”（杜甫《新婚别》）之类的诗句，说的就是这种结发婚仪。唐代中后期，结发变成新婚男女各剪下一绺头发，绾在一起作为信物。唐代女子晁采与情人私订终身，还写了一首《子夜歌》：“侬既剪云鬟，郎亦分丝发。觅向无人处，绾作同心结。”其中的剪发、绾发的细节，就是“合髻”仪式。

第二节　古代婚姻方式

先秦时期除娉娶婚、买卖婚、掠夺婚外，还有交换婚、收继婚等。所谓交换婚，是指两家互相以其女儿交换婚配，在西周和春秋时期常见，如西周王族姬姓和周初功臣吕尚之后姜姓世为婚姻，秦晋两国之间也世代为婚（成语有“秦晋之好”表联姻）。直到解放以前还有交换婚，但系贫穷落后之地害怕娶不到媳妇的无奈之举。

收继婚是兄弟亡故而以其寡妻为己妻，或父亡后儿子将庶母纳为妻妾。这在后世被认为是大逆不道的乱伦行为（犯则处极刑），先秦则时有所见，没有受到谴责。在匈奴中较多，如王昭君就是被收继。典型的例子是俺答（蒙古首领）娶外孙女哈屯（三娘子），死后其子黄台吉收继，是舅父娶外甥女；黄死，又被其子扯力克收继，是舅表兄妹婚。到了近代，中国甘肃、四川、云南仍然有保留①。

关于婚龄和婚时：周礼“令男三十而娶，女二十而嫁”。后到春秋战国时代，婚龄下易，男子20岁、女子15~17岁就可以结婚。为什么？主要是因为某些诸侯为了富国强兵或对外征战，如越王勾践强令女子年满17岁必嫁，男子年满20岁必娶，否则治其父母罪。齐桓公下令男子年满20岁必娶、女子年满15岁必嫁。《周礼》：“中春之月，令会男女，于是时也，奔者不禁。若无故不用令者，罚之。”《荀子》：“霜降逆女，冰泮杀止。”说明人们在每年的深秋以后陆续举行婚礼，到第二年的初春才告结束。我国目前的婚龄是22（男子）和20岁（女子），高于全

---

① 参见徐珂《清稗类钞·婚姻》，中华书局，2010.

世界平均婚龄，因此在 2017 年 3 月份召开的两代会上，有代表提出要降低婚龄，男子 20，女子 18。

妇女的地位：夫妻之称有匹偶、妃偶、合偶、配偶、颃俪……都有相同、平等之意，故《说文》：“妻，与己齐也。”用的是声训。《释名》：“夫妻，匹敌之意也。”尽管有相敬如宾者、举案齐眉者，但男女是不平等的。如“奴”字，左为女，右为“又”（即手），用右手捉女人。在原始社会后期，人们把战争中捉来的男俘杀掉，而把女俘留下从事家务劳动和生育，因此女人是最早的奴隶。妾，从辛从女，辛是刑刀，加之于女子，故妾之本意是有罪女子，即女奴。在封建社会，妇女属于男人的附属物（三纲五常）。《诗经・小雅・斯干》：“乃生男子，载寝之床。载衣之裳，载弄之璋。其泣喤喤。朱芾斯黄，室家君王。乃生女子，载寝之地。载衣之裼，载弄之瓦。无非无仪，唯酒食是议，无父母诒罹。”这生男生女真是有天壤之别！西汉时一伙盗墓者在挖掘一座古墓时发现由于墓室覆盖着一丈多厚的石垩和一尺多深云母，尸体保存完好，或卧或坐，衣服形色，不异生人。100 多具尸体中只有一个是男子，其余全为女子。据考证这是周幽王的坟墓，100 多女子全是其生殉的妃妾。从中国历史上看，三代以至秦汉唐宋元明清，历朝历代都有妇女殉葬，尤其是帝王的嫔妃殉葬的悲剧发生。前面（第三章“汉字与法律”）提到过的明成祖 1424 年：“帝崩，宫人殉葬者三十余人。当死之日，皆饷之于庭，饷辍（xiǎng chuō，意为停止吃饭），俱引升堂，哭声震殿阁。堂上置小木床，使立其上，挂绳围于其上，以头纳其中，遂去其床，皆雉颈而死。”其中有个朝鲜选献的韩妃，临终时对守候在身边的乳母金黑连呼：“娘，吾去！娘，吾去！”话音未落，便被太监踢开木床，一命呜呼，真是惨绝人寰！

秦汉以后，婚姻方式发生变化：选婚、罚婚等。帝王采用选婚的方式，每年八月派人到各地挑选 13 ~23 岁的美女（从汉开始）。罚婚，起于西汉，将罪犯之妻女配给守卒和其他人。同居，汉武帝的姑母馆陶夫人丈夫死后，与侍者董偃公开同居，得以承认。又如卓文君与司马相如的私奔。割襟婚，即儿女年幼时就订婚，发端于西汉。如汉武帝“金屋藏娇”，系其姑母之女。汉代还出现指腹婚，即娘胎中就订婚。从刘秀开始，流行甚广。服役婚，男子于婚前或婚后，须在妻子的娘家服劳役一两年，盛行于汉代乌桓等少数民族。汉代婚龄大大提前，甚至规定女子 15 岁还不嫁人交纳的人口税就增加 5 倍。汉代开始与少数民族间的通婚较多，如和亲。门当户对的观念形成于南北朝，望族如王谢。这时婚姻中出现丑恶的现象：宦官娶妻，两汉时外戚和宦官当权，娶妻纳妾，如桓帝时的宦官头子侯览妻妾成群，坑害妇女。

冥婚，古人认为孩子在世没有享受婚姻的快乐是不幸的，曹操之子曹冲 13 岁死，曹家欲与邴原（后为甄家）亡女结为冥中夫妇，这是两千年前的事情，但是，21 世纪的中国仍然有冥婚现象，主要发生在山西、河南、陕西北部等地。

男宠，如汉武之韩嫣和李延年，哀帝之董贤等，后来发展为面首，即一妻多夫，如刘宋山阴公主有 30 个面首。这一时期妇女社交、择偶较为自由，寡妇也可再嫁。

隋唐时期。《枕中记》《樱桃青衣》等文言小说中均有娶名门之女（崔、李、卢、郭、王五大姓）的故事。但此时有以下禁忌：同姓不婚（恢复）；同母异父兄弟姊妹不婚；宗妻不婚；官民不婚。唐代是娼妓盛行的时代，分宫妓和官妓。部分女尼和女冠，也是娼妓，如当时有名的鱼玄机和李秀兰就是著名的女道士和著名的女诗人，也是著名的娼妓。唐代的娼妓，大多能解诗、诵诗、作诗，如成都的名妓薛涛。因此，唐人的作品中有不少妓女和文人相爱的故事，有些还相当感人，如《霍小玉传》《李娃传》等。宋代以后，男女更不平等，突出的是不准寡妇再嫁，甚至死了未婚夫的姑娘也不能嫁（过门守贞），更为残忍。宋以后，理学家一面鼓吹从一而终，存天理，灭人欲，一面主张多妻制（在兼祧之下）和“不孝有三，无后为大”，故宋元明清一夫多妻很普遍。

典妻和童养媳制也出自这一时期。旧中国农村中最普遍的情况是童养媳，这是贫穷农民解决成家难的一条途径。男家用低价把小女孩买来，“妻子背着丈夫洗尿布”是常见的现象。据费孝通新中国成立前在太湖以南地区调查，童养媳占已婚妇女的17%，未婚妇女的39%。收童养媳，一是为增加劳力，二是可以减轻一笔娶妇费用。清代闽、粤盛行童养媳风俗，黄遵宪诗：

嫁郎已嫁十三年，今日梳头侬自怜。
记得初来同食乳，同在阿婆怀里眠。

童养媳大多是大妇小夫。清代安庆民歌：

十八大姐周岁郎，高矮个子一般长。
白天喂吃又喂喝，晚上帮他脱衣裳。
来尿糊屎我伺候，说是老婆像他娘。

在更加偏远的地方，还存在各种变态婚姻，有二三人共娶一个妻子的家庭，有租妻、典妻的家庭，买卖婚盛行，甚至还有抢劫婚遗风。

第三节　关于姑表婚

在原始婚姻制度中，有一种常见的婚姻形式，就是原始族外婚中的固定族群间互婚，汉字中的“姑”、“舅”等字中可以看出此遗留。此二字一名三用：姑指父亲的姊妹，又是媳妇对婆婆的称呼，如《尔雅》“妇称夫之母曰姑”；也是女婿对丈母娘的称呼。“舅”字亦然，除指母亲的兄弟外，又是媳妇对公公的称呼，也是女婿对老丈人的称呼。在原始婚姻制度中这种固定的氏族互婚就造成了互为亲属、互为姑舅的姑表婚，使得一名三意。这种习俗一直沿用到新中国成立前，甚至新中国成立以后还有地方存在这种婚配方式，反映了国人亲上加亲的思想，但是不符合科学，现在的婚姻法明确规定，三代以内不准通婚。

中国历史上的姑表婚非常普遍，例如汉武帝的皇后陈阿娇就是他姑妈的女儿。其实，不仅汉族，中国的少数民族也有姑表婚。纳西族人称氏族为“尔”，传说他们早期只有六个尔，每两尔为一组，如“西与胡”、牙与峨、布与搓，互为半边，彼此通婚，组成一个原始部落。这种两族同辈男女世代互婚的婚姻形式只需延续两代，就会导致姑为婆、舅为公或姑为岳母、舅为岳父的亲属关系。过去佤族认为姑表婚才是最好的婚姻，舅父家有优先选择权。在婚姻问题上，舅父权还高于父母权。新中国成立前，佤族还有转房现象，如：大哥去世了，小弟可以继娶嫂子为妻，反过来，若大姐去世，小妹也可以再嫁给姐夫。

第四节　关于离婚

关于离婚，古叫休妻或出妻。《大戴礼》：“妇有七去（出）：不顺父母，去；无子，去。淫，去。妒，去。有恶疾，去。多言，去。窃盗，去。”这七条离婚原因，鲜明地呈现出宗法社会的特征，与夫妻感情是否破裂毫无关系。退而论之，公婆对媳妇的态度也远远压倒丈夫对妻子的情感。“子甚善其妻，父母不悦，出。”婚姻的扭曲拆散了多少情侣，制造了多少历史悲剧，如陆游与唐婉，有《钗头凤》一词为证（上为陆游原词，横线为唐婉回应之词）。

红酥手，黄縢酒，满城春色宫墙柳。
东风恶，欢情薄。一怀愁绪，几年离索。
错！错！错！
春如旧，人空瘦，泪痕红浥鲛绡透。
桃花落，闲池阁，山盟虽在，锦书难托。
莫！莫！莫！

世情薄，人情恶，雨送黄昏花易落。
晓风干，泪痕残。欲笺心事，独语斜阑。
难！难！难！
人成各，今非昨，病魂常似秋千索。
角声寒，夜阑珊。怕人寻问，咽泪装欢。
瞒！瞒！瞒！

在旧社会，妻子虽犯“七出”，但丈夫有“三不去”：妻子曾为公婆居丧三年者、丈夫结婚时贫贱后来富贵者、妻子的父母均过世无娘家可归者。离婚在古代经历了由易而难的过程，先秦视离婚为平常，如孔子家族几代均有，曾子因妻子做饭夹生而出妻。汉代秀才朱买臣家贫，其妻不堪，请求离婚。官府教训无效，对其薄惩后准其离婚；到隋唐时虽少，但尚能准许。程朱以后，从一而终，就很难离婚了。寡妇在隋唐以前可改嫁，如孔子的儿子伯鱼死了，伯鱼的妻子虽生有子思，仍然改嫁了。西汉陈平的邻居张氏女，先后结婚五次，每次婚后不久丈夫即去世，陈娶为妻。隋唐是离婚问题争论的高峰期，有主张改嫁，有主张守志。唐代诗人张籍《节妇吟》：“还君明珠双泪垂，恨不相逢未嫁时。”充分说明当时的离婚较为艰难。程颐因“饿死事小，失节事大”而成千古罪人。明太祖规定民妇30岁以前，夫亡守志，50岁以后不改节者旌表里闾，免除本家差役。于是寡妇家族为利所诱，不准寡妇再嫁，甚至冒填寡妇年龄。有些寡妇不愿再嫁，但前夫之族人为争财产，或夺幼子，千方百计逼其出嫁。

夫为妇纲：封建礼教抽去了妻子的全部独立性，将她变成丈夫的附属物，甚至成为丈夫利益的牺牲品。吴起，在鲁国时，正遇鲁国与齐国发生战争，鲁国想拜他为将，可考虑到他的妻子是齐国人，犹豫再三。他知道后，为表心迹立即杀了妻子。晋朝的巨富石崇宴请客人时叫侍妾劝客人喝酒，客人如不喝就杀侍妾。一次丞相王导和大将军王敦到石家宴饮，王导不会喝酒，但不忍见其杀妾喝得大醉；王敦却一口不喝，石崇连杀三个侍妾。王导忍不住拉了拉王敦，王敦说：“他杀他自己家人，关你什么事?”至于选入宫中的女子就更惨，帝王死了要陪葬，活着也很难见君王一面，大多郁郁寡欢而死。封建社会也有婚姻佳话，如晏子婉谢齐景公为爱女的提亲，宋弘婉谢东汉光武帝刘秀为其姐姐湖阳公主的提亲。汉代梁鸿、孟光搬入深山，男耕女织，夫妻恩爱。但举案齐眉的成语也说明女性屈居其下。东汉赵宣，父母死后，为表孝道，在墓中守孝20多年，名扬全国，举为孝廉，但隐瞒墓中生5个孩子的事实，后经太守揭发而成为假孝子的典型。

中国古代的禁欲主义：《礼记》男女授受不亲，魏晋名士就有斗争和反抗。性欲的禁忌一直是中国的千古话题，连男女间肌肤的接触都不行。元代有妇人马氏，其乳房生病极其痛苦，但拒不求医而死；《明史》记一个叫王妙凤的女子，手臂被男子碰了一下，认为是奇耻大辱，用刀将手臂剁下，以保身心的纯洁。更有甚者，有人发明了贞洁带，它是中世纪妇女的生理和精神枷锁，是男尊女卑思想的丑陋象征。

对妻子父母的称呼：前面已说到舅、姑的称呼问题，其实汉代以后仍有将妻父称为舅的，如汉末董承是汉献帝（刘协）的妻父，《三国志》称他为“献帝舅”。南朝宋裴松之注云：“董承于献帝为丈人。盖古无丈人之名，故谓之舅也。”这说明至东汉末，书面语言中仍可把妻父称作舅；但在南北朝时“丈人”已成为妻父的专称了。在先秦，“丈人”是对老年人的尊称。《论语》：“子路从而后，遇丈人以杖荷蓧。”这里“丈人”指老汉。汉代王充《论衡》：“名男子为丈夫，遵公妪为丈人。”称妻父名为丈人、丈母，始自南北朝。唐以后，人们把妻父称作“泰山”，始于《酉阳杂俎》，说唐玄宗于726年到泰山封禅（帝王在泰山祭拜天地的大典），丞相张说担任封禅使，顺便把他的女婿郑镒也带去了。按旧例，随皇帝参加封禅后，丞相以下的官员可以升一级。郑本是九品官，张利用职权，一下子升女婿为五品。唐代八九品官穿浅青色或青色官服，五品穿浅绯色官服。唐玄宗在宴会上见郑之服突换颜色，便去问他。郑支支吾吾，不好回答。玄宗身边宫廷艺人黄旛绰擅长讥讽，说：“此泰山之力也。”于是后人将妻父称为“泰山”。

关于事实婚姻：著名哲学家萨特（《存在与虚无》）与伏洛娃（《第二性》的作者）是巴黎高等师范专科学校高才生，一辈子恩恩爱爱在一起生活，但终身未婚。他们不愿受形式上的约束，而通过心灵来沟通……关于试婚的问题，在传统的观点看来是不应该的，至少是不道德的。但是随着社会的进步和发展，一般人也采取赞成的态度，因为婚姻是一辈子的事，是两人从生理到心理的融合，为避免今后不必要的麻烦，可以通过试婚来解决。1997年，日本当代著名作家渡边淳一（又一个弃医从文的作家）出版了《失乐园》这部小说，他在书中反映这样的观点：肉体交往在人与人之间的影响最大。他的作品不写年轻人的爱，而都是成年男女之间的爱。他所认为的最高境界、最美妙的爱在《失乐园》中可以找到。同学们出去以后除工作之外，首要的事情就是爱情和婚姻。我想我们应该注意几点：一是在恋爱阶段一定要慎重，既不能这山望着那山高，脚踏两只船，也不要匆忙决定，遗憾终身；二是不要追求金钱婚姻或畸形婚姻，不要拿青春和婚姻来赌博。三是在恋爱中，据我们的统计分析，性格相同型比互补型的离婚率要低，因此要尽可能找与自己性格相投或接近的人作恋爱对象，尽量不找性格互补型。

第九章
汉字中的饮食文化

第一节　有关吃的语言

国人也许是由于长期的物质匮乏，数千年来都非常重视吃，用吃来表达各种思想行为现象的语汇简直太丰富了，含义又极其广泛复杂，几乎什么都可以带吃字来表达。譬如，把从事什么职业说成吃什么饭，从政的叫吃政治饭、吃官饭，做生意叫吃算盘子饭，文人叫吃笔杆子饭，教师叫吃粉笔灰。没有正当职业的人，靠女人为生的叫吃软饭。卖弄口舌的叫吃嘴巴皮子饭。彼此招呼，不说“你好、再见”，而是“（你）吃饭（了）没有?”当然现在城市中见面这样打招呼的人已经越来越少了，而在农村中，经历过“文化大革命”的人们仍然经常这样相互招呼。20世纪90年代，有个县长给我说，他有一次在厕所，一个部下招呼他，问“县长，你吃饭没有”？他很不高兴，但又没有办法。

情况紧急叫“吃紧”（《三毛从军记》中形容国民党抗战“前方吃紧，后方紧吃”），受了惊吓叫“吃惊”，经受困难叫“吃苦”，力不从心叫“吃力”，受了损失叫“吃亏”，占便宜叫“吃甜头”。打耳光叫“吃巴掌”，被诉讼叫“吃官司”，枪毙叫

“吃花生米”。成批购进叫“吃进”，赌博全赢叫“通吃”。还有表示各种含义的词语、成语，如“靠山吃山、靠水吃水，管什么吃什么，吃软不吃硬，癞蛤蟆想吃天鹅肉，吃里爬外，吃着碗里、看着锅里，好看不好吃，吃不了兜着走”等等，简直不胜枚举。后来，又陆续出现了“吃老本、吃大锅饭、分灶吃饭、吃透精神、吃不准”一类带政治性的新语汇。连找不到人也叫“吃闭门羹”（详后）。除了直接带吃字说的，还有间接带吃字说的，像在吃的过程中各种味觉感受甜酸苦辣，就广泛用来形容各种的事物，如“甜蜜的事业、甜美的声音、辛酸的回忆、寒酸的样子、艰苦的工作、痛苦的经历、毒辣的手段、泼辣的性格”等等。特别有意思的是，爱和恨这两种极端的感情，都可以用吃来表示。女子漂亮招人喜爱，说是“秀色可餐”，对憎恶的仇人，则要“食肉寝皮”。很多人经常打着“民以食为天”的旗号大饱口福、大快朵颐。

第二节　古代饮食

饮食也是一种文化，因为人的饮食与动物有明显的区别，人类有丰富的食物和文明的饮食习惯，是一种影响精神的文化活动。人类的饮食习惯经历了两大阶段：自然饮食状态和调制饮食状态。最初，人类和动物一样，在大自然中寻找可吃的动物和植物，与猴子一样尚未脱离一般的动物状态，正如《礼记》上说：“未有火化，食草木之实、鸟兽之肉，饮其血、茹其毛。”后来，火的发明和使用使人类的饮食由生食进入熟食阶段，人们尝到了比茹毛饮血的生食更好的美味。我想，也许是某一天，森林中因为雷击等自然原因引起了大火，我们的原始先民吃了大火烧熟的动物肉，觉得很香，咬起来也不费劲，于是开始了熟食生活。后来，在实践中人们进一步创造并发展了饮食的调制法。我们古代三皇，第一个就是燧人氏，他教人们钻木取火，从此熟食，进入石烹时代。火的使用可以说使我们人类脱离了动物层。

上古时期的主要烹调方法有：①炮：即钻火使果肉而燔之；②煲：用泥裹后烧；③用石臼盛水、食，用烧红的石子烫熟食物；④焙炒：把石片烧热，再把植物种子放在上面炒。后来我们有了三皇之二的伏羲时代，这是一个游牧时代，在饮食上，结网罟以教佃渔，养牺牲以充庖厨。接下来我们人类进入农耕社会，三皇之三神农氏“耕而陶”，是中国农业的开创者，尝百草，开创古医药学，发明耒耜（是最早的农具），教民稼穑。陶具的发明使人们第一次拥有了炊具和容器，为制作发酵性食品提供了可能，如酒、醢、醯（醋）、酪、酢、醴等。鼎是最早的炊具之一，有爪（因为当时没灶）；还有鬲，其爪是空心的；鬶用来煮酒的（鬶，音 guī，古代陶制炊具，嘴像鸟喙，有把柄和三个空心的短足）。

关于上古食器：食器的发展是随着生产工具和生产力的发展而发展的。根据出土文物看，最早的食器是陶器。之后，有铜器和铁器，以后又发明了瓷器。其中，商周时代的青铜食器和宋明时代的瓷制食器，是我国古代食器中的精品。商周时主要有鼎：兼有炊具和飨具的性质。作为炊具，用来煮牲肉。当时的肉食不像现在这样切成小块，而只将一头牲口分解为两大块或六七块，也有不解体而煮全牲的，故鼎的形体都很大，一般是圆形、大腹，也有长方形的，它们都有耳、盖和足。耳可以穿进杠子，以便抬举。这种煮肉的大鼎称为镬鼎。另外还有两种鼎，正鼎（升鼎）和羞鼎（陪鼎）。肉煮熟后从镬中取出放到正鼎中，羞鼎盛放佐料和肉汤。成语有：“一言九鼎”、“问鼎中原”。项羽力能举鼎。王勃“钟鸣鼎食之家。”

鬲：是用来煮粥的，形状与鼎相似，但足是空的，与腹相通，目的是增加受火面积，加快米熟的速度。甑：蒸饭炊具，类似今天的蒸笼，底部有空以通蒸气。鬲和甑配套使用，甑与釜（用以盛水、烧水）也常配套使用，古书中釜甑常连在一起，如《孟子》：许子以釜甑炊，以铁耕乎？簋（音 guǐ）：形状很像今天的一个大碗，但两边有耳，底部有圈足的底座，或有高足，有的还有盖，用以盛饭。（北京东直门有条簋街，2004 年已经拆迁，是人们进行宵夜、交际等夜间消费的场所）。古人吃饭，先将饭从甑中取出盛入簋中再食用。古代盛主食的食器除簋外，还有敦盂豆等。敦有盖，合起来形状如西瓜；豆的篆文很像现代的高脚杯，除盛主食外，常用来盛菹（酱菜）、醢（音 hǎi，肉酱）。古代贵族举行祭祀、宴会之类的活动，酒是必需品。在每年的三个重要节日（春社祈谷，秋社报功，腊日年终祭祀）要集会欢庆、饮酒称贺。故古代酒器很多、很重要。商周时代的酒器有尊、壶、卣（音 yǒu）、彝、罍（音 léi）、缶（音 fǒu）（以上盛酒器）、爵、斛（音 hú）、觚（音 gū）、觥（音 gōng）（以上饮酒器）等。尊既是一种酒器，又是酒器的总称，凡酒器都可叫尊，后人更把尊作为酒席的代称，如“花间尊前，吟诗作词”。古人又常把尊和彝连称，并作为礼器的统称（清代著名学者朱彝尊之名就是把这两种酒器连用）。孔子看到不合乎制作规格的斛就发出感叹：“斛不斛，斛哉，斛哉（斛都不像斛了，斛啊，斛啊）！”

主食：古籍中关于粮食作物记载很多。有所谓五谷、六谷、九谷的说法，其品种历来众说不一，其实都是粮食作物的统称。我国自周代进入农业社会后，就以粮食作物为主食，统称五谷或六谷，即菰（音 gū，又写作苽）、黍、稷、粱、麦、稌。稷

（音 jì）就是今天的小米，能耐干旱、适应力强，中原地区最为普遍。古代稷为百谷之长，周人把自己的祖先称为后稷（谷神），后来人们又把社稷代表国家，社为土神，稷为谷神。《白虎通》："人非土不立，非谷不食……故对土立社示有土尊；稷，五谷之长，故立稷而祭之也。"社稷连用，是自古帝王祭祀的土神和谷神。《白虎通·社稷》："王者所以有社稷何？为天下求福报功，人非土不立，非谷不食。土地广博，不可遍敬也；五谷众多，不可一一祭也。故封土立社，示有土也；稷，五谷之长，故立稷而祭之也。"古代君王建国必先立社稷，故自古以"社稷"代表国家。黍，甲骨文像禾类带穗农作物之形。《说文·黍部》说它是"禾属而粘者"，就是现代北方的"黍子"，籽粒像小米而略大，色黄，故又叫"大黄米"，见于《诗经》。性粘，古人常用来酿酒，所以又有以"禾入水"解释字形者。黍的产量不如稷，主要用来酿酒，也可以做饭，有黏性，比稷好吃，在古代是比较高级的饭食。《论语·微子》记载子路遇见隐者，隐者"杀鸡为黍而食之"，杀鸡配黍米饭，应该是规格很高的招待。麦子在古代没有黍稷重要。麦，甲骨文像麦子带芒刺之形。篆文麦就是"麳"字，今简化作"来"。《说文·来部》："来，周所受瑞麦来麰，一来二缝（锋），象芒（刺）之形。天所来也，故为行来之来。《诗》曰：诒（贻）我来麰。"粱是稷的良种，尤其是黄粱，更是粱中之上品。稌（音 tú），就是水稻，产于南方。稻，甲金文左边从"米"，与从"禾"义通；右边从"爪"从"臼"，表示稻舂成米在臼中，上从爪所以取之。《说文·禾部》："稻，稌也。从禾舀声。""稻"字出现在甲骨文中，说明华夏民族很早就已经掌握了水稻种植技术，也说明了黄河流域殷商时期的气候条件比较温暖，适合水稻的生长。它在中原地区的种植要晚于上述几种，大约开始于商周，至少在周代是有水稻的，《诗经·周颂·丰年》第一句就是“丰年多黍多稌”。菰（音gū）俗称茭白，其果实称菰米，又称雕胡，古人也作为粮食。其米白而滑腻，做饭香脆。在周代，还有不少杂粮。如大豆，诗经中有《采菽》之章。《说文解字》：“菽，豆也。象豆生之形也。”菽是古代较差的食物。《荀子》：“君子啜菽饮水。”到两汉，粮食品种扩大，另有荞麦、青稞、糜子、高粱和多种豆类。

在古代，用各种粮食做成的主食花样并不多。在古文献中，经常提到糇粮，也叫糗，即干粮，就是炒熟的谷物，或是炒熟谷物碾成的粉，它便于保存，便于携带，故远行之人都带它。古代的饼不是烙的，而是放在水里煮的，所以叫汤饼。据传诸葛亮讨伐西南时，见到当地人用人头祭祀，他就改成用馒头来代替，说明汉代已有馒头。（但包子却是到宋代才非常普遍）魏晋以后，饼的花样更多，除汤饼、馒头之外，还有炉饼。这种饼外面撒上芝麻，放在火炉里烤，烤熟后又香又脆又酥。以后，又由炉饼发展出油炸饼、春饼、月饼、桂花饼等。此外，汤饼经过改进和发展，又出现了馄饨和饺子，南北朝时很普遍。在六朝以前，点心的花色较少，到唐宋时就很多了。宋人吴自牧《梦粱录》中说：“市食点心，四时皆有，任便索唤，不误主顾。”此书记载杭州点心就有八十多种。

菜肴：大致有五类。

一是肉类。周代有六牲：牛羊豕犬雁鱼。牛是农业生产的重要工具，故只在祭祀时才杀，平时不轻易吃，连诸侯也如此。羊和豕是比较普通的肉类，其小者味道鲜美（分别叫羔和豚）。《论语》：“阳货欲见孔子，孔子不见，归孔子豚。”《世说新语》上讲晋武帝到王武子家吃蒸小猪，特别鲜美，因小猪是用人乳喂养的。在古代，狗不能用于祭祀，但人们爱吃，连上层人物也不例外。《晏子春秋》：齐景公的看门狗死了，他“趣（促）庖治狗，以会朝属”，用狗肉请客。食狗者多，屠狗就成职业（狗屠），如荆轲“至燕，爱燕之狗屠及善筑者高渐离”。刺客聂政“家贫，客游以为狗屠”。樊哙早年也“以屠狗为事”。古人的雁，并非今之大雁，而是今天的鹅。在古代，人们以雁作为聘问、婚嫁时的聘礼。古代婚姻六礼中，除纳征不用雁外，其余五礼都用雁作为聘礼。雁也是招待贵客的佳肴，《庄子·山木》：“舍于故人之家，故人喜，命竖子杀雁而烹之。”鱼也是六牲之一，品种较多，以鲂鱼、鲤鱼等几种鱼较为贵重。

二是蔬菜。在先秦，野生者多，家种者少，品种不多，《诗经》中有记载的十多种。如“采葑采菲，无以下体”，葑即今之大头菜，菲即今之萝卜。“采薇”，薇就是豌豆苗，菜之上品。到两汉时，培植了很多新品种，如菠菜、蕹菜、茄子、黄瓜等，甚至还培植了番茄这样的浆果蔬菜。近年在成都凤凰山汉墓中的种子经过培植，居然还能萌芽，确是番茄。另外，当时还从西域引进新品种如洋葱、蚕豆、大蒜等。蔬菜自上古时代便已成为人类的食物。《诗经》里提到的 132 种植物，其中作为蔬菜的就有 20 余种，随着时代变迁，其中部分品种已退出蔬菜领域，成为野生植物，如荇、苕、苞之类。战国及秦汉时期，我国人民食用的主要蔬菜有 5 种。葵，称为“百菜之主”，现在有的地方称冬寒葵或冬寒菜，植物分类学上称冬葵，因口感及营养欠佳，唐以后种植渐少，明代已很少种它，并不再当蔬菜看待。藿，也是先秦时的主要蔬菜，它是大豆苗的嫩叶，如今极少拿来当菜吃了。韭、葱、蒜是现在常用来调味的蔬菜，在古代蔬菜中独成一属。《汉书·召信臣传》中记载太宫园在温室生产葱、韭的情况，并把这样培育出来的韭菜叫“韭黄”。此外，还有萝卜、蔓青等根菜类，现时萝卜的许多优良品种在秦汉时便已培育出来。蔓青早在《吕氏春秋·本味篇》中就有“菜之美者”的盛誉，古时蔓青还可以顶粮食之用。现在常见的蔬菜如茄子、黄瓜、菠菜、扁豆、刀豆等都是在魏晋至唐宋时期陆续从国外引进来的。茄子，原产于印度和泰国。黄瓜原产于印度，传入我国时比茄子晚些，初名叫胡瓜，现在有的地方还保留这种叫法。菠菜是唐代贞观年间由尼波罗国（今尼泊尔）传入的，最初叫波棱菜，后简称菠菜。扁豆原产于爪哇，南北朝时传入我国。刀豆原产于印度，唐代传入我国。宋代以来，我国蔬菜的种植和食用就更加广泛了。除了从国外引进外，我国古代劳动人民还自行培育出一些极为重要的蔬菜品种，如菱白和白菜等，种植蔬菜的技术也有进步。苏东坡有诗云：“渐觉东风料峭寒，青蒿黄韭试春盘。”可见，当时民间也可以在春天吃到新鲜的蔬菜了。到元、明、清以来，又陆续有一些品种加入我国菜谱中来。胡萝卜原产于北欧，元代由波斯传入。辣椒和西红柿的传入时间还要晚些。西红柿虽由欧洲传入我国，但它的祖居地却是南美洲的秘鲁。西红柿原名叫狼桃，秘鲁土著人刚发现它时，以为它有毒，还不敢吃呢。进入清代末期，我国现有传统蔬菜品种基本上都出现了。

三是瓜果。先秦较多，如梅、杏、桃、李、梨、栗、橘、柚、榛等。两汉时从南方引进香蕉、椰子、龙眼等珍品以及从西域引进西瓜、葡萄、石榴等水果。西瓜原产非洲，埃及栽培西瓜已有五六千年的历史。过去，有人引宋人欧阳修《新五代史·四夷附录》中说五代同州郃阳县令胡峤入契丹“始食西瓜”，“契丹破回纥得此种，以牛粪覆棚而种，大如中国冬瓜而味甘”，“周广顺三年（953）……峤归”，而断定西瓜是五代时由西域传入中国。马执斌先生根据文物考证西瓜是汉朝时通过海上丝绸之路传入中国。

四是油脂。先秦时品种多，但都是动物脂肪。《周礼》上说供应天子的肉食一年四季都不相同，用以烹调肉食的油脂也是不同的。春天供应天子吃小羊和小猪，应该用牛油烹调；夏天吃干鱼和风干的雉鸡，用狗油烹调；秋天吃小牛和小麋鹿，用猪油烹调；冬天吃鲜鱼和鹅，用羊油烹调。到汉代，开始使用大豆油、菜油和芝麻油，从而促进了烹调水平的提高。

五是调味品。先秦人们已很讲究调味品的搭配，据《周礼》：春天时多加一分酸味；夏天时多加一分苦味；秋天多加一分辣味；冬天多加一分咸味。商周时调味品已很丰富。《尚书》“若作和羹，尔维盐梅”，说明最迟在商代已学会制盐；梅是商代作为酸味的调味品，但到周代，人们已懂得用醋作为酸的调味品了。周人特别喜欢吃醋，天子用餐有60种醋制食品；辣味的调制品主要是辣椒；先秦不会制蔗糖，当时主要用饴和蜜，周初已能制麦芽糖和养蜂采蜜。至于调味蔬菜则有葱、蒜、韭以及姜、桂、干草、花椒等香料。甘蔗盛产于南方，先秦会榨汁，但不会制蔗糖。到汉代岭南才会制蔗糖。

烹调法：“炙”字，上为肉，下为火，即将肉放在火上烤。脍，将切细的鱼和肉丝在锅里炒。“脍炙人口”是因为用鲜肉烤、炒，《论语》有“食不厌精，脍不厌细”之说。醢即酱，醯则是醋，俱是调味品。古人喜用酱的方法调制食品，大概有五六十种。其制作过程很复杂，先将鲜肉、水产切成薄片，晒干后再切成细丝，拌之以调味品，装进小口瓮中，浸以美酒，密封一百天后方可食用。脯（音fǔ），也叫脩，将牲肉晒干。古人以十条干肉捆成一束，称为束脩。当时束脩是常见的送人礼物，今之过年送腊肉也许源于此，孔子也收束脩作为学费。先秦烹调方法简单却能调制出佳肴。《礼记》上有周代“八珍”，以其中的“炮豚”为例：取一只乳猪，宰后去内脏并洗净，用红枣塞满肚子，外用芦苇裹起来，涂上黏土，放到火上烤，直到黏土发焦，去掉外面的灰土，用米粉调糊涂在屯皮上，放在油锅里炸到焦黄，取出切成长条，配好香料，放入鼎中，用文火炖三天三夜，和以酱醋等调味品，便可食用。（共 8 道工序）今福建“佛跳墙”和江苏常熟“叫花鸡”类此而简单。在《楚辞·招魂》中有香烂的牛腿筋、酸辣汤、红烧甲鱼、烤炙羔羊、醋酸天鹅、红门野鸭、油煎大雁、卤汁油鸡、油爆灰鹤、清炖大龟等十多种上品的菜单，让人垂涎三尺。但烹调技术的发达是唐宋时期。仅吴自牧在《梦粱录》中记录杭州各大饭店的菜谱就有 335 种，不包括宫廷御膳。其时有专味筵席如全羊席、全鱼席、全凤（鸡）席、全龙（蛇）席、全鸭席等，今之专味席有首创于北京全聚德烤鸭店的全鸭席，共有 100 多种冷热鸭菜可选择。另有天津全羊席、上海全鸡席、无锡全鳝席、广州全蛇席、苏杭全鱼席、丝绸豆腐席、西安饺子宴（200 多种饺子）等。清代满汉全席有南北名菜三百多种、各种花式点心五十种、干鲜果品和开胃醒酒的酸菜、泡菜贰拾种。香港有电影《满汉全席》，其中的“踏雪寻梅”是把熊掌炖熟后放在雪白的冰糖之上并饰以粉红色的蔬菜，意指熊踏着冰雪去寻找春天的梅花。20 世纪 80 年代，日本有个代表团来南京付给五星级酒店金陵饭店 18 万元吃三天满汉全席，目的是学艺。

饮料：《周礼·天官冢宰·膳夫》：“凡王之馈，食用六谷，膳用六牲，饮用六清。”六清中，有三种是用水加工后制成的饮料，有三种是酒。酒在我国有五千多年的历史，夏代饮酒之风不盛，到商代特别浓。“酒”字在甲骨文中右边是酒罐、酒瓮，左边是三个“~”符号，表示酒从坛里发出的香味。周代有鉴于商代饮酒失国规定酒只用于祭祀，但不久饮酒之风大盛，酒成招待宾客的必需之物。唐以前的酒都是淡酒、甜酒，唐代出现烈酒、烧酒，但大多是低度酒。范仲淹“浊酒一杯家万里”，以其地位（副宰相）可喝美酒，可他喝的仍是浊酒。浊酒就是新酿成的低度米酒，里面有浮渣而呈浑浊的乳白色，故名浊酒。它经过过滤，去掉浮渣，叫清酒，类似今之黄酒，度数也不高。唐代还出现葡萄酒，王翰的《凉州曲》“葡萄美酒夜光杯”这一名句就是证明。茶在先秦时还不是饮料，六清中未见。

第三节　茶文化

饮茶的习俗从汉代开始，四川人王褒《僮约》中有“武都买荼”和“烹荼尽具”的话（茶字原写作荼，至唐代才减去一划成茶字）。饮茶之风至魏晋六朝较盛。温峤上表，贡荼千斤，茗三百斤。荼和茗均是茶叶的嫩芽，说明宫廷已流行饮茶之风。其实民间早已盛行，张载在成都喝茶时有诗云“芳荼冠六清”。《世说新语》：“王濛好茶，客至，尝以此饷之。”品茗清谈，风流潇洒，渐传北方，将奶酪与茶结合而成奶茶。饮茶之风大盛于唐宋。唐人陆羽亲自在江西上饶北山植茶、品茶，撰《茶经》三卷，设计并制作了一套烹茶和饮茶的茶具。宋代更盛，浙江、江西、安徽、江苏、福建、两湖、川滇都产茶叶。一般城镇有茶叶交易市场，有品茶的茶肆。宋代也是我国瓷器制造业的高峰，各种款色的精瓷茶具，使我国饮食文化增添无限韵味。上上下下，嗜茶成风。后来发展为广东的工夫茶、藏族的酥油茶、蒙古族的奶茶、云南白族的三道茶等。

清顾炎武《日知录》：“自秦人取蜀以后，始有茗饮之事。”言下之意，秦人入蜀前，今四川一带已知饮茶。其实四川早在汉朝开始人工栽植茶树，地点在今天雅安市名山县的蒙顶山。蒙顶山是全中国、也是全世界人工栽植茶树之始，茶圣、唐代

《茶经》的撰写人陆羽曾经说过，“扬子江中水，蒙顶山上茶”，说的就是此地茶叶质量较好，全国有名。

陆羽是一个弃婴，公元733年深秋的一个清晨，竟陵（今湖北天门）龙盖寺的智积禅师路过西郊一座小石桥，忽闻桥下群雁哀鸣之声，走近一看，只见一群大雁正用翅膀护卫着一个男婴，男婴让严霜冻得瑟瑟发抖，智积把他抱回寺中收养。这座石桥后来就被人们称为“古雁桥”，附近的街道称“雁叫街”，遗迹至今犹在。积公是唐朝著名高僧，而附近的寺西村里那时正卜居着一位饱学儒士李公。李公曾为幕府官吏，动乱时弃职，在景色秀丽的龙盖山麓开学馆教授村童，与积公感情深厚。积公就请李公夫妇哺育拾得的弃婴，直到七八岁，李公夫妇年事渐高，思乡之情日笃，一家人千里迢迢返回了故乡湖州。陆羽回到龙盖寺，在积公身边煮茶奉水。积公有意栽培他，煞费苦心地为他占卦取名，以《易》占得“渐”卦，卦辞上说：“鸿渐于陆，其羽可用为仪。”意思是鸿雁飞于天空，羽翼翩翩，雁阵齐整，慢慢来到陆地，它们的羽毛可以作为仪式之用。于是定姓为“陆”，取名“羽”字，以“鸿渐”为字。积公还煮得一手好茶，让陆羽自幼学得艺茶之术。十二岁那年，陆羽离开了龙盖寺。此后，陆羽在当地的戏班子里当过丑角演员，兼做编剧和作曲；受谪守竟陵的名臣李齐物赏识，去火门山邹老夫子门下受业七年，直到十九岁那年才学成下山。

陆羽一生嗜茶，精于茶道，以著世界第一部茶叶专著——《茶经》而闻名于世。他也很善于写诗，与很多著名诗人有来往（如颜真卿、皇甫冉、刘长卿、孟郊、张志和等），但其诗作目前世上存留的并不多。他对茶叶有浓厚的兴趣长期实施调查研究，熟悉茶树栽培、育种和加工技术，并擅长品茗。

唐朝上元初年（公元760年），陆羽隐居江南各地，撰《茶经》三卷，成为世界上第一部茶叶专著。他开启了一个茶的时代，为世界茶业发展做出了卓越贡献。

与茶有关的诗词

走笔谢孟谏议寄新茶

唐卢仝

日高丈五睡正浓，军将打门惊周公。口云谏议送书信，
白绢斜封三道印。开缄宛见谏议面，手阅月团三百片。
闻道新年入山里，蛰虫惊动春风起。天子须尝阳羡茶，
百草不敢先开花。仁风暗结珠琲瓃，先春抽出黄金芽。
摘鲜焙芳旋封裹，至精至好且不奢。至尊之馀合王公，
何事便到山人家。柴门反关无俗客，纱帽笼头自煎吃。
碧云引风吹不断，白花浮光凝碗面。一碗喉吻润，
两碗破孤闷。三碗搜枯肠，唯有文字五千卷。四碗发轻汗，
平生不平事，尽向毛孔散。五碗肌骨清，六碗通仙灵。
七碗吃不得也，唯觉两腋习习清风生。蓬莱山，在何处。
玉川子，乘此清风欲归去。山上群仙司下土，
地位清高隔风雨。安得知百万亿苍生命，
堕在巅崖受辛苦。便为谏议问苍生，到头还得苏息否。

元稹《一字至七字茶诗》

茶。
香叶、嫩芽。
慕诗客、爱僧家。
碾雕白玉、罗织红纱。
铫煎黄蕊色、碗转曲尘花。
夜后邀陪明月、晨前命对朝霞。

洗尽古今人不倦、将至醉后岂堪夸。

茶联

茶联，是我国楹联宝库中的一枝夺目鲜花。相传最早始于五代后蜀主孟昶在寝门桃符板上的题词，自唐至宋，饮茶兴盛，又受文人墨客所推崇，因此，茶联的出现，至迟应在宋代。但目前有记载的，而且数量又比较多的，乃是在清代，尤以郑燮为最。清代的郑燮能诗、善画，又懂茶趣，善品茗，他在一生中曾写过许多茶联，如下：

汲来江水烹新茗，买尽青山当画屏。

扫来竹叶烹茶叶，劈碎松根煮菜根。

墨兰数枝宣德纸，苦茗一杯成化窑。

雷言古泉八九个，日铸新茶三两瓯。

山光扑面因潮雨，江水回头为晚潮。

从来名士能评水，自古高僧爱斗茶。

楚尾吴头，一片青山入座；淮南江北，半潭秋水烹茶。

近代茶联更多，现择录部分如下：

为爱清香频入座，欣同知己细谈心。

只缘清香成清趣，全因浓酽有浓情。

四海咸来不速客，一堂相聚知音人。

欲把西湖比西子，从来佳茗似佳人。

一杯春露暂留客，两腋清风几欲仙。

得与天下同其乐，不可一日无此君。

尘虑一时净，清风两腋生。

香飘屋内外，味醇一杯中。

扬子江心水，蒙顶山上茶。

客至心常热，人走茶不凉。

美酒千杯难成知己，清茶一盏也能醉人。

茗外风清移月影，壶边夜静听松涛。

诗写梅花月，茶煎谷雨春。

秀萃明湖游目频来过溪处，腴含古井情正及采茶时。

为名忙，为利忙，忙里偷闲，且喝一杯茶去；

劳心苦，劳力苦，苦中作乐，再倒一杯酒来。

菜在街面卖，茶在壶中吐香。

龙井云雾毛尖瓜片碧螺春，银针毛峰猴魁甘露紫笋茶。

疑成云雾顶，飘出晨露香。

剪取吴淞半江水，且尽卢仝七碗茶。

四方来客坐片刻无分你我，两头是路吃一盏各自东西。

陆羽摇头去，卢仝拍手来。

佳肴无肉亦可，雅谈离我难成。

泉从石出情宜冽，茶自峰生味更圆。

禅榻常闲，看袅袅茶烟随落花风去；远帆无数，有盈盈轨水从罨画溪来。

秀萃明湖，游目频来过溪处；腴含古井，怡情正及采茶时。

半壁山房待明月，一盏清茗酬知音。

饮一盏新绿，染满身清香。

半榻梦刚回，活火初煎新涧水；一帘春欲暮，茶烟细扬落花风。

趣言能适意，茶品可清心。

坐，请坐，请上坐；茶，泡茶，泡好茶。

喝茶的好处

1. 喝茶可以减肥

茶叶所含的儿茶素、胆甾烯酮、咖啡因、肌醇、叶酸、泛酸等多种成分，在综合作用下，有预防和抑制肥胖的功效。日本人特别喜欢中国的乌龙茶。因为乌龙茶对分解脂肪的作用较强，可以帮助解除油腻，帮助消化，有减肥作用。法国巴黎圣东安尼医学系临床主任卡罗比医生用普洱茶做了试验，受试者每人每天饮三杯普洱茶，坚持一个月，结果有的体重减轻了，有的血脂降低了。研究证实，常饮云南产的普洱茶，可降低人体中的三酸甘油酯和胆固醇。法国妇女，特别是女青年很讲究形体美，她们把普洱茶称为“减肥茶”。法国医生还用云南陀茶对40名男女肥胖者进行实验，让他们每日早、午、晚各饮一杯陀茶，连用一个月后，有40%以上的人的体重有不同程度的减轻。这是法国人喜欢喝云南茶的一个原因。根据茶能减肥的作用，茶叶成为“减肥茶”、“健美茶”的主要原料。

2. 喝茶可预防蛀牙

饮茶或用茶漱口、刷牙，不但能除口臭，还可防治龋齿。据报道，北京市口腔医院医学博士周大成，从20世纪70年代即开始研究茶叶在预防龋齿方面的功效。饮茶、用茶汤漱口、刷牙，或者用含茶的牙膏均可，但以茶汤刷牙为最好。这是因为茶中含有氟，氟离子与牙齿的钙质有很大的亲和力，能变成一种较难溶于酸的“氖磷灰石”。就像给牙齿加上一个保护层，提高了牙齿的防酸抗龋能力。利用茶防龋是牙齿保健的途径之一。因此，可在儿童中推广用茶汤漱口、刷牙和饮茶。低氟地区，提倡饮用一般低档茶（高档茶和名茶含氟量较低），可以防止龋齿。每人每天饮用10克茶叶冲泡的茶汤，即可满足人体对氟的需要。含氟量较高的茶叶有福建乌龙茶、云南滇红、浙江杭绿、江西茉莉花茶和贵州茯砖等。

3. 茶有预防心血管疾病的作用

饮茶对心血管疾病如高血压、冠心病等有一定的防治作用。

有人通过临床实验证实，一个月中日喝三碗沱茶的人，他们的血脂下降了13%，胆固醇也有所减低，对80名高血压患者进行临床试验，结果有30名患者经用绿茶进行五天治疗后，有的血压下降，有的恢复到正常。有人还对喝茶与冠心病的关系进行了研究，分为不喝茶、偶尔喝茶、常喝茶三个组，发现不喝茶的冠心病发生率为3.1%，偶尔喝茶者患病率为2.3%，常喝茶者为1.4%。由此可以看出喝茶对预防冠心病的效果。

4. 茶叶是肠道疾病的良药

医圣张仲景说："茶治便脓血甚效。"现代医学研究证实，茶是肠道疾病的良药。茶中的多酚类物质，能使蛋白质凝固沉淀。茶多酚与单细胞的细菌结合，能凝固蛋白质，将细菌杀死。如把危害严重的霍乱菌、伤寒杆菌、大肠杆菌等，放在浓茶汤中浸泡几分钟，多数会失去活动能力。因此，中医和民间常用浓茶或以绿茶研末服之，治疗细菌性痢疾、肠炎等肠道疾病。方法是茶叶3克，水一碗，煎服，一日三次；或用浓茶一杯，醋20毫升，混合服下，一日三次；也可用茶叶、荠菜花各15克，煎服，一日三次，饭前服用。其次，用水泡茶时，如果饮用水不洁，茶叶能吸收水中的杂质，并使之沉淀，有净化、消毒作用，这对预防肠道传染病有好处。

5. 古书上的功效

《中药大辞典》中记载：茉莉花有"理气开郁、辟秽和中"的功效，并对痢疾、腹痛、结膜炎及疮毒等具有很好的消炎解毒的作用。常饮茉莉花，有清肝明目、生津止渴、祛痰治痢、通便利水、祛风解表、疗瘘、坚齿、益气力、降血压、强心、防龋防辐射损伤、抗癌、抗衰老之功效，使人延年益寿、身心健康。

中国的十大名茶

1. 杭州龙井

龙井，本是一个地名，也是一个泉名，而现在主要是茶名。龙井茶产于浙江杭州的龙井村，历史上曾分为“狮、龙、云、虎”四个品类，其中多认为以产于狮峰的老井的品质为最佳。

龙井属炒青绿茶，向以“色绿、香郁、味醇 、形美”四绝著称于世。好茶还需好水泡。“龙井茶、虎跑水”被并称为杭州双绝。虎跑水中有机的氮化物含量较多，而可溶性矿物质较少，因而更利于龙井茶香气、滋味的发挥。

冲泡龙井茶可选用玻璃杯，因其透明，茶叶在杯中逐渐伸展，一旗一枪，上下沉浮，汤明色绿，历历在目，仔细观赏，真可说是一种艺术享受。

2. 太湖碧螺春

产于江苏太湖之滨的洞庭山。碧螺春茶叶用春季从茶树采摘下的细嫩芽头炒制而成；高级的碧螺春，0.5 千克干茶需要茶芽 6 ~7 万个，足见茶芽之细嫩。炒成后的干茶条索紧结，白毫显露，色泽银绿，翠碧诱人，卷曲成螺，故名“碧螺春”。此茶冲泡后杯中白云翻滚，清香袭人，是国内著名的名茶，常被作为高级礼品。

3. 黄山毛峰

产于安徽黄山，主要分布在桃花峰的云谷寺、松谷庵、吊桥阉、慈光阁及半寺周围。这里山高林密，日照短，云雾多，自然条件十分优越，茶树得云雾之滋润，无寒暑之侵袭，蕴成良好的品质。黄山毛峰采制十分精细。制成的毛峰茶外形细扁微曲，状如雀舌，香如白兰，味醇回甘。黄山名茶众多，除毛峰外，还有休宁的“屯绿”，太平的“猴魁”，歙县的“老竹大方”等等，都各具特色，脍炙人口。

4. 庐山云雾

产于江西“匡庐秀甲天下”的庐山，北临长江，南傍鄱阳湖，气候温和，山水秀美十分适宜茶树生长。庐山云雾芽肥毫显，条索秀丽，香浓味甘，汤色清澈，是绿茶中的精品。

5. 六安瓜片

产于皖西大别山茶区，其中以六安、金寨、霍山三县所产品最佳。六安瓜片每年春季采摘，成茶呈瓜子形，因而得名，色翠绿，香清高，味甘鲜，耐冲泡。此茶不仅可消暑解渴生津，而且还有极强的助消化作用和治病功效，明代闻龙在《茶笺》中称，六安茶入药最有功效，因而被视为珍品。

6. 恩施玉露

产于湖北恩施。湖北产茶历史悠久，早在唐代就已很著名，现仍是我国的重要产茶省份。恩施玉露是我国保留下来的为数不多的一种蒸青绿茶，其制作工艺及所用工具相当古老，与陆羽《茶经》所载十分相似。恩施玉露对采制的要求很严格，芽叶须细嫩、匀齐，成茶条索紧细，色泽鲜绿，匀齐挺直，状如松针；茶汤清澈明亮，香气清鲜，滋味甘醇 ，叶底色绿如玉。“三绿”（茶绿、汤绿、叶底绿）为其显著特点。

日本自唐代从我国传入茶种及制茶方法后，至今仍主要采用蒸青方法制作绿茶，其玉露茶制法与恩施玉露大同小异，品质各有特色。

7. 白毫银针

这是一种白茶，产于福建北部的建阳、水吉、松政和东部的福鼎等地。白毫银针满坡，白毫色白如银，细长如针，因而得名。冲泡时，“满盏浮茶乳”，银针挺立，上下交错，非常美观；汤色黄亮清澈，滋味清香甜爽。由于制作时未经揉捻，茶汁较难浸出，因此冲泡时间应稍延长。白茶味温性凉，健胃提神，祛湿退热，常作为药用。在港澳地区，零售商店常将少许白茶拼配进其他茶类，以提高其档次，进而获取商业价值。

8. 武夷岩茶

产于福建崇安县武夷山。武夷岩茶属半发酵茶，制作方法介于绿茶与红茶之间。其主要品种有“大红袍”、“白鸡冠”、“水仙”、“乌龙”、“肉桂”等。武夷岩茶品质独特，它未经窨花，茶汤却有浓郁的鲜花香，饮时甘馨可口，回味无穷。18 世纪传入欧洲后，备受当地群众的喜爱，曾有“百病之药”的美誉。

9. 安溪铁观音

产于闽南安溪。铁观音的制作工艺十分复杂，制成的茶叶条索紧结，色泽乌润砂绿。好的铁观音，在制作过程中因咖啡因随水分蒸发还会凝成一层白霜；冲泡后，有天然的兰花香，滋味纯浓。用小巧的工夫茶具品饮，先闻香，后尝味，顿觉满口生香，回味无穷。近年来，发现乌龙茶有健身美容的功效后，铁观音更风靡日本和东南亚。

10. 普洱茶

产于云南西双版纳等地，因自古以来即在普洱集散，因而得名。普洱茶是采用绿茶或黑茶经蒸压而成的各种云南紧压茶的总称，包括沱茶、饼茶、方茶、紧茶等。

普洱茶的品质优良不仅表现在它的香气、滋味等饮用价值上，还在于它有可贵的药效，因此，海外侨胞和港澳同胞常将普洱茶当成养生妙品。

在其他的“中国十大名茶”说法中，一般常见到的有产于安徽屯溪等地的“屯绿”、产于安徽祁门县的“祁红”、产于云南的“滇红”等。这里从一般说法。

第四节　古代用餐方式及其他

用餐方式：古人席地而坐，用餐时跪坐席上。古人用餐称“飨”，在甲骨文中像人们跪在席上用餐的样子。古人吃肉有刀、匕等辅佐工具，吃饭则用手抓。后来人们对用以切肉的俎改进制成案。用餐时先把食器放在案上，再把案放到每个用餐者面前。家庭中丈夫用餐时妻子要用双手把案举起来，放到丈夫面前。有典故“举案齐眉”为证。古代典籍对天子诸侯用餐有规定，一般有一百多道菜，最少也有数十种，挥霍民脂民膏。餐桌座次，大有讲究。史记鸿门宴中：“项王、项伯东向坐，亚父南向坐。沛公北向坐，张良西向侍……樊哙侧其盾以撞，卫士仆地，哙遂入，披帷西向之。”古人以东向为尊，南向次之，北向又次之，西向为卑。

餐制：根据“日出而作，日入而息”的作息制度，最开始人们是两餐制；先秦时已实行三餐制。根据周礼，天子诸侯是三餐制，早餐称朝食，最重要；中午与晚上称燕食；每天都要宰杀一头牲口作为菜肴。但在农村，普遍实行三餐制后并未结束两餐制，我们小时就只吃两顿饭，是没有油腥的素菜素饭，绝不会得高血脂。20 世纪 70 年代末，笔者读中学，有时也只吃两顿饭。在学校连五分钱一份的素菜也吃不起，在学校伙食团打了四两饭以后，到外面小卖部买一分钱的酱油下饭。

阅读资料

“涮羊肉”是名特风味，能流传下来却和忽必烈有关。700 年前，元世祖忽必烈率军出征途中，想吃草原美味“清炖羊肉”。随军厨师马上宰羊剔肉，不料敌情突发，做“炖羊肉”来不及了，厨师忙将羊肉切成薄片，放在锅里一搅和就捞出来，放点调料送了上去。忽必烈饥不择食，吃罢迎敌并获全胜，还朝后命厨师如法炮制，并建议放了许多佐料，群臣吃后赞不绝口。忽必烈赐名“涮羊肉”。

“金华火腿”是宋代名将宗泽发明的。宗泽是主战派，因打仗连连得胜，百姓抬着肥猪慰问，一时猪肉多得吃不了，宗泽就命人将猪腿割下，腌制起来。由于腌制的猪腿又湿又重，行军携带不便，所以常常把它们匆匆晒上几个太阳，挂在风中晾干，日子一久，腿肉红得如火，大家都叫它“火腿”。

“闭门羹”：众所周知，“闭门羹”意为拒客，但“闭门”何以与“羹”联系起来呢？原来，“闭门羹”一语始见于唐代冯贽《云仙杂记》所引《常新录》的一段话：“史凤，宣城妓也。待客以等差……下列不相见，以闭门羹待之。”这名姓史的高级妓女不愿接待下等客时，就饷之以羹，以表婉拒。客人见羹即心领神会而自动告退了。所谓羹，最初时系指肉类，后来以蔬菜为羹，再后来对凡熬煮成有浓汁的食品皆以羹称之，如银耳羹、燕窝羹等。以之待客，比直言相拒要婉转、客气一些。可惜现代人拒客，则只有“闭门”而没有“羹”了。

关于饮食的笑话

1. 一司机酒后开车，撞伤了路边的行人。交警在勘查现场时，对司机说：“酒后开车，要重罚。”“罚就罚吧！”司机打着酒嗝说：“罚三杯还是罚五杯？”

2. 一人参加同学会，匆忙赶到北京全聚德饭店对在座同学说：“对不起我来迟了，罚酒三杯。”说完连干三杯，“对不起，我还有个饭局，先走一步”，说完醉醺醺地走了。到门口伸手打的，上车后司机问到哪儿，“全聚德”，说完就睡着了。司机一看，这不是在北京饭店门口吗？便摇醒他："喂，北京饭店到了"。那人听说到了，掏出两张大团结扔在车内出了门，回头对司机说："我给你提个意见，以后别开这么快。"又来到饭厅，对同学们说："对不起，我来迟了，罚酒三杯。"端起酒杯就喝。三杯喝完，烂醉如泥。

3. 一人酒后开车在市区出了车祸，车子撞到栏杆无法再开。有人打 110 报警。警察叫司机下车坐 110 的面包车回去接受处理，司机高兴地说：你的出租车便宜，每公里才一块一，我喜欢坐。

第十章 汉字与姓名文化

第一节 姓氏的来源

"姓"是母系社会的产物。姓字《说文》解释:"人所生也,从女从生。"什么叫从女从生?姓是与妇女的生育行为相关的。在母系氏族时代,女子和其所生之子女住在一起,有点像今天走婚的摩梭人,妇女在氏族内部事务管理中居于主导地位,同时实行不同氏族相互通婚,氏族内部禁止通婚的制度。为了辨别成员有无血缘关系,便产生了姓。当时婚姻以女方为主,所生孩子的姓亦须按母亲血统来认定,故"姓"字从女从生。当今北美易洛魁人中,孩子采用母族图腾的名字,如她是熊族,她的儿子也是熊族,不能与熊族姑娘结婚,而应从鹿或苍鹭族娶妻①。中国最古老的姓(据顾炎武《日知录》卷 23 考证为 22 个)如"好"、"姒"(如夏禹之后姓姒,汉代有姒丰,音 sì)、"姚"、"姬"、"嬴"等均

① 英国爱德华·泰勒.《人类学——人及其文化研究》. 连树声译,上海文艺出版社,1993.

带女字偏旁，说明姓产生于母系氏族公社时期。（《四库备要·日知录集解》卷二十三：“言姓者，本于五帝，见于春秋，得二十有二。”除上面 5 个以外另 17 个是：妫、子、风、巳、任、祁、芈（音 mǐ）、曹、妘、姜、偃、归、曼、熊、漆、允、隗。）

四五千年以前，中国经过漫长的母系氏族阶段进入父系阶段，部落之间经常有拼杀。本来只作为一个氏族标记的姓，此时也因该氏族的地位而成为整个部落联盟的共同徽记，如姬姓的黄帝部落、姜姓的炎帝部落等。阶级社会出现以后有功勋的成员被分封，得到与地域有联系的标志——氏。氏的出现比姓要晚两千多年。《左传·隐公元年》：“天子建德，因生以赐姓，胙之土而命之氏。”（胙音 zuò，赏赐之意。）并把氏的来源分为五类，即以国、以字、以谥（音 shì，死后的封号）、以官、以爵为氏。应劭《风俗通·氏族》把氏之来源分为九类，即氏于号、于谥、于爵、于国、于官、于字、于居、于职、于事。后来，如《通鉴》所谓：“姓者，统其祖考之所自出；氏者，别其子孙之所自分。”如屈原，其祖考为传说中的高阳帝，姓芈，此后芈姓又分出不同的氏，其中有个叫瑕的人封地在屈，因称屈氏，故应为芈姓屈氏。郑樵《通志》：“氏所以别贵贱，贵者有姓……姓所以别婚姻，氏同姓不同者，婚姻可通；姓同氏不同者，婚姻不可通。”他把氏之来源分为 32 类，主要有以国为氏、以邑为氏、以乡为氏、以地为氏、以亭为氏、以姓为氏等。如商人子姓，后分化为华氏、向氏、乐氏、鱼氏；周人姬姓，后分化为孟氏、季氏、孙氏、游氏；齐人姜姓，后分化出申氏、吕氏、许氏、纪氏、崔氏、马氏。秦汉以前，“妇人称姓”，即以生地冠姓，如齐姜、鲁姜，或以排行冠姓，如孟姜、伯姬等；如配偶死去，则在姓上冠以配偶谥号，如武姜（郑武公之妻）、穆姬（秦穆公之妻）、文嬴（晋文公之妻）。战国之前男子称氏不称姓，多数奴隶既无氏又不冠姓。所以在上古时姓和氏都属于王公贵族阶层，庶人无氏无姓，只有名字，如《庄子》中的匠石、庖丁等。古代的“百姓”，本来是指贵族百官，而不是我们现代意义上的普通老百姓。如《诗经·小雅·天保》：“群黎百姓，遍为尔德。”郑玄笺曰：“百姓，百官族姓也。”春秋战国时，女人的姓也不再看重了。春秋时，“姓氏”已渐渐合为一个词了。战国时，人们渐以氏为姓，姓氏混用，庶人也开始有姓了。姓氏混一的姓，大多由氏演变而来。

由夏至汉时期，很多姓由以下几种方式产生：

以国为姓　夏商时的姓崇、程、扈、房、杜、褒、寒、观、困、吾、允、雷、辽、习、顾、阮、彭等，多由姬姓和子姓分出。周代的姓如晋、郑、吴、卫、许、鲁、薛、曹、滕、韩、耿、滑、焦、杨、管、蔡、应等，大多为姬姓的分支。

以邑为姓　被封诸侯的国君之庶子为卿大夫，各有食邑并传子孙，后人以邑为姓。如宋国本姓子，其后有食于萧邑者，以萧为姓。邑多为地名，字多有右包耳，去之为姓，如曾——鄫，章——鄣，于——邗，说明当时采邑已失去。知罃、解狐二人，“知”和“解”都是地名（封邑）。

以所生或所居的自然环境为姓　东门、南郭、西门、北郭、南宫等。

以先人的表字为姓　郑穆公有子表字子驷，其后人便以驷为姓；宋文公有子表字向文，其孙便以向为姓。公子、公孙、公父、公石等复姓多为诸侯之子孙。孔丘，宋公孙嘉之后，嘉之字为孔父。

以先人的谥号为姓　齐桓公之后以桓为姓，楚庄王之后以庄为姓。庄蹻，楚庄王之后，庄是谥号。

以官职为姓　司徒、司空、司马、太史、中行等，或以官名中一字为姓，如监、钱、库、仓、籍等。

因避讳改姓　秦亡后项籍称霸，“籍”氏改姓席。汉元帝刘奭在位，北海太守奭苍改姓盛。汉安帝刘佑之父刘庆，故姓庆改姓贺。司马炎建晋，追其伯父司马师为景帝，姓师改姓帅。唐宪宗名纯，复姓淳于改姓于。汉明帝刘庄，庄姓改姓严。汉武刘彻，彻姓改通。又如敬改恭，恒改常等。

因避难改姓　秦时焚书坑儒，有个叫桂负的博士全家逃亡，其后代姓炅、炔、吞、珪等，读音均与“桂”（guì）同，以示不忘根本。另有仇改求、完颜改完等。《华西都市报》曾报道，家住乐山市犍为县同兴乡余家湾的76岁老人余海奎透露了一个惊人秘密：他和住在余家湾的20来户人家是成吉思汗的后代，他们这个家族从14世纪中期开始已在此居住了600多年。元朝从1368年灭亡到今天已有636年，其缔造者成吉思汗本名铁木真，但居住在犍为的余姓居民却认为他们是成吉思汗的后代，是蒙古族后裔，那他们为何改姓余呢？余海奎老人讲述了事情的来龙去脉：他们是从一本编撰于两百年前的《余氏族谱》上发现自己是成吉思汗重孙铁木健的后代的。据其介绍，在犍为县境内有着手抄、木刻等多种版本的《余氏家谱》，所载内容基本相同。犍为县长期研究《余氏家谱》的余元富先生告知，他很小的时候就涉猎家谱，原来的家谱因故失落大半，现在他珍藏的仅是原来的很小一部分。他进行了30多年调查研究，走访了内蒙古、贵州等地，逐渐把完整的家谱了解清楚。余说，这本编撰于清朝年间的家谱详细记载了成吉思汗家族草原起兵建立元朝到他们如何逃亡到四川的这段历史。其中所记载的历史轶事、祖训族规、服饰礼仪等，对研究元史及历史变迁有重要价值。据余元富讲述，犍为余氏是成吉思汗重孙铁木健的后代。

铁木健育有九男一女，九个儿子都中了元朝进士，后来他招的一个女婿也中了进士，所以有“九子十进士”的说法。元顺帝时民不聊生，发生红巾军起义，此时铁木健的子弟正在朝中任宰相、尚书等要职，声名显赫，朝中奸佞小人乘机诽谤，说铁木健一家暗中鼓动红巾军。元顺帝听后欲除去铁木健一家，于是铁木健一家便逃出京城，辗转到达泸州凤锦桥。为了避免人马过多暴露目标，大队人马决定分散逃跑川内各地，并相约改姓为“余”，寓意“杀不尽斩不绝还有余”。他们在泸州分散后流落到了今天的重庆、泸州、富顺、纳溪、青神、荣县、乐山等地，其中一支到了今天的犍为县。据介绍，铁木健九子一女一起逃至泸州凤锦桥准备分散逃离时，为了让后人记住自己是元朝皇族，十人每人吟诗一句，作为日后认亲的凭证。这十句诗是：“本事元朝宰相家，红巾作乱入西涯。泸阳岸上分携手，凤锦桥头插柳杈。否泰是天还是命，悲伤思我又思他。十人识别归何处，散时犹如浪卷沙。余字更无三两姓，一家分作万千家。”诗作好后，十人便各自分散，没想到这一别就是几百年不曾相见。在这600多年里，为了防止诛杀，铁木健后人在民间一直隐姓埋名，兄妹十人的后代都没有会过面。直到他在近三十年修谱工作中，根据祖先遗留诗句，在犍为发现了无数铁木健后裔，大家才走到了一起。永红村支部书记袁成发介绍，余家湾现住有19户人家，人口在90人以上，绝大多数都姓余。虽然他们都自称为蒙古族后代，但所有的生活习惯和汉族人毫无差异，身份证上民族归属也是“汉族”。经过几百年与汉族共同生活，现在的余家人原有的蒙古族生活习俗没有保留下来。只是从他们这里的人耿直、刚烈的性格上，似乎还能见到一丝蒙古人的影子。与祖先一脉相承，余家人或多或少仍保留着一些痕迹。余家湾和周边余姓人家自古以来就有不过中秋节的习惯。

根据祖训，余家人每年清明时节必须为祖先和亲人上坟。余元富说，为了纪念成吉思汗，他的家中一直供奉着成吉思汗的画像，每天都要在这个曾经叱咤风云的人物面前注目几分钟。在一些重要日子，他们全家人都会穿上蒙古族服装走上街头。他还说，他的身份证从20年前就改为蒙古族了。

另外如韩信之后改姓韦，因韦是韩的一部分；前面说过的方孝孺的后代改姓施，因为从字形看，施是“方人也”。

得罪改姓：刘邦赐英布后人姓“黥”（古代一种刑法，刺人面部涂之以墨），因为英布曾经被秦朝处以此刑。隋代杨玄感造反，失败后为隋炀帝处以枭刑，令其后人姓“枭”。

民族融合：如慕容、呼延、宇文、贺兰、尉（音 yù）迟、独孤等复姓及火、安、揭、竺、颜、律、米等单姓就是少数民族姓氏进入汉族姓氏。根据明代统计，有近3700多个姓。明代陈养吾所著《姓觿》（觿字音 xī，“汇总”之意）中收单、复姓3625个。清代黄本骥的《姓氏解纷》中收单复姓3795个。其中一半以上的姓与地名有关。清代有五大姓，为陈、李、张、黄、何。前几年有人研究，全国大概有15 000个姓氏，而且有增加的趋势，如苏州有人以“点”为姓。在这一万多姓中，以张、李、王为前三名，20世纪80年代前张姓最多，这两年李姓又居第一。据《人民日报》1987年5月3日统计，百家姓序为：李（8700多万）、王（8000多万）、张（7800万余）、刘（6000万余）、陈（5000万余）、杨、赵、黄、周、吴（前十位共3.5亿余人）、徐、孙、胡、朱、高、林、何、郭、马、罗、梁、宋、郑、谢、韩、唐、冯、于、董、萧、程、曹、元、登、许、傅、沈、曾、彭、吕、苏、卢、蒋、蔡、贾、丁、魏、薛、叶、阎（只录前50位）。100个大姓占汉族总人口的87%（9亿多人）。

2012年中华伏羲文化研究会华夏姓氏源流研究中心研究发

现，中国的王、李、张三姓分别有9500多万人、9300多万人和9000万人，三姓人群约占中国总人口的21%。而2006年发布的“百家姓”排行榜中，“李”姓是当时中国第一大姓。

中华伏羲文化研究会华夏姓氏源流研究中心主任袁义达研究员说：“这主要是因为人口统计样本的扩大。自宋朝以来，李、王、张一直是中国人口最多的三大姓氏，李姓和王姓的人口在不同时代各有不同，排序经常在伯仲之间。”

2006版的百家姓数据主要集中于中原、华东、华南地区，王姓人口最占优势的内蒙古、新疆、青海、东北地区的大部分县市，由于当时没有被收集进新出版的地方志中，因此也造成了统计缺失。

据该研究中心研究，目前，中国人数在100万人以上的姓氏有2400种，占总人口的97.93%；人数在1000万人以上的姓氏有23种，占总人口的56.61%。

按照人口多少，最新版“百家姓”顺序是：王，李，张，刘，陈，杨，黄，吴，赵，周，徐，孙，马，朱，胡，林，郭，何，高，罗，郑，梁，谢，宋，唐，许，邓，冯，韩，曹，曾，彭，萧，蔡，潘，田，董，袁，于，余，叶，蒋，杜，苏，魏，程，吕，丁，沈，任，姚，卢，傅，钟，姜，崔，谭，廖，范，汪，陆，金，石，戴，贾，韦，夏，邱，方，侯，邹，熊，孟，秦，白，江，阎，薛，尹，段，雷，黎，史，龙，陶，贺，顾，毛，郝，龚，邵，万，钱，严，赖，覃，洪，武，莫，孔。

根据《中国四百大姓》一书统计，四川是杨、何、罗、唐、袁、蒋、雷、文等姓氏的第一大省。湖南是周、曾、彭、萧、谭、尹、龙、贺、龚、向等姓氏的第一大省。江苏是徐、朱、丁、沈、姚、戴、夏、薛、顾、钱、严、汤等姓氏的第一大省。

由于各种原因，有些姓有不同的源头，如王姓：周灵王之子晋被废为庶人，住狼牙一带，当地人念其出生王家，即以王为姓（姬）。齐为始皇灭后，有支派散落民间，乃呼王家（田）。异姓可能同宗：台湾有个“全球董杨宗亲总会”，两姓俱出于姬姓。黄帝姬姓，裔孙叔安生子董父，其后人以表字为姓。周宣王姓姬，其子尚父封于杨（今襄阳一带），后人以邑为姓，是杨之来源。早在唐宋时，董杨两姓就有过联宗之举了。

关于妻从夫姓：《颜氏家训·风操第六》，女子“已嫁则以夫氏称之”。此俗形成于魏晋时期，以增进家族凝聚力。汉代班昭为曹大家，因嫁曹世叔为妻，估计汉末已然。直到新中国成立后，如本村韩张氏、彭杨氏等。

关于堂号和家联：堂号是同一姓或其中一支的共同标记，来自他们经常在一起祭祀的祠堂。如台湾有高挂“西河堂”字样的灯笼，就表明林家在办事。今福建有“六桂堂”，系洪、江、翁、方、龚、汪6个姓氏共用一个堂号。据《瓮氏族谱》，唐代进士翁轩任闽州刺史，至宋时其后翁乾度居泉州，生子六人，分姓洪、江、翁、方、龚、汪，六人俱中进士，时有“六桂联芳”之誉，且子孙繁衍，遍及闽粤，结果他们的宗祠都用“六桂”为堂号。有的姓氏用郡望，如赵氏“天水堂”、柳氏“河东堂”等。中国姓氏源头多，故不少姓氏又有许多堂号，分别标明不同地域。如王姓，有“太原堂”、“东海堂”、“琅玡堂”等。堂号多夸示祖先的道德文章、官职等，如戴姓汉时有戴德、戴圣叔侄俩以注《礼》知名，故戴姓有“注礼堂”之号。另有许姓“居廉堂”、魏姓“十思堂”等。杨姓有“四知堂”，东汉有“关西孔子”之称的杨震到东莱任太守时，途经昌邑，县令王密深夜怀金行贿，说是“暮夜无知者”。杨正色道：“天知、神知、我知、子知，何谓无知！”冯姓有大树堂，东汉初冯异辅佐刘秀一统天下，居功不傲，常独处大树下，军中号为“大树将军”。马姓有“伏波堂”，因东汉马援为伏波将军。白姓有“香山堂”，因白居易号“香山居士”，屈姓有“三闾堂”等。家联则书之贴于门上，限于具体姓氏专用。如陆氏“赠梅世泽，怀橘家声”，上句系六朝陆凯写给范晔的《赠梅》诗，表示友谊；下出《三国志·陆绩传》，六岁见袁术，怀橘归遗母，表孝道。“爱莲世泽，细柳家声”是周姓。上典周敦颐《爱莲说》，下出《史记·周亚夫传》，表其清正严明。“门榜”规制略同匾额，横书在住宅厅堂大门顶上和“家联”一样，其内容显扬家世。如“三省传家”是曾姓专利。典出曾参“吾日三省吾身，为人谋而不忠乎？与朋友交而不信乎？传不习乎？”“越国世第”钟姓专利。唐时虔州人钟绍京擅书法后升皇苑总监。安乐公主与韦后合谋杀唐中宗，李隆基带御林军进宫清除，钟把皇苑中的花匠役夫组织起来为内应。事成唐睿宗李旦复位，当晚便拜钟为中书侍郎，参知机务。“明日进中书令、越国公”。（《新唐书》卷121）“玉树流芳”谢姓，典出《晋书·谢玄传》：“玄少颖悟与从兄朗俱为叔父安所器重。安尝戒约子侄，因曰：子弟亦何豫人事，而正欲使其佳？诸人莫有言者，玄答曰：比如芝兰玉树，欲使其生于庭阶耳。”后人遂以“芝兰玉树”比喻子弟成器。由堂号、家联、门榜这类姓氏异称入手，可以学到许多文史知识，并由此感受中国传统姓氏文化的丰富多彩。

第二节　名和字

关于名：名的产生最迟不晚于夏商。甲骨文中有较多的人名，但笔者认为最初的人名是取自天干地支，如孔甲、武丁等。名对于古人来说，不仅是标志，孔子说：名不正则言不顺。据

《尹文子》上说：古代一村汉有两个儿子，大儿取名盗，小儿叫殴。平常叫惯也没什么。一天，衙门巡捕从村里走过，听见他大声叫“盗、盗”，就把大儿子拿住。村汉慌了，叫二儿子来帮忙，“殴、殴!”巡捕就把大儿子痛打了一顿。《道德经》：“道可道，非常道；名可名，非常名。无名，万物之始；有名，万物之母。”《说文解字》：“名，自命也，从口夕。夕者，冥也。冥不相见，故以口自名。”其本意为夜晚不可辨人，以口呼唤。古人认为名代表一个人的灵魂，故有叫魂之说：以前农村小孩被吓以后，父母叫他站在水缸前，大声呼唤他的名字。如有小儿夜啼不止，则书于纸贴于树，“请君念读”，自会止哭。古代有专门的命名礼，一般是在婴儿三个月后。今三江侗族命名礼叫三朝酒，即孩子出生三日后举行，由其姨妈取名；珞巴族则由母亲命名。一般根据各种条件命名，如苏洵曾作《名二子说》，说明为何给两个儿子取名为“轼、辙”。唐伯虎生于寅年，以寅为名（唐寅，字伯虎，伯者，说明其为老大；虎，寅在12生肖中属虎）；秦始皇生于正月，故名政（通正）；老舍名庆春，吴贻芳名冬生，均系纪时。郭沫若之名则属纪地：乐山之大渡河古名沫水，雅砻江古名若水。纪事法则有孔子生子时鲁昭公派人送鲤鱼来，故名孔鲤。纪人法：生子时有意无意之踩生（第一个进家门的外人），民间叫投生，如晋人桓彝生子，友人温峤来访，因名温，即后东晋有名的大臣桓温。清代林宾日生子，恰逢巡抚徐嗣曾过门，名为则徐，一代伟人也。另有应梦法：陆游之母生前梦秦少游，文天祥爷爷梦小儿驾紫云冉冉而下，故与孙子取名天祥。言志法：汉有韩安国、于定国、赵广汉。寄托法：李隆基、杨继业、霍去病、毛延寿、辛弃疾、史达祖、汤显祖等。用典法：元人熊朋来（《论语》云“有朋自远方来，不亦乐乎?”），明代钱谦益（《论语》云“满招损，谦受益”)，蒋介石的金刚之一陈诚，字辞修（《周易》“修辞立其诚”）等。

在封建社会常有人沾名之光，如乾隆阅卷时看见胡长龄之名，其已近八旬，故取榜首。明世宗夜梦西北响雷，当是状元出西北。考官翻到 300 名时发现陕西人秦鸣雷，录为状元。1903 年清末考试，正遇慈禧七十大寿。有个山东考生王寿朋，太后见其名“寿朋”吉祥，点为状元。1904 年本拟朱汝珍为状元，时天大旱，而榜眼名刘春霖，慈禧以为合民意，换为状元。《枫窗小牍》中说北宋宰相丁谓非常迷信，最尚吉祥。时一无赖于庆，贫寒不能自立，请教于一落第老儒。老儒曰：“汝欲自振，必更姓名乃可。后得志，勿相忘!”叫他改姓丁，名宜禄，使投身丁谓。丁谓果然大喜，南北朝时就有呼宰相为宜禄，何况姓丁！不一年，倚仗丁谓之权势发了财，老儒也当了官。清会稽人孙山麓道光时屡试不中，后改元咸丰，便改名孙庆咸试试，居然高中会元。发榜时叫仆人去看，仆人老是从金榜中段往下看，每次失望。这次主人一发急，麻着胆子问：“那么今年会元是谁?”“他倒是老爷同宗，但名讳不同，叫庆咸。”孙大喜骂道：“王八蛋！那就是你家老爷!”

当然也有因名背运：明代某年殿试后一甲一等的吴情被撤下（因其音同于“无情”)；顺治时状元本为王揆，福临想起《王魁负桂英》之戏便说：“是负心王魁耶?”便打入三甲。明永乐时状元是孙日恭，榜眼邢宽，结果调换（因为邢宽音同“刑宽”，开明之世的象征)。清道光科试，武昌范鸣琼之卷送皇帝御览时，因唱卷官咬字不清，皇帝听成“万民穷”，大怒，卷移三甲。清同治探花王国钧，慈禧听来像“亡国君”便贬入三甲。光绪二十九年经济特科一甲一名是梁士诒，有人说是梁头康尾（康字祖诒，康有为、梁启超均为当时之改良派)，慈禧痛恨，再加上此人籍贯与康梁二人同（广东），马上认为是其同伙，不仅不录取，还要追查，吓得此君闻风而逃。

夏商时以天干取名，春秋后喜用动物：董狐、阳虎、西门豹、触龙等。汉代以志向取名渐多：赵充国、于定国、孔安国等。南北朝时喜用“之”字，如王羲之、顾恺之、陈庆之、颜延之等。唐宋时文章气盛，名也取得文绉绉的。元代是蒙古人的天下，汉人多用蒙古名以为时尚。明清科举鼎盛，取名为“奎、魁、元、第、恩、光、禄、士”者较多。民国后民族矛盾日趋严重，故有于右任、戴天仇、胡汉民。“文化大革命”时“卫、东、红、兵”等名较多，可以说是非常普遍。根据统计，目前男子取名最多的字是：伟、刚、杰、强、勇、军、兵、东、永、昌、建、忠、良、海、波、仁、贵、德、福、生、龙等；女子取名最多的汉字是：娟、花、慧、珍、珠、翠、碧、琼、玲、琴、秀、淑、英、丽、芳、芬、红、凤、梅、莲、兰、菊、贵、芝、莉、敏等。进入21世纪以后，取名渐趋多样化，也呈理智化倾向，出现很多较好的名字，但也产生很多单名，“姓+单名”成了一种时尚。

从文字的角度来看，取名之法大致来说，有以下几种。

增字法：王匡、林森、李季、魏巍等。

减字法：阮元、伊尹、聂耳、盛成等。

离析法：舒——老舍，张——长弓，查良镛——金庸等。

关于乳名：唐贞观初，太白星频频昼见，太史占卜结果：“女主昌。”此后谣言四起，谓“当有女武王者”。太宗不安，令百官赴宴各报乳名。轮到左武卫将军李俊羡报名时，其半晌红脸曰：“臣乳名叫五娘子。”众大笑。太宗愕然曰：“何物女子，如此勇猛。”李系武安人，封武连公，当武卫将军，守玄武门，又是五娘子，故捏罪杀之，直到媚娘则天篡位后才明白。

曹操乳名阿瞒，刘禅叫阿斗。三国后阿字兴起，可作词头，特别是人名前。乳名后常加“奴”、“儿”。如辛词《永遇乐·京口北固亭怀古》：“……人道寄奴曾住。”寄奴为刘宋开国皇帝刘裕乳名。谢灵运乳名客儿，宋文帝刘义隆叫车儿，梁武帝萧衍叫练儿，齐武帝萧赜叫龙儿。金庸、梁羽生小说中人物多用此类名，今言情小说中亦然。汉武典故“金屋藏娇”，其皇后乳名阿娇。一般人多用动物名，越贱越长寿，阿狗阿猫之类。如司马相如叫犬子。女儿则爱用男名，如汉武宠妃卫子夫，汉元帝姨妹名君弟。后代喜用招弟、引弟、来弟、领弟。

关于字：名字连用，实则不同。名三月取定，而字则在成年礼（20 岁）上将头发盘起，戴上礼帽（冠），由父母或其他长辈、宾客取一个表字。为什么有了名，还要取字呢?《仪礼·士冠礼》：“冠而字之，敬其名也。”孔颖达为《礼记·檀弓》的“幼名，冠字”作注说：“生若无名，不可分别，故始三月而加名，故云幼名也。冠字者，人年二十，有为人父之道，朋友等类不可复呼其名，故冠而加字。”就是说，这是出于尊重的需要，出于“为长者讳”的需要。据古书记载，周代贵族男子年满 20 岁时，由父亲在宗庙里为其主持冠礼。行礼前选定加冠的日期，选定加冠的来宾。行礼时由来宾加冠三次：首先加缁布冠，表示从此有了治人的特权；其次加皮弁，表示从此要服兵役；最后加爵弁，表示从此有权参加祭祀。来宾敬酒后，去见母亲，又由来宾取“字”，然后去见兄弟姑姊，最后戴礼帽、穿礼服、带礼品去见国君、卿大夫或乡先生。主人向来宾敬酒赠送礼品后，冠礼结束。加过冠之后，男子可以娶妻。女子成年叫“及笄之年”（15 岁），把头发盘起，加上一根簪子。“弱冠之年”指接近 20 岁。秦汉之际，并非人人有字，像韩信、樊哙、周勃等屠狗贩缯之流皆无表字，张良等出身贵族就有。汉晋以后，男子称字范围扩大，到民国时几乎每个男子都有字，而女性则诗礼之家才有。

古人先名而后字，因此取字往往遵循“名字相应”的原则，即字与名之间有一定的联系。《白虎通义·姓名》：“旁（傍）其名为之字者，闻其名即知其字，闻其字即知其名，若名赐字子贡，名鲤字伯鱼。”名与字之间的联系可以是语义方面的，也可以是字形方面的，这就是汉语汉字对名字的影响。

名与字在语义方面的联系有很多类型。有的字和名是同义词，如宰予，字子我，“予”、“我”同义；许慎，字叔重，“慎”与“重”同义；诸葛亮，字孔明，“亮”与“明”同义；褚遂良，字登善，“良”与“善”同义。有的字和名是反义词，如韩愈，字退之，“愈”与“退”反义；赵孟頫，字子昂，“頫”与“昂”反义。有的字与名具有联想关系，如冉有，字子求，须“求”才“有”；赵云，字子龙，“龙”由“云”生。有的字与名是同类关系，如孔鲤，字伯鱼，“鲤”是“鱼”类；郑樵，字渔仲，“樵”夫与“渔”翁为侣。

字与名在字形方面也有联系，古时有所谓“由名省形制字”的方法，就是离析“名”的字形而得“字”。如秦桧，字会之，“会”为“桧”的一个组成部分；姚椿，字“春木”，“春木”是对“椿”的离析；毛奇龄的字很多，有两生、大可、齐于、初晴、晚晴、老晴等，其中“大可”是对“奇”的离析。

因为姓名是连在一起的，所以人们取名时，往往又据姓而取。有的是取语义方面的联系，《唐书·魏征传》有“云朝霞”，《五代史·伶官传》有“镜新磨”，《辽史·伶官传》有“罗衣轻”，现在有“成龙”、“牛得草”、“马识途”、“马伯乐”等叫法，都是名因姓取。有的是取字形方面的联系，如老舍，姓舒，名舍予；聂耳，原名聂守信，他的听觉特别敏锐，又姓

“聶”，人们依据“聶”的字形亲切地称他“耳多”，他就以“聶耳”为笔名，最终以笔名行世。

表字称表，又有和本名相互表里之意，常见的有以下几种。

同义式：屈原，名平字原。曾巩，字子固。

近义式：周瑜，字公瑾；诸葛瑾，字子瑜；秦观，字少游。

互补式：刘过，字改之；韩愈，字退之；白居易，字乐天。

反义式：曾点，字皙；朱熹，字元晦。

用典式：赵云，字子龙（易经：云从龙）。

嵌行式：曹操，字孟德；班固，字子坚；冉耕，字子牛。

历史上以表字著称而本名鲜为人知者普遍，如屈原、蔡文姬、陶渊明、刘半农。

先秦字在前名在后：孟明视、西乞术、白乙丙、孔父嘉。汉以后，改成名在字前：刘桢公干、孔融文举、陈琳孔璋、阮瑀元瑜等。称法上，最先是称字就算尊敬了（如称孔子为仲尼），后演变为只有在平辈同侪间方称表字示敬，学生属下不得再以表字称师长上司，至于君父表字对于臣子来讲，更是绝对不许挂在嘴上的。反之，长辈、上级称晚辈、下级的表字则表示看得起。当面交谈一般称自己的名，不能称自己的字。

第三节　关于避讳

避讳是中国独有的特殊现象，起源于西周（有人认为最早起源于春秋时的鲁国），秦汉时形成气候，得到巩固。它涉及面相当广泛，分为国讳、家讳、圣贤讳、宪讳。国讳，即当朝皇帝和其七世以内祖先的名字。如秦始皇名政，正月改为端月，其父子楚，凡楚均改为荆。唐高祖李渊之祖父名虎，故虎叫大虫，连溺器“虎子”也改叫“马子”，后又叫马桶。后变本加厉，连庙号等均避，乾隆时江西举人王锡侯作《字贯》一书，犯康熙和雍正庙号被杀，累者尚多。家讳，就是父母祖先之名。南朝范晔父名泰，便辞太子詹事一职，因音同。刘温叟因父名岳，故终身不听音乐，也不去三山五岳游玩。唐大诗人李贺，因父名晋肃，终身失去参加进士考试的机会。宋代钱良臣的儿子读《孟子》“古之所谓良臣，今之所谓民贼也”为“古之所谓爹爹，今之所谓民贼也”，被钱良臣揍了一顿。家讳不受法律保护，与权势有关。如南朝梁人殷均娶永兴公主为妻，公主对这个驸马不满意，每召其进房，先于壁上遍书殷父名睿，殷流涕而出，公主令奴婢束而返之，连其父梁武帝也觉过分。所谓宪讳，即官场中下级不直呼长官名字。如五代时五朝元老冯道，幕僚讲《老子》“道可道，非常道”读为“不敢说，可不敢说，非常不敢说”。圣贤讳也是一种与国讳相似的官讳，即不得直呼、直写三皇五帝、周公孔孟等古代圣贤的名字。对以上这些讳，古籍上采用改字法，如汉高祖名邦，不能称邦而称国，故战国时的官名相邦改为相国；惠帝名盈，不能称盈而称满；吕后名雉，不能称雉而叫野鸡；文帝名恒，北岳恒山改为常山；景帝名启，不能称启而叫开；武帝名彻，不能称彻而叫通，秦末名士蒯彻改为蒯通；宣帝名询，大思想家荀卿改为孙卿。空字法，就是在书写中遇到应避讳之字时，或空一格，或画一个方框，或干脆将此字省去。如王世充之名因避李世民讳作“王充”；隋代大将韩擒虎之名因避李渊之父李虎之名而只作“韩擒”。缺笔法就是在写字刻书时遇到应避讳之字时，不该不空，而将该字少写一笔两笔，不影响读者对文章的理解。古文献中常见的是丘字作“㐀”（省右下之竖）、玄字作“玄”（省点）、中字省下一竖、衡字省下一横、朗字省月中二横。避讳尚有其他方法，给后人造成很多麻烦，不再一一细说。

第四节　别号

另外，古人还有别号。章学诚《文史通义·繁称》："号之原起，不始于宋也，春秋、战国，盖兆其端矣。陶朱、鸱夷子皮，有所托而逃焉者也；鹖冠、鬼谷诸子，自隐姓名，人则因其所服所居而加之号也，皆非无故而云然也。"如越国大夫范蠡辅佐勾践灭吴之后，辞官泛舟成为富翁，人称陶朱公。贺知章号"四明狂客"、陆龟蒙号"江湖散人"等。宋以后取别号成风，连小偷也有。赵翼书中说某官拿获一盗，责其行劫，盗自辩曰："守愚不敢"，某官不明，后知"守愚"乃此盗别号，不禁哑然。以号传世如苏东坡、郑板桥、章太炎等。从取号缘由看，可分四类。表居处，陶潜《五柳先生传》："宅边有五柳树，因以为号焉。"表情趣，欧阳修自号六一居士，自云："吾家藏书一万卷，集录三代以来金石遗文一千卷，有琴一张，有棋一局，而常置酒一壶，以吾一翁，老于此五物之间，岂不为六一乎？"明履历，宋代词人柳永好写艳词，有人推荐给宋仁宗，宗曰"且去填词"，故自号"奉旨填词"。通名字，明作家冯梦龙，字犹龙，号龙子犹。宋代徐光簿编《自号录》分36类，而处士、居士、先生、翁、叟等占一大半，如李白"青莲居士"、白居易"香山居士"、苏轼"东坡居士"、李清照"易安居士"。一般别号只有一个，也有人有多个别号，如明末学者傅山（傅青主）就有十多个别号；清名画家金农（金冬心）也有十来个别号。

古人还有室名斋号，即文人学士为自己的书房、书斋所命之名，最迟不晚于汉晋之际。唐宋以室名斋号替代姓名，使之成为与别号相似的一种称谓，如辛弃疾"稼轩"（临稼之轩）。

明清时期使用的室名比别号还多，如孙星衍的平津馆、俞樾的春在堂、黄丕烈的士礼居、端方的陶斋等。室名都以居处为名，如斋、堂、馆、房、屋、阁、轩、庐、壮、舍、楼、所、处、居、厦、榭、亭等，清末民初有甲骨四堂，研究甲骨文的四大家，即罗振玉雪堂、王国维观堂、董作宾彦堂、郭沫若鼎堂。至于诨名绰号多为百姓，如水浒108将。与别号一样，古人可以有几个、几十个室名，也有若干人同用一个室名，如万卷楼，至少有清代著名学者李调元等25人用过；梅花书屋，至少有明代著名学者张岱等19人用过；玉堂，至少有明代政治家高拱等14人用过；西园，至少有宋代名将韩世忠等22人用过。诨号，又叫诨名、绰号、外号等，起源较早，《吕氏春秋》说夏桀绰号"移大牺"，估计这就是最早的绰号（从信史的角度看，最早的绰号出现于汉代），但诨号之称最早见于宋代。"诨"就是诙谐有趣，《玉篇》"诨，弄言也"，"绰，犹多也"，就是名字之外另加的称呼，秦汉时多起来。魏晋南北朝较甚，互相取绰号调侃。唐宋成为风气，如李林甫为"人猫"、陈彭年为"九尾狐"等。南宋殿帅郭倪，自比孔明，酒后常吟"三顾频频"之句，后出师失败，对客流涕，人呼"带汁诸葛"。五代十国君主多出生黑道，有"贼王八"（王建）、"郭雀儿"等。元明以后市井文化、草莽文化形成，产生大量的别号（歪号）。现代学者刘大白有《绰号文学的分类》，将绰号分为20类。大致有：状貌，唐温庭筠貌丑，号为温钟馗；德行，如北齐魏收轻薄，号惊蛱蝶；威望，如唐来俊臣用刑残酷，号肉雷；声价，如诸葛号卧龙；命运，如宋杨畏仕途三朝三异，号杨三变；业务，如张青以种菜为生，号菜园子；技能，如浪里白条张顺、神行太保戴宗等；学识，如唐刘见是荆州第一个进士，使号称天荒的荆州增彩，号"破天荒"；著作，如唐杨炯好用古人姓名入诗，号为点鬼簿，骆宾王诗中喜用数字作对，号算博士；谐谑，唐牛僧孺号丑座，即以十二生肖丑配牛。宋代翰林学士王平甫爱出汗，号为汗淋学士。另有身份、爱好、行为、艺术、财产、举止、谈吐、服饰等，不再列举。

关于谥号，一般是有一定地位的人死后由国家给予的特殊称号。如曾国藩“文正公”、左宗棠“文襄公”等。谥号是中国传统姓名文化的一个部分，谥法则是给死者以谥号的法则，如刘秀谥“光武”，据谥法：“能绍前业曰光，克定祸乱曰武”。隋炀帝昏暴无道，谥法：“好内远礼曰炀，去礼远众曰炀”。小皇帝刘炳，二岁登基，三岁送命，谥曰冲，谥法：“幼少在位曰冲”。另有追谥和夺谥、改谥，如明内阁首辅张居正谥“文忠”，不久抄家，谥号被回收；秦桧谥“忠献”，宋宁宗时改谥“丑谬”。据《左传》记载，楚成王的儿子商臣谋反，楚成王被逼上吊自杀。死后，商臣谥其为“灵”（迷玩乱国），成王不闭眼，改谥“成”（安民立政），他才闭上眼睛。春秋、战国时很多谥号为“灵”的都是昏君，如与“染指”一词有关被子公杀死的郑灵公，与自己的臣下共同淫亵一个女人并相互炫耀而被一箭射死的陈灵公，乱杀忠臣、荒淫无度而被赵穿杀死的晋灵公等。

庙号和尊号。先说庙号：古代帝王死后，必须在太庙之中立室奉祀，奉祀之时不能以名字相称，就得专门追上一个称号，这就是庙号，如唐太宗、明成祖中太宗、成祖即庙号。从古代文献看，秦以前无庙号，西汉景帝开始使用庙号；以后历代相承，至于清末。一般情况下，庙号是死后才有，有个别生前就定，如魏明帝曹叡在给其祖父曹操、父亲曹丕追上庙号时，竟连自己的庙号一道宣布（魏烈祖），而且被后代所使用。一般情况下，庙号只有一个，但朱由检自杀后，南明弘光小朝廷追为思宗和毅宗，隆武小朝廷又上庙号为威宗，清代又定庙号怀宗。

尊号常见而不常用，帝王、帝后一般都有尊号，可一般不使用。尊号一词，最早见于秦代。李斯上尊号，王为“泰皇”，秦始皇不满意，改为“皇帝”。武则天称帝前就已“加尊号为圣母神皇”。清慈禧有25个字的尊号，即“孝钦慈禧端佑康颐昭豫庄诚寿恭献崇熙配天兴圣显皇后”。古代帝、后尊号一般不用，慈禧是例外。另外，少数特殊人物尊号常用，如“大成至圣先师”的孔子、“台上玄元皇帝”的老子、“忠义仁勇神武威显护国保民精诚绥晋翊赞宣德关圣大帝”的关羽（民间简称“关圣帝君”）。

第五节 姓名与人生

一般来说，姓名有独特的读法。如南宋大奸臣“万俟卨”之名，很多人易读错，念成 wan si zhen，正确的读法是 mò qí xiè。“单”字作姓时念 shàn，作地名时也念 shàn，如山东单县。汉初的名人郦食其，不能念成 lìshíqí，而念 lìyìjī。汉初匈奴太子金日磾不念 jīn rì dān，而要念成 jin mìdī。战国燕人樊於期要念成 fán wū jī 而不是 fán yū qī。作为一种姓的时候，“叶”念 shè、“仇”念 qiú、“种”念 chóng（如宋代有种师道）、“吾丘”念 yú qiū（如元人吾丘衍）、“不”念 fǒu（如晋人不准）、“繁”念 pó（如三国时繁钦）、“员”念 yùn（如唐人员半千）、“区”念 ōu、“冼”念 xiǎn、“郗”念 chī、“盖”念 gě、“查”念 zhā 等。

从古至今，同名的现象比较严重。如战国时的毛遂，有“毛遂自荐”的毛遂，有坠井而死的野人毛遂。又如李密，晋朝以《陈情表》出名，后魏李密以医术出名，隋末李密以聚兵瓦岗寨出名。《战国策》中有曾母逾墙走的故事：费人有与曾参同名者。曾参之母正在织布，当第一次有人告诉曾参杀了人，其母说，我的儿子不会杀人；第二次有人告诉曾参杀人，其母停了停，继续织布；第三次有人告诉曾参杀了人，其母也坐不住，丢下梭子翻墙而逃。同名的产生与单一化和取单名有关。两汉时单名就很严重，如王莽时农民起义者王匡，镇压起义者也叫王匡。汉成帝时，丞相叫王商，大司马也叫王商。取名方法的程式化、取名时尚均易造成同名，如今之张伟、李勇、王芳、吴倩一样，全国不知有多少。就我所知，“姓＋霞”的女人名字很普遍，如张霞、李霞、王霞、刘霞、吴霞、范霞、彭霞、梁霞、康霞、万霞等太多；有人则在中间加个字组成“姓＋字＋霞”，如刘红霞、伏明霞、林青霞、卫海霞、王军霞、于朝霞等，也比较多。男子名以“姓＋伟”、“姓＋勇”、“姓＋兵”为最多，如张伟（勇、兵）、李伟（勇、兵）、王伟（勇、兵）、范伟（勇、兵）、吴伟（勇、兵）、林伟（勇、兵）、余伟（勇、兵）、杨伟（勇、兵）、卢伟（勇、兵）、刘伟（勇、兵）、钱伟（勇、兵）、陈伟（勇、兵）、曹伟（勇、兵）等，简直太多了，数不胜数。在西南官话中，“兵”与“斌”语音相同，都念bīn，因此很多人取名除用“兵”外，大量用“斌”，取其有文有武、文武双全之意，男女都可用。一般而言，以上“伟、勇、兵”之名用于男子，但也有例外。笔者认识一家三姐妹，老大叫余兵，老二叫余勇，老三叫余伟，取名的用字与以上情况非常吻合。

中国网站于2006年公布神州大陆最流行的十大姓名，排名第一的是“刘波”，共有130多万人以此为名。而十大最流行姓名的第七至十位全部带有“伟”字，可见“伟”字在中国人名字中最受欢迎。公布的中国十大最流行姓名，依次为：刘波、李刚、李海、张勇、王军、王勇、张伟、刘伟、王伟、李伟。

报道说，造成重名的主要原因是中国人喜欢取单名。中国古代已盛行取单名，如刘备、张飞、关羽等。到明、清朝以后，中国人普遍取双字名。但 1949 年以后，由于一些名人特别是电视电台主播取用单名，单名风再次兴起。

国人的名字也反映时代特征。建国初期，不少人都取名“解放”，现年 55 岁左右的人中，不少人都叫“解放”、“建国”或“建华”。在“文化大革命”时期，父母也多为孩子取与革命有关的名字，如“文革”，以及有保卫毛泽东或林彪之意的“卫东”、“卫彪”等。近年出生的孩子，名字都较西化，如“安娜”、“丽娜”、“美美”等都相当普遍。而在互联网发达的时代，也有人要求为孩子取名“王@”，但遭拒绝登记。

名字与人生到底有没有关系？有。我们不认为名字的笔画对今后命运有什么影响，那纯属迷信，（如汉字有繁体字有简化字，有正体字有异体字，到底该依哪一个呢?）没有一点心理学的或科学上的依据，殊不可取。我们认为名字对个人性格的成长有一点点影响。诸位只要到派出所、看守所等公检法机关去看看，很多从事公、检、法工作的人名中有“伟、强、勇、军、兵”等汉字，尤其是公安机关。2004 年 8 月底笔者到某个公园游览，见门口贴着一张告示，上面说公安机关近来破获一系列抢劫犯罪案件，叫受害者去认领，落款是某派出所的民警李勇和王伟。但是你到大学去观察，却很少有大学教授叫什么“伟、强、勇、军、兵”的。根据我们对古代人名和新中国成立前人名的统计分析，名字太硬不好，大多对今后的命运有一定的影响。记住，我们这里讲的是名字对人生有一定的影响，而不是名字决定人生。（真正决定人生的是我们的性格）。为什么我们认为姓名会对人生有一定的影响呢？因为我们的名字一旦取定，我们就会从孩提开始一直被人千万遍地叫来叫去，名字中的汉字就会如影随形逐渐作用于我们的心灵，作用于我们的性格，使我们的心灵产生潜移默化的效果，从而影响我们的一生。另外，名字中的语音对我们也会产生一定的影响。按我们的观点，在名字中以先平后仄读起来要好听一些、铿锵一些。根据我们的分析，不仅名字中如此，在古代并列的很多名词中也是如此，如司马迁与班固，说成“班马”，而不按时间先后说成“马班”；阮籍和嵇康简称“嵇阮”；东晋权臣谢安和王导简称“王谢”等，例子较多。不仅如此，甚至有很多自然界的并列名词都是先平后仄，如：秦晋、齐楚、吴越、星月、霄汉、风雨、山川、川陕、湖广、猪狗、龙马、松柏、花木、珍宝等。因此，我认为我们在取名时既要注意汉字的意义，也要讲究音律，让人读起来容易上口，还要尽量不用生僻字、歧义字，使人产生不好的印象。容易产生谐音的也不好，如有个学生叫王灵，易听成“亡灵”；一个男生叫王国，易听成“亡国”。学生中名字硬的其中可以加一个字，也许就可改变你的性格。在我们同学中单名太多，如黄飞、祝军、刘宇、王凯、李艳、赵艺、冯娟、孙华、方丽、陈萍等，应该提倡双名。有好几个同学除姓外，名字是单名且相同，如张静、李静、瞿静、王静；王敏、赵敏、黄敏、刘敏、李敏、田敏。四川文理学院中文系 2005 有田娟、魏娟、李娟、游娟、青娟、韩娟等数人。有一些同学问我：“我们的名字的最后一个字老是让我们觉得不太好听，这是为什么?”我认为这与其音节有关。汉字及其语音经过几千年的发展变化，逐渐固定下来，如 i 韵和 ei 韵的字易使人产生“小、细”等意；而 ong 韵字易使人产生“大、壮、模糊”等意；有些男同学名字易使人产生“微小、猥琐、温柔”等联想；而有些女同学的名字又使人产生“宏大、壮阔、刚毅”等联想，给人造成不太好听的印象。

每个人都希望有一个文雅、动听、寓意深刻的名字，而一个听了不舒服、叫着不顺口、写下不耐看的名字就会影响自己的社会交往，甚至自己的前途命运。因此古今之人对名字中的汉字都很重视，文化程度不高的甚至翻着书取名。比如男子取名“杨伟”的有不少，但因其使人联想到“阳痿”而觉不妥；电视剧《西游记》中猪八戒的扮演者马德华原名马芮，他到医院看病，挂号室叫他马苗，药房叫他马丙，注射室的护士小姐叫他马肉！据2004年5月下旬某报载：林女士1994年来珠海打工，在一家日资公司上班。由于小时候在农村登记户口时，村干部把她的名字误写成一个男性化的名字。进入现在工作单位后，让她尴尬的事情发生了：在同一个办公室的20位员工中，竟有2位男性同事与其同名同姓，每当老板叫其中一人时，3人同时应声而起，引得其他同事哄笑不已；而日本老板也习惯称她为林先生，更是让她难堪。

2007年3月在政协会上，韩方明委员提交了一份提案，呼吁有关部门尽快制定《自然人姓名条例》，或者在制定中的《民法典》姓名权部分直接规定相关规则，规范自然人姓名的确定、更改以及使用行为，为起名立法。

8700个“刘宏伟”引发混乱：中国人多，重名重姓在所难免，光是广州市就有1147人叫“陈志强”，而全国叫“刘宏伟”的更多达8700人。重名重姓引发的混乱已经波及到我国的户籍管理、邮电通信、银行储蓄、医疗保险等各行各业。胡乱起名的现象更应该制止，韩委员说，人名里面使用生僻字、不规范字、甚至自造汉字的危害比重名还大。起名之前应查询，韩方明建议，我国应建立一个姓名查询机制：户籍管理部门应当建立完整的户籍档案资料库，父母给孩子起名前，应该先到户籍部门检索，尽量避免重名造成孩子将来生活上的不便。他还建议制定相关法规，禁止使用有侮辱或诋毁国家、政府及他人含义的姓名。

姓名要用规范字，不规范的姓名会给户籍管理、人事、银行、保险、交通等计算机终端处理带来很多问题，公民有权利决定自己的姓名，但是在正式的姓名登记中，还应当考虑到社会生活的方便，考虑到公共管理的需求。现在有些家长给孩子起四五个字的名字、带字母的名字，甚至带符号的名字，让人头疼。

韩委员在提案中建议，姓名登记机关应有权拒绝将生僻字、非汉语符号和数字登记为姓名，人名是日常生活中使用最频繁的字，应当纳入相对规范化和标准化的轨道。

2007 年 6 月 13 日《羊城晚报》报道，《姓名登记条例（初稿）》已于日前完成，《条例》中首次对公民起名作出硬性规定：公民应随父姓或母姓，但允许采用父母双方姓氏。这种做法可新增加 128 万个双姓，将极大程度解决大姓人口姓名重复的问题。

网上流传校园趣名：朱逸群（猪一群）、杨宜知（羊一只）、秦寿生、吴安全（据说还是个司机）、子腾（本来挺文雅的名字，偏偏老爹姓杜）、费彦（谐音“肺炎”，开学点名笑翻了一片）。此外，在校园里还有：音乐老师叫管风琴；健美老师叫陈亚玲；锅炉热处理专业老师叫吴嫣梅（无烟煤）；学校校医室有个校医名叫“段珍”（断针），学生都不去她那打针……

相比于 10 年前的统计，2017 年元月，中央电视台报道，全国最多的姓名分别是：张伟、王伟、李波，男孩最容易重复的名字是浩然，女孩子最容易重复的名字是梓萱。第四代重名潮开始了。梓萱、诗涵、浩然、浩轩，是四川父母最爱给孩子取的名字（见下面阅读资料）。

阅读资料

日前，中国首份姓名大数据报告《2016 大数据“看”中国父母最爱给宝宝起什么名》出炉。近日成都商报也联系上数据发布者，拿到四川宝宝热门名字排行榜。不出意外，梓萱、雨萱、芷萱、瑾萱、子萱、语萱、紫萱等纷纷上榜。专家认为，2010 年后的高度重名现象，代表着中国可能正在掀起第四轮重名潮。有教师认为，这是文化素养匮乏的表现，建议家长们从经典著作中吸取灵感、加以发挥。

四川重名率高于全国平均值

该报告由清华大数据产业联合会发起人之一、清华大学“幸福科技实验室”支持项目、国内唯一以大数据和心理学为基础进行姓名研究和起名服务的专业机构“起名通”完成，抽取整理了 2015 年 540 万新生儿姓名数据、2010 后 2000 万姓名数据，并综合覆盖了 11 亿人口的历史数据，是国内首份关于名字的全景式报告。

报告撰稿人、清华大学大数据产业联合会发起人之一、“起名通”创始人张襦心透露：“中国前 100 个重名率最高的名字，覆盖人口整体超过 10%。”而在四川，重名率超过了全国均值，“四川省前 100 个重名率最高的热名，覆盖了本省人口约 14.15 %，意味着名字多样性还不足。”需要注意的是，此数据不是特指新生儿，是所有人口。

热名来源：起名软件、韩流热剧等

在宝宝热名数据中，“涵”、“轩”等字反复出现。张襦心觉得这跟网上泛滥的起名软件、APP、商业机构有关——“为了吸引点击特设的‘男孩女孩好名字帖’‘生肖取名宜忌’”——这些帮忙取名大多紧跟潮流，雷同很多。

同时，四川家长们显然受到韩国文化和我国台湾文化的影响，男宝宝热名榜第9名“俊熙”，就是韩国偶像剧中经常出现的名字，女宝宝热名榜第6名“欣怡”，也是我国台湾父母最喜欢的姓名之一。

四川家长们还从热门电视剧中找灵感，女宝宝热名排行18的“若曦”和排行22的“紫萱”，跟热剧《步步惊心》《仙剑奇侠传（三)》主角重名。

“最重要的还是家长的从众心理、不敢有所突破的保守心理、过度追求好听上口或对名字不重视的心理等综合作用的结果，比如不少家长听到身边谁的名字好听，拿过来简单换换就用，导致新一代孩子的名字相似度很高，‘网红’现象明显。”

专家观点：热名品质有所提升　但文化底蕴仍不足

张襦心认为，近年来名字的“网红”现象，标志着第四代重名潮来袭。“新中国成立后，我们国家已经历了三次重名潮，分别发生在新中国成立初期、上世纪六七十年代及七八十年代。”她认为重名潮的产生根源，“大多跟我们集体无意识的‘民族心理’和文化水平、受教育程度有关。‘文化荒漠’现象越严重，创新、多元化思维越受限的时代，重名的现象就会越明显。”

但同时，张襦心也觉得：“2010后的热名，跟过去相比，在品质上有明显提升，这是好的一面。但由于整个社会对于文化的重视还在一个刚刚开始、缓慢上升的过程中，所以这个阶段的热名，都属于‘轻文化’类，稍微有点内涵，比较小清新，但思想性、文化底蕴依然明显不足。”

取名建议：参考经典再加以发挥　不用拘泥个别字眼

四川大学锦城学院文传系教师杨震认为，之所以出现这样的重名率，与父母所受教育有关，“这一代父母大多在20世纪八九十年代接受教育，当时港台文化盛行，相较于‘军’、‘强’、‘丽’等名字，琼瑶、金庸小说中的人物名字显得更为‘小资’，也就很容易被吸收了。”

杨震认为，更重要的一点是现代教育问题，“这也说明现代人古典文化素养不够，需要提高文化素养。在过去，取名一般是经典典籍中选择再加以发挥，《诗经》《楚辞》《左传》《周易》甚至《尚书》都有。”杨震建议，取名除了参考经典典籍之外，也可以根据自己兴趣来，不用过于拘泥个别字眼。

关于改姓

中国人讲究坐不改名，行不改姓，那么我们一些人的姓不好，可以改吗？答案是肯定的。如河南有个村子很多人姓苟，音同狗，都觉得不好听，就去派出所要求改姓。所长带人去走访，并查阅相关资料，发现这些人的先祖本来姓敬，由于在战乱之中，担心被害，都去除反文偏旁，改为苟姓。于是全部给村民改过来，成为敬姓。

在那漏村，一些原本姓雞的族人现都已改姓奚了。那漏村属于鸡姓相对集中的村，不过住得相对分散。每年鸡姓的村民都会在农历三月三往圆蹄牛祖坟处扫墓，至今已有8代。姓鸡市民为儿起名发愁。在东兴市江平镇，在广西东兴市姓鸡的市民就有数千人。鸡蛋、鸡毛、鸡肋、鸡低批（GDP）等一系列的建议纷纷在网友们的回帖中出现，东兴市内的鸡姓属于同宗同祖，东兴市的鸡姓原本是雞字，两个村民小组300人都姓鸡，姓鸡者主要分布在北部的山区，但是确实存在，在十二生肖中，用作姓氏的有九个，甚至还有网友回帖，都会引起鸡姓者的反感。据村里的老人讲，当年鸡姓老祖宗生了 7 个儿子，七房，鸡姓分布到东兴各地，称自己姓鸡，鸡姓祖坟在那漏村四周的圆蹄牛山上。有人认为，雞姓原来应该是奚姓，估计是避难改姓，但是缺乏证据。

第六节　关于称谓

自称与称人：古人自称一般不用第一人称，而用谦卑之词，如“鄙人、贱、卑、仆、驽、愚、妾、奴、小人、下走、下臣、不谷、孤、寡人”等谦称；称对方时候也不用第二人称，代之以“大人、左右、足下、先生、执事、陛下（陛，皇宫之阶也，故指皇帝）、殿下（殿，宫中陛下之殿，地位比陛低，故称侯王为殿下）、阁下（阁在殿外，地位更低）、节下（主要用于魏晋时期，“节”是军中权力的象征）、麾下（对将帅的尊称，麾即指挥旗）”等敬称，“以卑达尊”；对待自己的行为，使用“窃、忝、猥、伏”等表谦副词来表示对自己所作所为的贬斥；使用“轻、幸、谨、敬、灰、辱”等表敬副词来表示对对方所作所为的崇敬。如司马迁《报任安书》“仆虽疲驽，亦尝侧闻长者之遗风矣”，短短的一句话中就有五个字表谦。

亲属称谓：按古人关于宗亲的范围，祖辈的亲属是从高祖开始，高祖以上则称“远祖、先祖、先人、鼻祖”。“祖父”一词始见于《仪礼》一书，其后多见，又称为“王父”、“大父”。《韩非子》：“大父未死，而又二十五孙。”又称“祖君”，如子思说：“祖君屈于陈、蔡，作春秋。”“公”、“太公”在古代是对男子较为广泛的称呼。“翁”也可用来称祖父，有时叫“阿翁”、“翁翁”。今天对祖父常见的称呼是“爷爷”，但爷在古代是一个用途广泛的称谓，可指父亲，如《花木兰》中的“阿爷”就指父亲。用来称祖父，最早见于《太平广记》，大概在南北朝以后。婆在古代是对成年妇女普遍的称呼，也可用来称祖母。奶奶是今天的普遍称呼，古代使用较晚。最初，奶是作为乳母的称呼，又是对已婚妇女的广泛称呼。而用奶奶来称祖母，最早见于《红楼梦》一书。古人敬称母亲为“慈”，故“重慈”指祖母，如文天祥《与洪端明云岩书》：“某堂有重慈，今年有八十有七。”古人有妻有妾，如果自己的祖母是妻，则称祖父之妾为“季祖母、庶祖母、妾祖母”；如果自己的祖母是妾，则称祖父之妻为“嫡祖母”。对于祖父的兄弟，称堂祖父、从祖父、伯公、伯祖、叔公、叔祖、叔翁等。

父母是亲属中最重要的亲属，除“父母、二老、双亲、爹娘”之外，还有“高堂、严君、严亲、二亲、尊亲”等。对父亲，称“父、公、翁、尊、大人、君、严、爷、爹、爸、老子”等，文人称“椿”，因为《庄子·逍遥游》中有“上古有大椿者，以八千岁为春，八千岁为秋”，故“椿”、“椿年”指长寿之人。《论语》载孔子的儿子伯鱼“趋而过庭”，接受孔子的教诲。于是后人将椿庭作为对父亲的代称。因古人称母为萱，故“椿萱”指父母。母是最常见的、几千年不变的称谓，但又可作为成年妇女的泛称，如《史记·淮阴侯列传》：“诸母漂，有一母见信饥，饭信。”另有“婆”，如《汉乐府》：“阿婆不嫁女，那得孙儿抱?”又“娘”、“孃”，《木兰诗》：“不闻爷娘唤女声。”“慈”、“大人”也可指母亲。“妈”则产生于宋明时代，也可指成年妇女。南北朝时“家家（**gū**，音“姑”）、姊姊”是对母亲的两种特殊称呼。如《北齐书·琅玡王俨传》：“有缘便见家家，无缘永别。”也作“阿家”。至唐代仍然有人呼母为姊，如刘知几《史通·杂说》“如今之所谓者……呼母为姊。”宋人叶绍翁在《四朝闻见录》中说宋高宗称其母韦太后为“姐姐”，可能是“姊姊”之余绪，皆在皇族小范围内。《北齐书·南阳王绰传》中“绰兄弟皆呼父为兄兄，嫡母为家家，乳母为姊姊，妇为妹妹”，与唐代宫中称父为“哥哥”一样。

“萱堂”、“堂萱”是文人对母亲的敬呼，“萱”即蘐草，其花蕾即今之金针菜或黄花，古人认为是可以忘忧之草，《诗经·伯兮》：“焉得蘐草，言树之背。”《毛传》：“蘐草令人忘忧。背，北堂也。”北堂就是母亲所居之处，故后人以“萱堂”为母亲之代称。宋叶梦得有诗“白发萱堂上，孩儿更共怀”。也可因“北堂”而减称“堂”（以“室”代妻），后之“令堂、尊堂、堂老”即由此而来。

关于考妣：《尔雅》“父为考，母为妣”，今已不大使用，仅存于民间祖先祭祀中。在秦以前，是对父母的异称，无论生死均可。汉以后指死去的父母，也指死去的先祖。以前常用皇考，宋代下令民间不准用，只能用“显考”，故今民间一般写成“故显考”。

官称和地望称：自从有了比较稳定的职官制度，就出现官称。秦汉以前较少，魏晋以后蔚为风气，如鲍参军（鲍照）、阮步兵（阮籍）、嵇中散（嵇康）、王右军（王羲之）、王右丞（王维）等，不必详述。地望称，也是一种不直接的称呼，以示尊敬，其中可分为出生地、族望、为官之地三种。如柳宗元是河东人，称柳河东；王安石是临川人，称王临川。郡望是魏晋南北朝兴起的社会风尚，本指某地（多指某郡）最有名望的豪门大族，时称“望族”。清大儒钱大昕《十驾斋养新录》：“言王必琅琊，言李必陇西，言张必清河，言刘必彭城，言周必汝南，言顾必武陵，言朱必沛国，其所祖何人，迁徙何自？概置弗问。”韩昌黎，实际上韩愈生于河南南阳，但韩氏郡望在昌黎。洪迈书云："陈季常，自称龙丘先生，好宾客，喜蓄声妓，然其妻柳氏绝凶妒，故东坡有诗云：龙丘居士亦可怜，谈空说有夜不眠。忽闻河东狮子吼，拄杖落手心茫然。"东坡在此即以河东代称柳氏，因为河东是柳氏的郡望所在。以族望相称，唐代为多，宋代也有，以后就少见了。以官地相称，如孔融曾任北海相，称孔北海。陆机任平原内史，世称陆平原。陶渊明曾任彭泽县令，世称陶彭泽（王勃《滕王阁序》："睢园绿竹，气凌彭泽之樽"，彭泽即指陶渊明。）柳宗元任柳州刺史，世称柳柳州。这种称呼，死后可称，生前也可，如南宋有名的词人刘克庄《贺新郎·送陈真州子华》，真州是地名，陈子华官居真州知州，故为陈真州。这种称呼在宋代以后就很少使用。

|第十一章|
汉字与中国服饰文化

中国人常说衣食住行，衣排第一，服装何其重要，但是，国人对中国古代服饰文化的了解，可以说少得可怜。一名大学女生穿着汉服上街，却被人误解为是和服，女生被迫当场脱下，最后只能借同学的衣服换上才回到学校。

笔者小的时候穿开裆裤，那是便于撒尿，加上是男孩，家里也不怎么重视，另外，当时经济条件较差，开裆裤正好节约布料，一举数得。小时候穿的衣裳限于经济条件，属于百衲衣，补丁很多，当时有句话，笑烂不笑补，虽然衣裳很旧，没有破洞就好。而今天一些年轻人穿的衣裤的破洞被认为时髦，让我有点迷茫。因此，我们认为有必要给大家普及这方面的知识。

第一节　上衣下裳

中国古代喜欢把所有的发明创造都归功于历史名人如伏羲、黄帝的头上，因此衣裳的设计者，也有人认为是黄帝所创。其实，衣裳的发明只不过是保暖、遮羞而已，现在产生了很多不同的学说。上下装在今天看来稀松平常，但祖先把服装定型为上衣下裳，却是一个伟大的创意。在《周易·系辞下》中有一句话："黄帝尧舜垂衣裳而天下治，盖取诸乾坤。"上身穿衣，下身穿裙，首先是为了方便生活。黄帝时期的气候比现在热，下身穿裙便于散热；而先民以农耕为主，如果穿裤子，泥土容易粘在裤脚上，穿裙子，泥土就沾在小腿上，便于清洗。设计完了服装制式，黄帝还不满足，继而为服装定义了文化内涵——上衣对应天，下裳对应地，穿上这样的服装，人就活在天地间。既然上衣对应天，那就与天同色，所以取玄色，下裳对应地，就与地同色，所以取黄色。地是黄色的很好理解，那天为什么是玄色呢？原来，古人认为，如果出了太阳或月亮，天就不再是本色，所以在月亮落下太阳未出的凌晨，仰望天空，那种深邃的黑里略微透出一点红的颜色，就是玄色。

天地玄黄作为古代的世界观，古人就把世界观穿在身上。之后，无论是春秋时期的深衣，还是汉唐时期的襦裙，都是上衣下裳的变形而已。有人认为，黄帝的设计影响中华民族服装五千年之久。其实，就像文字的发明创造一样，衣裳也不是一个时代、一个人能够完成发明创造的，它是在历史的长河里面不同时代的人不断完善的结果。

从文字学上看，"衣"字是个象形字，画的是上衣的形状，上面像领口，两旁像袖筒，底下像两襟左右相覆，为上衣形。孔子说过一句话："微管仲，吾其披发左衽矣。"那么，我们上古时期的衣服是向右边覆盖的，而少数民族的衣服是往左边开衩的，有比较大的区别。"裳"字比较后起，是个形声字，上面是音符，下面是衣字。中国传统服装的裳是裙子，与少数民族的裳不同，少数民族的下装是裤子。《文献通考·王礼考·君臣冠冕服》云："按三代时，衣服之制，其可考见者，虽不一，然除冕服之外，唯玄端（端衣）深衣二者，其用最广。”[①] 这段话的意思是说，在夏、商、周三代，衣服样式除了冕服以外，穿的最多、最普遍的衣服是端衣和深衣两类。端衣，也称玄端，自天子至士皆可穿，为国家的法服，天子平时燕居之服。诸侯祭宗庙也穿玄端，大夫、士早上入庙，叩见父母也穿这种衣服，玄端衣袂和衣长都是 2.2 尺，正幅正裁，玄色，无纹饰，以其端正，故名为玄端。诸侯的玄端与玄冠（委貌冠）素裳相配，上士亦配素裳，中士配黄裳，下士配前玄后黄的杂裳。

深衣属于汉服，是起源于虞舜时期，把衣、裳连在一起包住身子，分开裁但是上下缝合，因为被体深邃，因而得名。通俗地说，就是上衣和下裳相连在一起，用不同色彩的布料作为边缘，其特点是使身体深藏不露，雍容典雅。

汉服，又称汉衣冠，中国汉族的传统服饰，是从黄帝即位至明末四千多年中，以华夏礼仪文化为中心，通过历代汉王朝推崇周礼、象天法地而形成千年不变的礼仪衣冠体系。自黄帝、尧、舜垂衣裳而天下治，汉服已具基本形式，历经周朝礼法的继承，到了汉朝形成完善的衣冠体系并普及至民众，还通过儒教和中华法系影响了整个汉文化圈。汉人、汉服、汉语、汉俗由此得名。日本、朝鲜、越南均曾颁布法律效仿汉衣冠制度。

---

① 参阅黄现璠，《古书解读初探》。

汉服

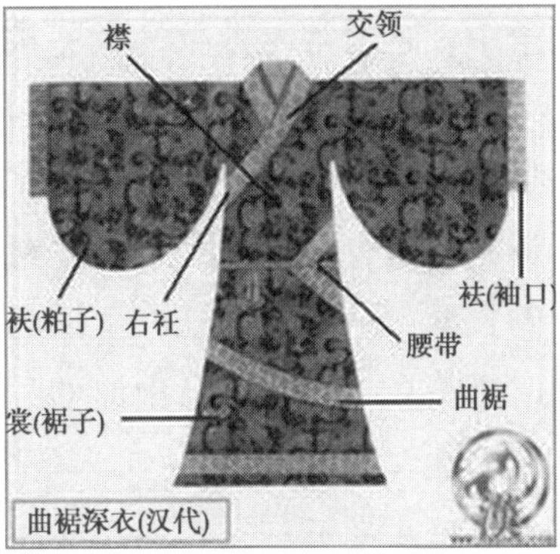

汉深衣

元代织锦上的凤凰

第二节　胡服骑射

《战国策·赵策二》记载赵武灵王说："今吾将胡服骑射以教百姓。"当时所谓的胡服，是指类似于西北戎狄之衣短袖窄的服装，同中原华夏族人的宽衣博带长袖大不相同，所以俗称胡服；除了胡服以外，骑射指的是周边游牧部族的马射（骑在马上射箭），有别于中原地区传统的步射（徒步射箭）。从此，使军队中宽袖长衣的正规军装，逐渐改进为后来的衣短袖窄的装备。赵武灵王为什么要进行改革？赵国当时处在国势衰落时期，就连中山那样的邻界小国也经常来侵扰。而在和一些大国的战争中，赵国常吃败仗，大将被擒，城邑被占。赵国在地理位置上，东北同东胡相接，北边与匈奴为邻，西北与林胡、楼烦为界。这些部落都是以游牧为生，长于骑马射箭，他们常以骑兵进犯赵国边境。赵武灵王看到胡人在军事服饰方面有一些特别的长处：穿窄袖短袄，生活起居和狩猎作战都比较方便；作战时用骑兵、弓箭，与中原的兵车、长矛相比，具有更大的灵活机动性。

赵武灵王首先对将军楼缓说他的改革计划：吾欲胡服。胡服就是采用胡人的服装，即改穿短装，束皮带，用带钩，穿皮靴。赵武灵王的胡服改制很彻底，他不仅要使军队将士改穿，还要全国上下臣民都改穿。赵武灵王的命令遭到邯郸许多皇亲国戚的反对，他的叔叔公子成等人拒绝接受变法。赵武灵王耐心说服，德才皆备的人做事都是根据实际情况而采取对策的，怎样有利于国家的昌盛就怎样去做。只要对富国强兵有利，何必拘泥于古人的旧法。赵武灵王毅然发布了胡服骑射的政令，并带头穿着胡服去会见群臣。窄袖交领右衽服装在赵国军队中装备齐全后，赵武灵王就开始训练将士，让他们学着胡人的样子，骑马射箭，转战疆场，并结合围猎活动进行实战演习。

由于实行胡服，赵国建立起以骑兵为主体的一支军队，它在战争中的作用即刻显示出来。就在行胡服的次年，赵国就向中山国发动进攻，一直打到宁葭（今河北鹿泉市北）。又西攻胡地，到达榆中（今内蒙古河套东北岸地区），林胡王向赵国贡献良马以求和。赵武灵王让代地的相赵固专主管所占领的胡地，向内地提供骑兵。

公元前305年，赵国分三路大军进攻中山国，夺取了中山国的丹丘、华阳、鸱之塞、鄗、石邑、封龙、东垣等地。中山王献4邑请和，赵军才停止攻击。赵武灵王决心要灭掉中山，于二十三年、二十六年相继再攻中山，到赵惠王三年（公元前296年），终于最后灭掉中山，把中山王迁到肤施（今陕西绥德县东南）。

赵国在加紧进攻中山的同时，还向北方的匈奴出击，向西边林胡、楼烦用兵，到达云中（今内蒙古托克托县）、九原（今内蒙古包头市）。

可以说，经过胡服骑射改革的赵国，成为当时除秦国外，国力最强的国家。

胡服骑射的意义，首先，改进了军队的服装装备。窄袖交领右衽的服装，在赵武灵王推行“胡服骑射”之后成为中国军队中最早的正规军装，以后逐渐演变改进为后来的盔甲装备。胡服的推广，它不仅直接为赵国赢得了赫赫武功，而且对军队历史的发展演化进程产生了重大影响，开创了我国古代骑兵史上的新纪元，从此我国军事史中除车兵、步兵和舟兵外，出现了骑兵这一崭新的兵种。同时，它也改进了军队的服饰装备，便利了作战。

其次，弱化了服饰的身份标示功能，强化了其实用功能，服饰，具有防寒保暖、遮羞的实用功能及显美功能，也有身份标示功能，“胡服骑射”前的华夏族服饰，既是每个人身份高低的标志，也是夷夏不同民族身份的标志。在胡服骑射以前，统治者以严格的等级服饰来显示自己的尊贵和威严。胡服骑射之胡服首先是为了便于骑射，也便利了人们的生产劳动与其他社会活动，这就强化了服饰的实用功能，同时，因其打破了服饰的民族界限，弱化了身份界限，使君臣、官民服饰的差别大大减小，自然弱化了服饰的身份标示功能。

自此以后，“习胡服，求便利”成了我国服饰变化的总体倾向，汉族居民不断吸取少数民族的服饰文化来丰富自己的服饰文化。赵武灵王虽然并没有强制百姓改穿胡服，只在官吏、军队中强制推行，但上行下效，自古皆然，加上胡服的便利性，赵国百姓纷纷效仿。貉服、胡服之冠、爪牙帽子、带钩等胡人风格的服饰开始在赵国百姓中流行。汉代，穿开裆的裤子，外罩以裳或深衣。裤子显然来源于胡服。魏晋南北朝时期，由于大量少数民族进入中原地区，胡服成为社会上司空见惯的装束，一般平民百姓的服饰，受胡服的影响最为强烈。他们将胡服中窄袖紧身、圆领、开衩等因素吸收到原有的服饰中来。汉族贵族也在胡服的基础上加以变化，方法是将其长度加长，加大袖口和裤口，改左衽为右衽。

赵武灵王胡服骑射的实施促进了各地区，尤其是中原汉族与边地各少数民族间的经济、文化交流。汉人因为胡服劳作方便而穿上胡人的服饰，胡人因汉人的服饰飘逸而穿上汉人的服饰。“胡服骑射”导致了中原华夏民族与北方游牧民族的服饰融合，也缩短了赵人、胡人心理上的胡、汉差异。从而减弱了华夏民族鄙视胡人的心理，增强了胡人对华夏民族的归依心理，奠定了中原华夏民族与北方游牧民族服饰融合的基础，进而推进了民族融合，促进了秦汉时期全国各民族大一统局面的形成。

第三节　冠冕堂皇

2017 年 2 月底到 3 月初，西南交通大学副教授李任飞在中央电视台百家讲坛讲中国衣裳，颇深欢迎。他说：“古代中国是礼仪之邦、衣冠上国，所以对服装非常重视，所以常拿服装来说事儿。”比如领袖，领与头脑相连，袖与手臂相接，一个既有头脑又有手段的人，当然非常厉害。但今天大部分人所不知道的是，早期的领袖只代指杰出者，而非领头人，因为古代服装在领袖之上还有冠冕或头巾。所以，领袖一词从杰出者升级并逐渐专指领头人，要等到人们头上普遍没有头饰的时候——大约是清代。再比如，古代官员系在腰间的布带，两头下垂的部分称为“绅”，后来把整条布带称为“绅带”，所以，系着绅带的人就称“绅士”了。别小看这条带子，那可是有素质要求的，也就是要做人谨慎、对人恭敬，自我约束，自我完善。这就是古代绅士风度的典型特征。

服装是穿在身上的文化，但有时候，现代人因为没理解文化，把服装也穿错了。在一部古装剧中，皇帝头上的冕被设计成两头上翘，冕旒（liú）高高挂在前额上方，这完全有违古制，历史上从未出现过这样的款式。首先，古代冕板前低后高，其寓意是谦恭勤勉；其次，冕旒一定要把眼睛遮住，叫蔽明——不要把所有的事情都看清楚，水至清则无鱼；再次，冕旒还有一个非常重要的作用，就是让皇帝保持坐姿端正，一旦摇头晃脑，冕旒就会哗哗作响，有失威仪。但是在该古装剧里，皇帝的头甩来甩去，看起来很有动感、很帅，但历史也被甩变了形。

冠冕是古代帝王和官吏的帽子、衣服，堂皇是个联绵词，意思是气派、庄严的样子。说倒冕冠的形式，商周时期尚缺少直接资料，儒家经典《礼记·玉藻》记载：“天子玉藻十有二旒（liú），前后邃延，龙卷以祭。”说明天子的冕冠有玉藻十二旒，悬于延板前后，衣服上有卷龙纹为饰。冕服主要有三个组成部分：冕冠、冕服、佩饰附件。冕服的佩饰附件主要有：中单、芾、大带、舄和玉佩。

大体上说，冕冠的基本款式是在一个圆筒式的帽卷上面，覆盖一块冕板（称为延或綖），冕板的尺寸有说广八寸，长一尺六寸的，也有说广七寸，长一尺二寸或长六寸八寸的，可能是时代不同，尺寸不同；等级不同，尺寸不同。冕板装在帽卷上，后面比前面应高出一寸，使呈向前倾斜之势，即有前俯之状，象征国君应关怀百姓的含义，冕的名称即由此而来。冕板以木为体，上涂玄色象征天，下涂纁色以象征地。冕板前圆后方，也是天地的象征。前后各悬12旒，每旒贯12块五彩玉，按朱、白、苍、黄、玄的顺次排列，每块玉相间距离各1寸[①]，每旒长12寸。用五彩丝绳为藻，以藻穿玉，以玉饰藻，故称“玉藻”，象征着五行生克及岁月运转。后来玉藻也有用白珠来做的。

• 冕服

最典型的冕服应包括冕冠、上衣下裳、腰间束带，前系蔽膝，又称为韦韠（bi），足登舄履。

夏商周时代，冕服将日、月、星辰、山、龙、华虫绘之于衣，还将宗彝、藻、火、粉米、黼、黻绣之于裳。图案纹样是基于现实主义的想象。下面介绍一下这十二章纹绘绣于服装上的含义及象征性。

冕服上的纹饰

按照历代注疏《周礼·春官·司服》的封建学者们的解释，日月星辰，“取其明也”；山，“取其人所仰”；龙，“取其能变化”；华虫，“取其文理”（即取其五彩的外貌）；宗彝，取其忠孝，因有的绘成虎与猿形，虎，“取其严猛”，猿，取其“智”；藻，取其洁净；火，取其光明；粉米，取其“养人”（即取其滋养）；黼，取其“割断”（做事果断之意）；黻，两个弓相背，取其“背恶向善”。

冕服是礼服中最专贵的一种，冕服均在祭典中穿着，是主

① 1寸等于3.333厘米。

要的祭服。其服式主要由冠、衣、裳、蔽膝等要件所组成。冕服的主体是玄衣、衣裳，上面绘绣有章纹，而在最隆重的典礼时，穿九章纹冕服。衣裳之下，衬以白纱中单，即白色的衬衣，古代衬衣通常是白色。下身前有蔽膝，天子的蔽膝为朱色，诸侯为黄朱色。鞋是双底的，以皮革和木做底，鞋底较高，周代天子，在隆重典礼时穿赤色的。

除冕服以外，天子和大臣还有以下服装：弁服，其隆重性仅次于冕服，衣裳的形式与冕服相似，最大不同是不加章。弁服可分为爵弁、韦弁、冠弁等几种，它们主要的区别在于所戴的冠和衣裳的颜色。玄端：为天子的常服，诸侯及其臣的朝服。深衣：古代凡是礼服都是上衣下裳不相连，唯此种衣裳是上下相连，分开裁但是上下缝合，因为“被体深邃”，所以称为“深衣”。

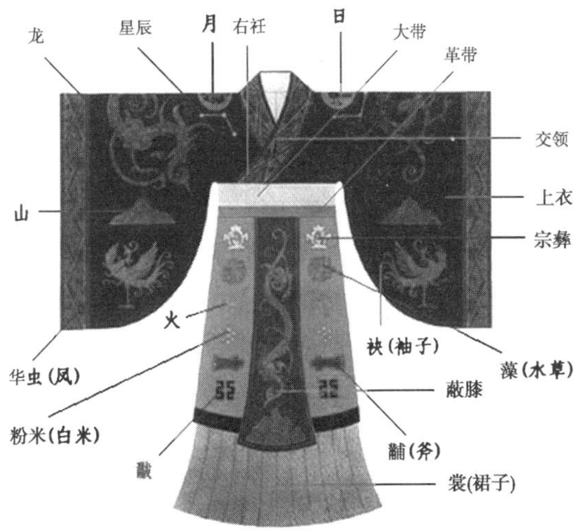

日常穿的一般服装主要包括下面一些：袍。袍也是上衣和下裳连成一体的长衣服，但有夹层，夹层里装有御寒的旧棉絮。如果夹层所装的是新棉絮，则称为“茧”。若装的是劣质的絮头或细碎枲麻充数的，称之为“缊”。在周代，袍是作为一种生活便装，而不作为礼服的。军队战士也穿袍。《诗·秦风·无衣》：“岂曰无衣，与子同袍。”这是描写秦国军队在应对困难的冬天，共同合披袍服克服寒冷的诗篇。

襦：襦是袍式之短者，即比袍短一些的棉衣。如果是质料很粗陋的襦衣，则称为褐。褐是劳动人民的服装。《诗·豳风》：“无衣无褐，何以卒岁。”

裘：中华祖先最早用来御寒的衣服就是兽皮，使用兽皮做衣已有几十万年的历史。原始的兽皮未经硝化处理，皮质发硬而且有臭味，商周时不仅已掌握熟皮的方法，而且懂得各种兽皮的性质。例如天子的大裘采用黑羔皮来做。大人贵族穿锦衣狐裘，《诗·秦风》：“君子至止，锦衣狐裘。”

第四节　黄袍加身

关于黄袍加身的故事，大家已经比较熟悉了。五代后期，周世宗柴荣死后，他七岁的儿子柴宗训继位。这时，赵匡胤看到夺取后周政权的条件已经成熟，于是精心策划了一场历史上有名的陈桥兵变。

赵匡胤本来是周世宗手下得力大将，跟随周世宗南征北战，立下不少战功。周世宗在世的时候，十分信任赵匡胤，派他做禁军统帅，官名叫殿前都点检。禁军是后周一支最精锐的部队。

公元960年春节，后周朝廷正在举行朝见大礼的时候，忽然接到边境送来的紧急战报，说北汉国主和辽朝联合，出兵攻打后周边境。大臣们慌作一团，后来由范质、王溥做主，派赵匡胤带兵抵抗。

赵匡胤接到出兵命令，立刻调兵遣将，过了两天，就带了大军从汴京出发。跟随他的还有他弟弟赵匡义和亲信谋士赵普。

当天晚上，大军到了离开京城二十里的陈桥驿，赵匡胤命令将士就地扎营休息。兵士们倒头就呼呼睡着了，一些将领却聚集在一起，悄悄商量。有人说：现在皇上年纪那么小，我们拼死拼活去打仗，将来有谁知道我们的功劳，倒不如现在就拥护赵点检为皇帝吧！

大伙听了，都赞成这个意见，就推一名官员把这个意见先告诉赵匡义和赵普。

那个官员到赵匡义那里，还没有把话说完，将领们已经闯了进来，亮出明晃晃的刀，嚷着说：我们已经商量定了，非请点检即位不可。

赵匡胤和赵普听了，暗暗高兴，一面叮嘱大家一定要安定军心，不要造成混乱，一面赶快派人告诉留守在京城的大将石守信、王审琦。

没多久，这消息就传遍了军营。将士们全起来了，大家闹哄哄地拥到赵匡胤住的驿馆，一直等到天色发白。

赵匡胤隔夜喝了点酒，睡得挺熟，一觉醒来，只听得外面一片嘈杂的人声，接着就有人打开房门，高声地叫嚷，说：请点检做皇帝。赵匡胤赶快起床，还没来得及说话，几个人把早已准备好的一件黄袍，七手八脚地披在赵匡胤身上。大伙跪倒在地上磕了几个头，高呼万岁。接着，又推又拉，把赵匡胤扶上马，请他一起回京城。赵匡胤骑在马上，才开口说：你们既然立我做天子，我的命令，你们都能听从吗？

将士们齐声回答说：自然听陛下命令。

赵匡胤就发布命令：到了京城以后，要保护好周朝太后和幼主，不许侵犯朝廷大臣，不准抢掠国家仓库。执行命令的将来有重赏，否则就要严办。

赵匡胤本来就是禁军统帅，再加上有将领们拥护，谁敢不听号令！将士们排好队伍开往京城。一路上军容整齐，秋毫无犯。到了汴京，又有石守信、王审琦等人为内应，没费多大劲儿就拿下了京城。

将领们把范质、王溥找来。赵匡胤见了他们，装出为难的模样说：世宗待我恩义深重。现在我被将士逼成这个样子，你们说怎么办？

范质等不知该怎么回答。有个将领声色俱厉地叫了起来：我们没有主人，今天大家一定要请点检当天子。范质、王溥吓得赶快下拜。

周恭帝让了位。赵匡胤即位做了皇帝，改国号叫宋，定都东京（今河南开封）。历史上称为北宋。赵匡胤就是宋太祖。经过五十多年混战的五代时期，宣告结束。

很多人认为，当时的黄袍就是龙袍，其实是错误的。当时的黄袍上并没有像后来的皇帝服装布满龙的图案，而是黄色的服装而已。

第五节　霓裳羽衣

相传唐玄宗中秋节在皇宫与方士罗公远欣赏月景，方士取出拐杖抛向天空，顿时化作巍峨华丽的广寒宫。他们立即进入广寒宫，见仙女们翩翩起舞，伴着幽雅的仙乐。唐玄宗暗中记下乐曲回来后让乐师作《霓裳羽衣曲》，杨贵妃也扮仙女跳舞。杨贵妃虽然长得很丰满，但是精于音乐，舞姿轻盈，节奏感强烈，后来《霓裳羽衣舞》成为经典名舞，连白居易也赞赏不已。安禄山之所以能够深得玄宗喜欢，得到杨贵妃的喜爱，除了其办事稳妥以外，主要还是因为他善于舞蹈。他精通的是胡舞，就是从西域传过来的舞蹈，全身肌肉抖动，节奏明快，富于表现力。

霓裳羽衣指下着霓裳，上着羽衣，形容女子装束美丽，姿态悠扬。古代裳指下裙，霓为青赤色彩虹，霓裳则是指下着青赤若虹之裙。传说杨贵妃常以霓裳羽衣舞娱玄宗，舞姿曼妙。中唐时期，宫中皇族常着各种鸟类羽毛编织的衣服，十分华丽动人，玄宗的公主就有两件羽衣，一件自穿，一件送给母亲穿，引起下面人效仿，一时之间，羽毛拔尽，飞禽遭殃。所以后来玄宗下令，不准着羽衣。

很多热播古装剧完全脱离历史，对服装随意想象。比如，武则天穿着一套通体明黄、绣着巨龙的龙袍登基。而事实上，武则天登基时只可能穿“上衣下裳”的冕服，上衣为玄色（黑透微红），下裳为纁色（红透微黑），衣服上要有十二章纹，即十二种图形。何况武则天自名武曌，认为自己在日、月、龙之上，不可能让一条龙占满全身。赵匡胤尚且是黄袍加身，还不是龙袍加身，何况是在唐朝？

唐代女子条纹裙

唐朝时期，国力强盛，与外国的交流比较频繁，加强了服装的融合。唐代比较开放，尤其是在服饰方面。说到女式唐风大袖衫，不能不提《簪花仕女图》，里面的大袖衫则是相当开放夸张的一种：美人着裸肩长裙，上身直披一件大袖纱罗衫，轻掩双乳，致使上身肌肤隐隐显露。由于画家手法写实，既如实地描摹出唐代细腻透明的衣料，又逼真地描绘出女子那柔润的肩和手臂。

宫女们的纱衣长裙和花髻是当时的盛装，高髻时兴上簪大牡丹，下插茉莉花，在黑发的衬托下，显得雅洁、明丽。画中描绘的是贵族妇女在庭中散步采花，捉蝶时的情景。图中人物的服饰，与其他“中规中矩”的画像不同，如头戴特大花朵，身穿透明纱衣等，都是罕见的新奇装束。

由于《簪花仕女图》中服饰的开放度即使现代看来也是非常大胆的，也远远超过同时代层层包裹的中世纪西欧，导致它的社会真实性一直受到争议。现从出土的大批中、晚唐时期的陶俑来看，画中仕女的服饰反映了当时最开放的女性时装文化。对照文献记载，这种服饰是中晚唐时期的样式，并一直流传到五代。

唐代女子追求美容美饰，其化妆及佩饰内容丰富，有发式、头饰、面妆、佩饰等。女子发式以梳髻为主，或挽于头顶，或结于脑后，形制十分丰富。发上饰品有簪、钗、步摇、胜、钿、花等。多以玉、金、银、玳瑁等材料制成，工艺精美。簪钗常成对使用，用时横插、斜插或倒插。步摇是其中的精品，钗首制成鸟雀状、雀口衔挂珠串，随步行摇颤，倍增韵致。唐中后期妇女中还盛行插梳，以精致美观的小花梳饰于发上。

面部化妆有敷铅粉、抹胭脂、画黛眉、贴花钿、点面靥、描斜红、涂唇脂诸多方法，淡妆者采其二三，盛妆者悉数运用。铅粉色泽洁白，质地细腻，施于面、颈、胸部，“纤白明媚”。胭脂为提取的红蓝花汁配以猪脂、牛髓制成的膏状颜料。由于帝王士大夫的偏爱，女子眉式花样百出。玄宗在四川曾令画工画《十眉画》，名目有鸳鸯眉、小山眉、倒晕眉等。阔眉是主要眉式，初唐一般都画得较长，盛唐以后开始流行短式。花钿是一种额饰，以金箔片、黑光纸、云母片、鱼鳃骨等材料剪制成各种花朵之形，尤以梅花最为多见，贴于眉间。面靥是于面颊酒窝处以胭脂点染，或像花钿一样，用金箔等物粘贴。斜红是于面颊太阳穴处以胭脂染绘两道红色的月牙形纹饰，工整者形如弦月，繁杂者状似伤痕，是中晚唐妇女一种时髦的打扮。

第六节　足下安好

足下的典故，要从重耳流亡说起。他的手下介子推长期陪伴左右，流亡途中，重耳想吃肉，介子推出外割下自己大腿上的肉弄给重耳吃。后来他当上晋国国君，遍封群臣，唯独少了介子推。听说介子推带着自己的母亲躲在山上，重耳带着军队寻找。部下出主意，放火烧山，可以逼迫母子二人出来。人没有逼出来，母子被火烧死了。后来重耳捡到一只鞋子，大为悲痛。回去以后，把鞋子放在床头，每日观看，呼为足下。今尊称对方为足下，始于此。

上古时常以兽皮制鞋，因此鞋的称呼多以革字为偏旁。古代的鞋有许多名称，如履、屐、靴、屣、屦等字均为鞋的别称。最早的鞋子式样是很简陋的。人们推测古人将兽皮切割成大致的足形后，用细皮条将其连缀起来即成为最原始的鞋子。

随着社会的发展和纺织业的进步，布料、丝绸等物亦用来制作鞋子，并与皮革、麻草组合应用，出现大量的鞋制品。到了殷商时期，鞋的式样、做工和装饰已十分考究，用材、施色、图案也根据服饰制度有了严格的制度。每个朝代鞋的造型、色彩都随着制服形式而变化。

商周时代男女穿的鞋子是一样的，周朝设“屦人”这一官职来管理王和后的鞋子，它们有赤舄、黑舄，赤繶（yì）、素履、葛履种种形式。屦是单底的，舄是双底的。屦是牙底相接处所镶的赤色或黄色缝条。句是屦和舄头部的鞋鼻子，国王的双底鞋—舄可分三等，赤舄为上，白舄、黑舄次之。王后的双底鞋以玄舄为上，青舄、赤舄次之。王后穿鞠衣、展衣、褖衣时则穿单底的屦。素履用白丝绸制作，葛履用葛布制作，是夏天穿的鞋子。

舄屦

第七节 中国古代服饰简史

商周时代的服饰：商周时代的服饰，主要是上身穿衣，衣领开向右边；下身穿裳，裳就是裙；在腰部束着一条宽边的腰带，肚围前再加一条像裙一样的韨，用来遮蔽膝盖，所以又叫蔽膝。

周代服饰，前面已经述及。春秋战国的衣服，是直筒式的长衫，把衣、裳连在一起包住身子，这种衣服叫深衣。还有一种单衣，是没有里子的宽大衣服。他们头上还戴帻；帻是用来包住头发的头巾，不让它们披散下来。

春秋战国时期织绣工艺的巨大进步，使服饰材料日益精细，品种名目日见繁多。河南襄邑的

花锦，山东齐鲁的冰纨、绮、缟、文绣，风行全国。工艺的传播，使多样、精美的衣着服饰脱颖而出。春秋战国时期，不仅王侯本人一身华服，从臣客卿也是足饰珠玑，腰金佩玉，衣裘冠履，均求贵重。古人佩玉，尊卑有度，并赋以人格象征。影响所及，上层人士不论男女，都须佩戴几件或成组的美丽雕玉。剑，是当时的新兵器，贵族为示勇武兼用自卫，又必佩戴一把镶金嵌玉的宝剑[①]。腰间革带还流行各种带钩，彼此争巧。男女的帽，更引人注目，精致的用薄如蝉翼的轻纱，贵重的用黄金珠玉；形状有的如覆杯上耸。鞋，多用小鹿皮制作，或用丝缕、细草编成；冬天皮衣极重白狐裘，价值千金。女子爱用毛皮镶在袖口衣缘做出锋，还有半截式露指的薄质锦绣手套，无不异常美观。春秋战国时期的衣着，上层人物的宽博、下层社会的窄小，已趋迥然。深衣有将身体深藏之意，是士大夫阶层居家的便服，又是庶人百姓的礼服，男女通用。这个时期的衣服款式空前丰富多样，不仅表现于深衣和胡服。乐人有戴风兜帽的，舞人有长及数尺的袖子，有人还常戴鵔角或鹊尾冠，穿小袖长裙衣和斜露臂褶的下裳。

秦汉服饰：这一时期的衣料较春秋战国时期丰富，汉服的深衣也得到了新的发展。秦代服制，服色尚黑。特别在汉代，随着舆服制度的建立，服饰的官阶等级区别也更加严格，皇帝与群臣的礼服、朝服、常服等20余种。秦汉服装面料仍重锦绣。绣纹多有山云鸟兽或藤蔓植物花样，织锦有各种复杂的几何菱纹，以及织有文字的通幅花纹。西汉建元三年（公元前138）、元狩四年（公元前119），张骞奉命两次出使西域，开辟了中国与西方各国的陆路通道，成千上万匹丝绸源源外运，历

---

① 参见《汉字与中国兵器文化》，香港天马出版有限公司，2004。

魏晋隋唐，迄未中断，史称丝绸之路。于是，中华服饰文化传往世界。自秦而汉，深衣有了一些发展和变化。从东汉社会上层来看，通裁的袍服转入制度化。秦代服制与战国时无大差别，保持深衣的基本形制。西汉男女服装，仍沿袭深衣形式。不论单、棉，多是上衣和下裳分裁合缝连为一体，上下依旧不通缝、不通幅；外衣里面都有中衣及内衣，其领袖缘一并显露在外，成为定型化套装。下着紧口大裤，保持"褒衣大裙"风格。足下为歧头履，腰间束带。

秦汉时代，秦始皇规定的大礼服是上衣下裳同为黑色祭服并规定衣色以黑为最上，又规定，三品以上的官员着绿袍，一般庶人着白袍。女服服饰秦始皇喜欢宫中的嫔妃穿着漂亮、华丽。

汉朝的衣服：主要有袍、襜褕、襦、裙。汉代因为织绣工业很发达，所以有钱人家就可以穿绫罗绸缎漂亮的衣服。一般人家穿的是短衣长裤，贫穷人家穿的是短褐（粗布做的短衣）。

魏晋南北朝服饰

魏晋南北朝是我国古代服装史的大变动时期，这个时候因为大量的胡人搬到中原来住，胡服便成了当时时髦的服装。紧身、圆领、开叉就是胡服的特点。

魏晋和南北朝时期，等级服饰有所变革，民族服饰大为交融。冠帽已多用文人沿用的幅巾代替，有折角巾、菱角巾、紫纶巾、白纶巾等巾帽。

魏初，文帝曹丕制定九品官位制度，“以紫绯绿三色为九品之别”。这一制度此后历代相沿杂而用之，直到元明。晋代的首服除幅巾为社会沿用之外，有官职的男子还戴小冠子，而冠上再加纱帽的称漆纱笼冠，本是两汉武士之制，传到后来，不仅用于男官员，并流传民间且男女通用。

南北朝时，北方少数民族入主中原，人民错居杂处，政治、经济、文化风习相互渗透，形成大融合局面，服饰也因而改易发展。北方民族短衣打扮的袴褶渐成主流，不分贵贱、男女都可穿用。女子衣着“上俭下丰”。东晋末至齐、梁间，衣着为襦裙套装，原始于汉代，晋代时具有了上衣短小、下裙宽大的特色。足穿笏头履、高齿履（一种漆画木屐），流行一时。另一方面，少数民族受汉朝典章礼仪影响，穿起了汉服。鲜卑族北魏朝于太和十八年（494）迁都洛阳后，魏孝文帝推行汉化政策，改拓跋姓氏，率群臣皆服汉魏衣冠，写汉字，说汉话，学习汉族文化。这次改革旧俗，史称孝文改制，在历史上是一个重大事件，使秦汉以来冠服旧制得以赓续，推动了中华服饰文化的发展，推动了民族融合。

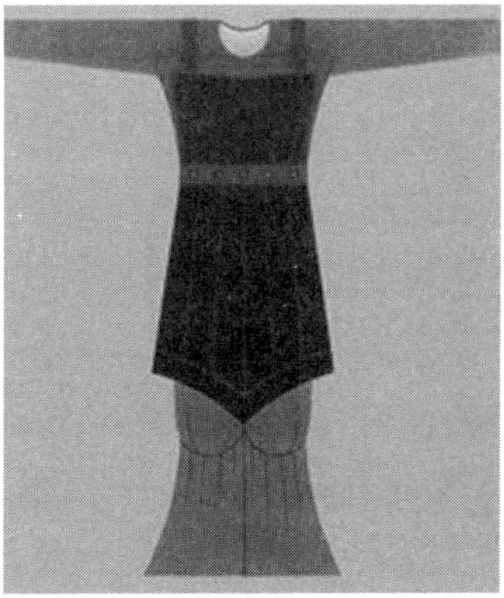

魏晋南北朝两裆铠

隋唐时期，中国由分裂而统一，由战乱而稳定，经济文化繁荣，服饰的发展无论衣料还是衣式，都呈现出一派空前灿烂的景象。彩锦，是五色俱备织成种种花纹的丝绸，常用作半臂和衣领边缘服饰。特种宫锦，花纹有对雉、斗羊、翔凤、游鳞之状，章彩华丽。刺绣，有五色彩绣和金银线绣等。印染花纹，分多色套染和单色染。隋唐时期男子冠服特点主要是上层人物穿长袍，官员戴幞头，百姓着短衫。直到五代，变化不大。天子、百官的官服用颜色来区分等级，用花纹表示官阶。隋唐女装富有时装性，往往由争奇的宫廷妇女服装发展到民间，被纷纷仿效，又往往受西北民族影响而别具一格。隋唐时期最时兴的女子衣着是齐胸襦裙、高腰襦裙，即短上衣加长裙，裙腰以绸带高系，几乎及腋下。

隋唐服饰

隋唐时，一般人是穿白色圆领的长衫，低下阶层穿的是用麻、毛织成的粗褐。隋代女子穿窄合身的圆领或交领短衣，高腰拖地的长裙，腰上还系着两条飘带。唐代的女装主要是衫、裙和帔，帔就是披在肩上的长围巾。

唐代妇女的发饰多种多样，各有专名。女鞋一般是花鞋，多用锦绣织物、彩帛、皮革做成。唐人善于融合西北少数民族和天竺、波斯等外来文化，唐贞观至

隋唐服饰

开元年间十分流行胡服新装。

宋辽夏金元。宋代的服装，其服色、服式多承袭唐代，只是与传统的融合做得更好、更自然，给人的感觉是恢复中国的风格。

宋朝时候的服饰：宋朝的男装大体上沿袭唐代样式，一般百姓多穿交领或圆领的长袍，做事的时候就把衣服往上塞在腰带上，衣服是黑白两种颜色。

当时退休的官员、士大夫多穿一种对襟长衫，袖子大大的，袖口、领口、衫角都镶有黑边，头上再戴一顶方桶形的帽子，叫东坡巾。

宋代的女装是上身穿窄袖短衣，下身穿长裙，通常在上衣外面再穿一件对襟的长袖小褙子，很像现在的背心，褙子的领口和前襟，都绣上漂亮的花边。

宋代基本保留了汉民族服饰的风格，辽、西夏、金及元代的服饰则分别具有契丹、党项、女真及蒙古民族的特点。各民族服饰再度交流与融合。

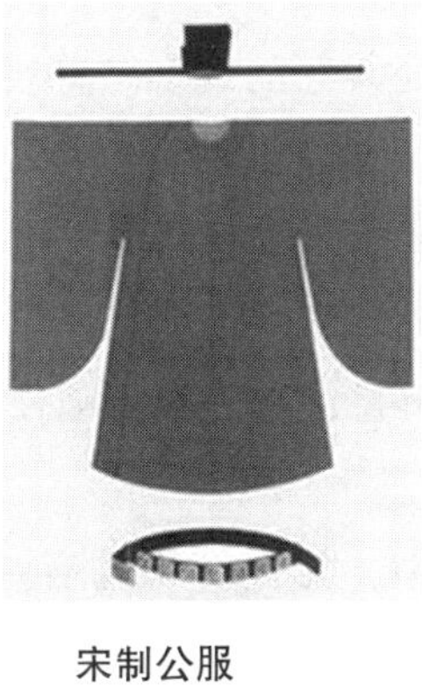

宋制公服

宋高宗皇后的凤冠

宋代汉服大致有官服、便服、传统服等三式。宋代官服面料以罗为主，政府因五代旧制，每年要赠送亲贵大臣锦缎袍料。

官服服色沿袭唐制，三品以上服紫，五品以上服朱，七品以上服绿，九品以上服青。宋代遗老的代表性服饰为合领（交领）大袖的宽身袍衫、东坡巾。袍用深色材料缘边，以存古风。东坡巾为方筒状高巾子，相传为大文学家苏东坡创制，实为古代幅巾的复兴，明代的老年士绅还常戴用。

在凤凰图腾的强大心理暗示之下，千百年来的中国女性都用凤凰元素来打扮自己：皇后戴凤冠，其他女子就戴接近凤凰造型的头饰；往往穿带有纵向线条或造型的长裙——模仿凤尾形态，历史上著名的留仙裙、百褶裙、月华裙、凤尾裙等，莫不如此。

辽、西夏、金：辽、西夏、金分别为中国古代契丹、党项、女真民族建立的政权，其服饰反映了在与汉民族进行长期文化交流中，各自发扬民族传统的发展轨迹。党项族妇女多着翻领胡服，领间刺绣精美。契丹、女真族一般穿窄袖圆领齐膝外衣，足下着长筒靴，宜于马上作战射猎；妇女穿窄袖交领袍衫，长齐足背，都是左衽，正与汉人相反，所习惯穿用的钓墩传到内地曾广为流行。

辽金政权考虑到与汉族杂处共存的现实，都曾设“南官”制度，以汉族治境内汉人，对汉族官员采用唐宋官服旧制。辽代以丝绸官服上山水鸟兽刺绣纹样区分官品，影响到明清官服的等级标识，金代则以官服上花朵纹样大小定尊卑，品级最低的用无纹或小菱纹的芝麻罗。契丹、女真男服因便于行动，也为汉人采用。

元代的服装制度与辽金相似。元代纺织物有纳石矢金锦、浑金搭子、金段子、兜罗锦、三棱罗、大绫、小绫、南绢、北绢、木锦布、番锦布……种种名目。元代是由蒙古人统治，所以元代的服饰也比较特别。蒙古人多把额上的头发弄成一小绺，像个桃子，其他的就编成两条辫子，再绕成两个大环垂在耳朵后面，头上戴笠子帽。元代人的衣服主要是质孙服，是较短的长袍，比较紧、比较窄，在腰部有很多衣褶，这种衣服很方便上马下马。

元代于延祐元年（1314）参酌古今蒙汉服制，对上下官民服色等作了统一规定。汉官服式仍多为唐式圆领衣和幞头；蒙古族官员则穿合领衣，戴四方瓦楞帽；中下层为便于马上驰骋，最时兴腰间多褶的辫线袄子（圆领紧袖袍，宽下摆、折褶、有辫线围腰），戴笠子帽。

明代服饰：明代的贵妇多是穿红色大袖的袍子，一般妇女只能穿桃红、紫绿及一些浅淡的颜色。平日常穿的是短衫长裙，腰上系着绸带，裙子宽大，样式很多，像百褶裙、凤尾裙、月华裙等。

经过元代蒙古人统治之后，明代恢复汉族的传统，明太祖朱元璋重新制定汉服服饰制度。明代皇帝戴乌纱折上巾（乌纱翼善冠），帽翅自后部向上竖起。明初要求衣冠恢复唐制，其法服的式样与唐代相近，只是将进贤冠改为梁冠，又增加了忠靖冠等冠式。自唐宋以来，龙袍和黄色就为皇室所专用。百官公服自南北朝以来紫色为贵。明朝因皇帝姓朱，遂以朱为正色，又因《论语》有“恶紫之夺朱也”，紫色自官服中废除不用。明代的公服亦用幞头和圆领袍，但这时的幞头外涂黑漆，脚短而阔，名乌纱帽，无官职的平民不得穿戴。公服除依品级规定服色外，最有特色的是用“补子”表示品级。补子是一块约40～50厘米见方的绸料，织绣上不同纹样，再缝缀到官服上，胸背各一。文官的补子用鸟，武官用走兽，各分九等。为褒奖官员的功勋，另特赐蟒袍、飞鱼服、斗牛服等服饰。蟒是四爪之龙，飞鱼为鱼尾有鳍之蟒，斗牛则在蟒头上加弯曲的牛角。官至极品则用玉带。所以“蟒袍玉带”就成为这时大官僚之最显赫的装束。平常穿的圆领袍衫则凭衣服长短和袖子大小区分身份，长大者为尊。受到诰封的官员妻、母，也有以纹、饰区别等级的红色大袖礼服和各式霞帔。此外，上层妇女中已使用高跟鞋，并有里高底、外高底之分。上下层社会的服饰均有明显等级。

大明婚礼服饰

明代仕女长裙

明代普通百姓的服装或长或短或衫或裙，基本上承袭了传统，且品种十分丰富。服饰用色方面，平民妻女只能衣紫、绿、桃红等色，以免与官服正色相混；劳动大众只许用褐色。一般人的帽，除唐宋以来旧样依然流行外，朱元璋又亲自制订两种，颁行全国，士庶通用。一种是方桶状黑漆纱帽，称四方平定巾；一种是由六片合成的半球形小帽，称六合一统帽，取意四海升平、天下归一。后者留传下来，俗称瓜皮帽，系用黑色绒、缎等制成。

清代的衣服长袍马褂，早先是富贵人家才穿的服饰，到后来普遍了，变成全国的一般服饰，平日所戴的便帽就是瓜皮小帽，颜色是外面黑，里面红。满族妇女穿的旗袍，早期是宽宽大大的，后来才变成有腰身，在旗袍外面再加上一件坎肩（背心）。她们的鞋子也很特别，是一种花盆式的高底鞋。至于汉族妇女的服饰，则和明代差不多。

清王朝时，以暴力手段推行剃发易服，按满族习俗统一男子服饰。顺治九年（1652），钦定《服色肩舆条例》颁行，从此废除了浓厚汉民族色彩的冠冕衣裳。

清代蟒袍

清代女装，汉、满族发展情况不一。汉族妇女在康熙、雍正时期还保留明代款式，时兴小袖衣和长裙；乾隆以后，衣服渐肥渐短，袖口日宽，再加云肩，花样翻新无可底止；到晚清时都市妇女已去裙着裤，衣上镶花边、滚牙子，一衣之贵大都花在这上面。满族妇女着“旗装”，梳旗髻（俗称两把头），穿“花盆底”旗鞋。至于后世流传的所谓旗装，长期主要用于宫廷和王室。清代后期，旗装也为汉族中的贵妇所仿用。

清代官服主要品种为长袍马褂。官帽与前朝截然不同，凡军士、差役以上军政人员都戴似斗笠而小的纬帽，按冬夏季节有暖帽、凉帽之分，还视品级高低安上不同颜色、质料的“顶子”，帽后拖一束孔雀翎。翎称花翎，高级的翎上有“眼”（羽毛上的圆斑），并有单眼、双眼、三眼之别，眼多者为贵，只有亲王或功勋卓著的大臣才被赏戴。皇帝有时还赏穿黄马褂，以示特别恩宠。影响所及，其他颜色的马褂遂在官员士绅中逐渐流行，成为一般的礼服。四、五品以上官员还项挂朝珠，用各种贵重珠宝、香木制成，构成清代官服的又一特点。丝纺绣染及各种手工业的进步，为清代服饰品种的丰富创造了条件。

清朝官服

皇后服饰

阅读资料

这里选服饰史学家、金学家黄强先生的一篇文章供大家阅读，他研究涉及中国服饰史、置业经济史、民国史、南京地方史、明清小说等方面研究，均有著作出版。已出版《南京历代服饰》《消失的南京旧景》《趣民国》《金瓶梅风物志》等著作15本。

明代服饰相比之前变化主要在哪里?

古代男子二十弱冠，女子十五及笄，戴冠表示进入了成年，类似成人礼。冠是硬质的礼仪用帽；帽在礼仪方面逊于冠，佩戴相对随意些；巾是软质的帽子，形制多样，变化多端，随意性大。本来巾是软质，多为庶民所有，后来隐居士人也都用巾。东汉末年，王公大臣喜欢上随意性的巾子，以遮挡头部缺陷，表现洒脱的个性。文人雅士，注重个性，更是喜欢彰显风流倜傥、飘逸情调的巾子。陶渊明好饮酒，摘下巾子用来漉酒（过滤酒中杂质），苏东坡戴的巾子被命名为东坡巾。由宋及元四百年间，扎巾习俗经久不衰。明代平民服饰的变化与特点，主要在巾。巾在明代品种很多，有的名称还混乱，但是巾子的式样变化很快。

巾与帽是一个类别，巾是软质，帽是硬质，但是巾与帽时常称谓混淆。称它为巾，未必是软质。明人李时珍《本草纲目·服器·头巾》："古以尺布裹头为巾，后世以纱、罗、布、葛缝合，方者曰巾，圆者曰帽，加以漆制曰冠。"戴帽、冠比较正式，严肃，扎巾则随意，方便。但是巾与帽，常常混淆，如东坡巾、浩然巾、四方平定巾，名为"巾"，实为"帽"。明代初定天下，文人士子流行戴巾，由此成为一种时尚潮流，以致明代的巾子是历代品种最多，个性最为鲜明的，有四方平定巾（方巾）、飘飘巾、四开巾、四方角巾、纯阳巾、华阳巾、雷巾、儒巾、万字巾（卍字顶巾）、凌云巾、玉台巾、进士巾、金钱巾、高淳罗巾、明道巾、玉壶巾、褊巾、桥梁绒巾（过桥巾）、凿字巾、披云巾、老人巾、网巾、二仪巾等等。

明代的巾，有继承前代的，也有当朝创制的。前者如唐巾、晋巾、席帽、万字巾、东坡巾、折角巾、华阳巾、二仪巾等。

后者有网巾、飘飘巾、儒巾、四方平定巾、老人巾、缣巾、阳明巾、金钱巾、凌云巾、六合一统帽（瓜拉帽）、瓦楞帽、边鼓帽等。

巾样式多，变化也大，不同时期巾的形制时常变异，也可以说巾紧随时代，追逐时尚，体现各时期社会的审美倾向。明人徐咸《西园杂记》记载："巾帽之说，成化以前，予幼不及知。弘治间，士民所戴春秋罗帽、夏鬃帽、绉纱帽、冬毡帽、纻丝帽，帽俱平顶，如截筒。正德间，帽顶稍收为桃尖样。其鬃帽又有瓦棱者，价甚高。初出时，有四五两一顶者，非贵豪人不用。嘉靖初年，士夫间有戴巾者。今虽庶民，亦戴巾也。有唐巾、程巾、坡巾、华阳巾、和靖巾、玉台巾、诸葛巾、凌云巾、方山巾、阳明巾，制各不同。闾阎之下，大半服之，俗为之一变。"徐咸概述了明初到明中叶，巾制的变化。

第十二章
汉字与中国武器文化

夏商时期的兵器已经不可考，大量使用的是青铜兵器。根据殷商军队倒戈相向，知道戈是重要武器，我们这里介绍周代兵器。周代是青铜兵器盛行时代，并已经铸出商代所没有的名剑，但已经处于青铜兵器的晚期，铁兵器开始出现并应用。多数铜镞，均带有铁尾，长短不一，有的长过镞本身数倍。战国前只有小匕首而没有剑，体短而无柄，跟长矛的矛头相近。周代后半期才开始出现剑。剑是周朝士这个阶层的配饰，是一种身份象征。冯谖虽贫寒，但是在做孟尝君的食客时身上还是有佩剑，就是证明。

“兵”字篆书写作，上面是“斤”，也就是斧头，下面是手，以手持武器。兵在上古时期，只指武器，没有人员的意思。作战人员是“卒”，篆书写作，是衣字上加一点，以示区分。卒的本义是下级仆役，穿的衣服与其他人不同，后来专指作战士兵。在周朝，卒是指普通步兵，士指的是车战人员。兵和卒两个汉字古代意思分得很清楚，如“短兵相接”，老子《道德经》“兵者，不祥之器”就用的本义。兵字有作战人员的意思，产生于隋唐以后，如“兵不厌诈”、“兵临城下”等。

古书上有十八般兵器，泛指多种技艺，其内容在各个时期有所不同。其名称，始见于元曲。近代戏曲界有人称之为刀、枪、剑、戟、斧、钺、钩、叉、鞭、锏、锤、戈、镋、棍、槊、棒、矛、钯十八种兵器。后来演变，亦称十八般武艺，指使用十八般兵器的本领，亦泛指多种武艺。《水浒传》写到的十八般武器是：矛、锤、弓、弩、铳、鞭、锏、剑、链、挝、斧、钺、戈、戟、牌、棒、枪、扒。下面着重给大家介绍中国古代兵器发展简史。

周代长兵主要包括周戈、周戟、周矛等几种。戈为钩兵或啄兵，用以钩挽敌人并啄刺敌人的装柄长兵。钩住敌人的脖子而杀死敌人，或钩近了用短兵砍杀，叫钩兵；从上面啄入人头，或者从旁边横啄入人腰，叫啄兵。戈是这个时期及后来很长一段时间的重要武器，相关的成语很多，如倒戈相向、金戈铁马、枕戈待旦、反戈一击等。

戟为戈矛合体，柄前面安直刃刺敌人，旁边有横刃可以钩啄敌人，兼有钩刺的作用。

周戈

周殳

周矛：矛为纯粹刺兵，制作简单而杀敌效力极大，所以从汉代开始戈和戟渐渐衰微，矛却独存，一直用到现在。

还有一种独特的兵器，那就是殳。殳是装长木柄，起撞击或前导作用的古代兵器。在许慎的《说文解字序》中就提到有殳书，即刻画在武器殳上的文字。

周代短兵主要包括周代鸾刀，至今仍然可称为天下最华美的名刀；战国名剑，至今仍可称为天下最精美犀利的宝剑；周代匕首，也至为美丽，为后世所难以企及。周代重剑，剑制起于周代晚期，为人所贵重，都喜欢佩戴，而不喜欢佩刀。直到铜兵器衰落而铁兵器兴起，刀才与剑并称。出土的周刀数量很少，且大都没有铭文，所以不为人所重。

周代的青铜剑有着三大特点：一是合金成分较为复杂，配合也更为科学；二是外镀非常薄但是非常坚固，所以即使在土中几千年也不腐朽；三是剑刃上都有着天然精美的花纹。

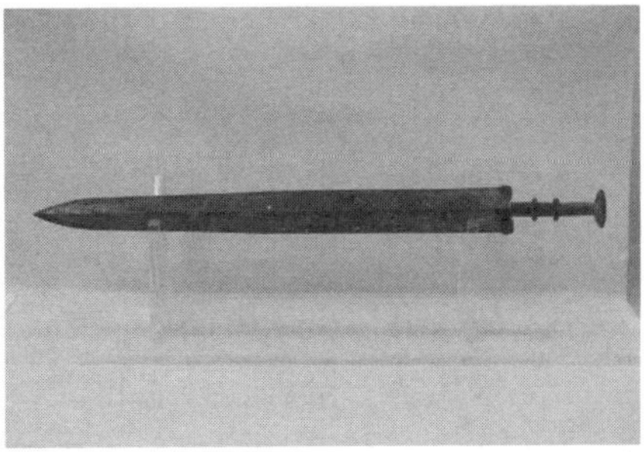
越王勾践剑

周代弓矢种类很多，制作精密，有一种铜镞用铁茎或长形铁尾。秦始皇统一六国后，觉得以后天下不再用兵，同时禁止民间私藏武器，就尽毁天下精美优良的铜兵器，所以秦代铜兵器遗留较少。但因为离战国还不远，风气仍在，所以仍然留下了残迹。

秦代长兵，与战国无异。秦代弩机尚未见到，弓箭形制与战国没什么差别。汉代有400多年历史，远长于秦朝，铜兵器也更加可观，且有些是夏商周三代所没有的，比如铜弩机就是汉人自行创制的武器，汉代是铜兵器的尾声。

汉代长兵，侧重戟和矛，戟最盛，矛次之。汉矛已经跟后世的长枪相近，汉戟也和周代形状不同，且有双戟之制，介于长兵和短兵之间。汉代离战国不远，所以刀剑等短兵还都用周代之制，特别是实茎有后的铜剑，用途最广。此外也有汉代创制的短兵，也有铜锤、铜斧等兵器。

汉代射远器可分为弓箭和弩机两种。汉弓多用铜饰，也有玉饰，制造大都仿战国，名称甚多，如虎贲弓、雕弓、角端弓、路弓、强弓等。铜弩机则是汉代自造或改良的兵器，用途很广，是汉代铜兵中的佼佼者。

两晋、五胡十六国以至于隋唐，期间铁兵早已到全盛时期，各种铁器应很可观，但可惜没有太多藏器可供参考。这主要是因为那时的铁兵器大多没有铭文，收藏家不屑于收藏和记录，以及武器在陪葬上的严格限制。在唐代，重视枪和刀，剑沦为贵族和将官饰品，或者道家镇邪器物。但唐剑的形式，是后代铁剑之鼻祖。

汉代铁兵盛行，铜兵衰亡；两晋铁兵有新制；六朝兵器基本全部用铁，但创制不太多；五胡铁兵，形制特异的很多；唐代统一各制，甲兵盛极一时，但剑制却化为单一形式，后世莫不遵从；五代承接唐代。

宋代统一全国，外患很大，讲求甲兵不亚于唐朝，但却形式庞杂，凌乱无章。且宋代铁兵器的质料不佳，陪葬的早已化为朽铁，得到保藏的屡经战乱后也基本荡然无存，只能依靠《武经总要》一书加以了解。

宋代长兵沿袭隋唐，以枪为主，长杆大刀次之，还有钩竿、叉竿等杂形长兵，带有明显的胡人色彩，各式长枪也杂有外族形制。长刀则大都承袭三国两晋及隋唐之制。《武经总要》中的几十种兵器，虽然由宋人创制，但多数都是从旧兵仿制而来。

宋代短兵形制极为庞杂，但最重要的两种武器刀和剑，形制却很简单：刀只一色，而且非常笨重；剑只两色，全部依照唐制，形式也欠灵活。宋人的短兵，不特别重刀剑，而杂式短兵极多，如蒺藜、蒜头、连珠三节鞭、剉子斧、铁简、铁棒等。

宋代射远器。北宋时中国制造火药已有成法，所制火炮已能有效应敌。南宋时火枪、火炮并用，如突火枪、霹雳炮、炮车等。至于火箭，宋人和金人都使用，战时屡奏奇效，外形近似常规的箭，只是镞为荷葩式。宋弓名目很多，麻背弓和黄桦弓是比较显著者。宋劲弩有黑漆、雌黄、白桦、跳镫、木弩等名目；弩箭有三停、木羽、点钢、风羽、朴头等分别。宋代的大弩床弩，为宋军精锐武器，一发可中数十人，可射数百步远。

元代兵器。元代蒙古势力几乎统治全亚洲，且西及欧洲的一部分，兵力之强、器械之精，举世无匹。元人自制自用的兵器，即蒙古兵器，种类颇多，制造极为精美。尤其是蒙古大帝占领印度西北德里城，建都之后招募各国良工所制的兵器，更为犀利华美。

元代长兵。元代以骑兵为主，步兵次之，骑兵步兵都精通骑术，全部以弓箭为唯一利器，此外还用剑、镰刀、斧、锤等，不太喜欢用长兵。但并非没有，比如骑兵善用的标枪，体轻而甚长，标枪的铁刃头常系四角形，极为尖锐牢固。蒙古军的标枪有三种：欺胡大、巴尔恰和三尾掷枪。

元代射远器。南宋已有枪炮，但至元代毫无进化，蒙古军称霸欧亚全恃骑射之精，直到十五世纪仍以弓箭为主。蒙古军所用之弓特大，军士载箭特别多，发矢如雨，穿甲透铠。且骑兵均带短标枪，或远掷杀敌，或对付近距离的敌人，远者则箭射。蒙古军所用的火器有三种：一是花炮即砰（石拜）双响之类，二是土耳其人为蒙王制造的火枪，三是大炮。

明朝自制之兵器与宋代兵器有很大不同，并且有很多自己的创造，比如戚继光等为抗倭特制的狼牙筅。也有很多日本式兵器，因为明代倭患很烈，中国兵器不能抵，于是参用日本式兵器。明代的枪炮制造水平很高，在平边患和内乱中都发挥了巨大作用。明代自制火器不止于枪炮，还有地雷、水雷、流星炮、连珠炮、万人敌大炸弹等。

明代长兵小部分承袭旧制，大部分是明人自行改制或创制。自创的长兵，大致可分为刺兵、勾兵、馇兵、砍兵、铲兵、叉兵、镜兵、筅兵以及火器诸类。刺兵主要有四角枪、箭形枪、曲刃枪、焰形枪、标枪等长柄铁枪，勾兵主要有铁钩枪、钩镰枪等长柄枪刀，馇兵主要有龙刀枪，砍兵主要有长刀、腰刀、铁钩枪、龙刀枪、钩镰刀，铲兵主要有月牙铲，叉兵主要有马叉，镜兵主要有枪头齿翼月牙镜，筅兵主要有狼牙筅，火兵主要有梨花枪。

明代短兵大部分与宋代相似，只外形略微有差别，小部分是明人创制。比如明代长刀、腰刀、短刀均仿日本刀式，与宋元差别很大。明代多用刀及其他短兵，少用剑，普通剑形脱胎于唐剑，著名者有七星剑、鱼骨剑。明人喜欢用锏。明代杂形短兵，有铜瓜、铁标枪、短柄三叉、戟形短枪、二节铁鞭等。

明代射远器。明代有一种介于短兵和射远器之间的系兵，用锁链扣系兵器掷出击人或钩人，有三种：飞锤即流星锤，双飞挝，飞钩也叫铁鸱脚。明代正宗的射远器，可分为弓箭和火器两种。

明代弓箭。明代的弓分为大弓、常弓和大弩数种。明代箭种类很多，有马箭、令箭、球箭、响箭、长杆火箭、步箭、穿耳箭等。

明代火器。明代所用火器有枪、炮、爆炸器（地雷、水雷等）三种，大都是明人自制，少数仿制外国。火枪有长枪和短枪。大炮以材质论有青铜和铁制两种，以口径论有短体大口和长体小口两种，以外形论有双耳柄炮、凸腹炮、多箍侯尾炮、宽箍厚膛炮、米袋形神烟炮、子弹形神威大炮、雪茄形八面转百子连珠炮等，以作用论有平射球形大铁弹之炮、曲射远距离之炮、以尾杆旋转四面扫射之连珠炮（就像现代机关枪）、先放毒雾后射子弹之巨体炮（毒雾作用就像现代战争施放烟幕弹）等。爆炸器种类也很多，如水雷（混江龙）、地雷、神烟飞火流星炮、毒火飞廉箭等，守城火器则有“万人敌”。

明代神威大将军炮

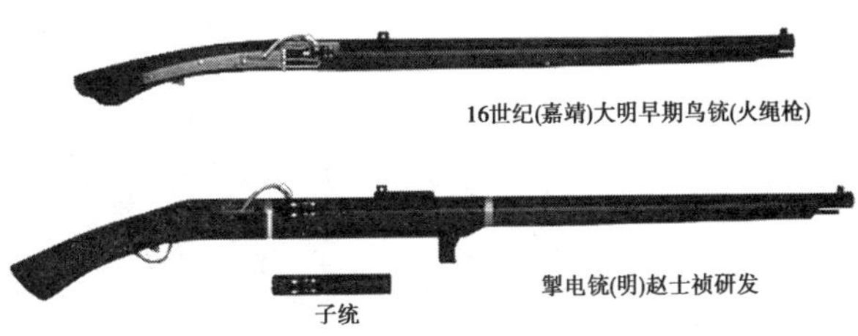

明代早期火铳和掣电铳

清代兵器。满洲人自制之兵器，即未入关以前用来攻击满蒙部族的明军，入关后南下攻击明代诸王和明室遗尘将帅的兵器，最多的是弓箭、长枪、大叉、大刀、短剑等，特别是大叉。清朝统一中国后，参考历代兵器形式创制出一批新式长短兵器。此外还有一批舶来品，即东西各国制造的新式枪炮，以及军用指挥刀等现代兵器。

清代长兵。清代长兵脱胎于宋明，最重要的是军中必需兵器，具体有长枪、大刀及长刀、镗钯。清代短兵有改制的，有自制的，有进贡的，形制很多，精美程度胜于宋明，分为刀、剑、钩、戟、锏、鞭、斧、锤等。最重要的行军必备兵器只有刀、剑，其余都只用来练习和防身。

清代军用刀及宝刀，有腰刀、短刀、小刀多种。小刀很短，通长只有25.5厘米，长的也不过42.5厘米。

清代射远器，大体包括暗器、弓弩和枪炮三种。

清代暗器。暗器不是始于清代，清代却集其大成，清代各个阶层的人十分喜欢使用。清代暗器可分为手掷暗器（标枪、金钱镖、脱手镖、掷箭、飞叉、飞铙、飞刺、飞剑、飞刀、飞蝗石、鹅卵石、铁橄榄、如意珠、乾坤圈），索系暗器（绳镖、流星锤、狼牙锤、龙须钩、软鞭、锦套索、飞爪、铁莲花），机射暗器（单筒袖箭、梅花袖箭、弹弓、弩箭、花装弩、踏弩、雷公钻、铁鸳鸯、铁蟾蜍、袖炮），药喷暗器（喷筒、鸟嘴铳）四种。

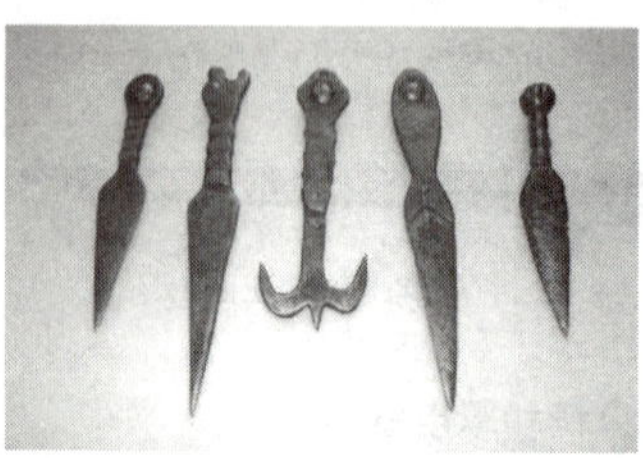

铜飞镖

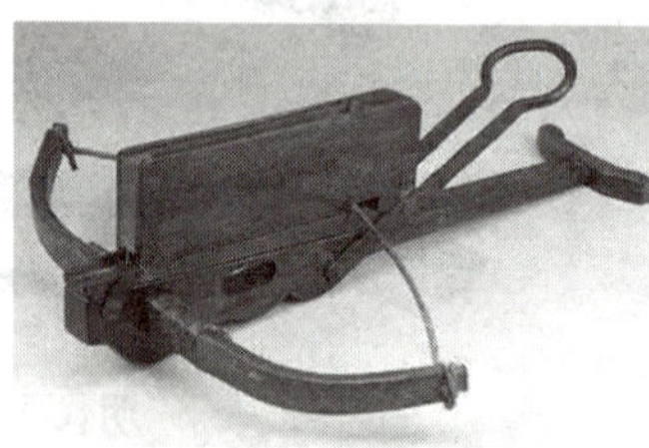

清代弓弩

清代弓弩：清代弓制分为习武和军用两种：习武之弓重力，甚至有百斤之弓；军用之弓重射，不求力大而求射准。军用箭有渔叉箭和兔儿叉箭。清代满洲人最喜欢的是弓弩，常见的有臂有机的弋射弩，形制有两种：一为发弹用的弩弓，一为连续发十弹或十矢的弹弩或连珠弩。

清代枪炮。清军入关前并无火器，统一中国后也不讲求新式军备军器，也没采用新式枪炮，鸟炮是唯一火器。至于清代的鸟枪形制，异于明代御制火枪。清代所有的一直是明末从西洋购入的新式大炮，直到光绪时才有使用新式枪炮的正式军队和舰队。其枪多是毛瑟枪和曼利夏枪，炮则克虏伯炮居多，均为德国造。后来清代设立的江南制造局和金陵制造局，仿制西洋自主制造了大批新式枪炮，炮有后装炮、快炮、山炮等，枪则涵盖步枪、机关枪和手枪，此外还有各类水雷。

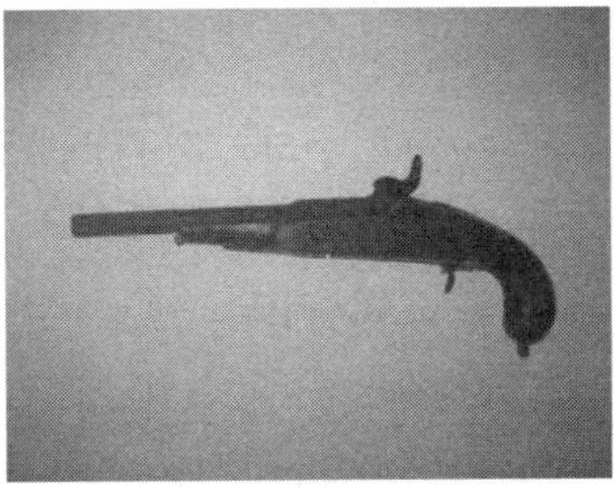

清代枪和炮

清代神威将军铜炮

第十三章 汉字与地理

第一节　与地理有关的汉字

在古代中国，“阴、阳”这两个词是最常见、最深奥的哲学术语；同时，在全国所有地名中又是出现频率最高的词语，“阴”字之本意是指山之北、水之南，如汉阴、湘阴、淮阴、江阴等。“阳”字之本意是指山之南、水之北，如洛阳、南阳、襄阳、荥阳等。两相比较，所有地名（一般指县及县级以上地名）中，带阳字的地名要比带阴字的地名多一些。这一点，我们只要翻开全国地图一看就知道了。

有关地形的汉字如“陵、阴、阳、阡、阵、陡、隘、障、险、隧、陇、陨、陟、除、陆、陛、阿、阶、阪、陔、陋、阻、陌、陉（音 xíng，山脉中断的地方）、降、隆、堕、隅、陷、隙、隔”等。有关地形的汉字一般是左包耳。陟，从下往上，从低处往高处，所以后来有升迁之意；降，从上往下，从高处往低走，所以有降低、降职等意。如湖北西部有个县叫郧县（玉米种子“郧单”的原产地），但陨石的陨却是左包耳（因为“郧”是地名，“陨”是从天上掉下）。“险”，地势不平坦。“阻”，本意是险要的地方，《史记 · 孙膑传》：“马陵道狭，而旁多阻隘，可伏兵。”后发展为阻挠意。“隘”也一样，是险要的地方。“阿”，旧读 ē，原是山中的平地，或山的转弯处。如《九歌·山鬼》：“若有人兮山之阿。”“隧”，本意地道。“隙”，本意是墙交界处的裂缝，如《商君书·修权》：“蠹众而木折，隙大而墙坏。”后指一般事物的裂缝。“隅”，本意是角落，《诗经·静女》：“俟我于城隅。”现代有成语“向隅而泣”。另外，“隐”的本意是短墙，如《左传》有“逾隐而待之”，后有隐蔽、隐藏等意。

有关地名的汉字一般是右包耳，如“邯、郸、邺、邹、邲（音 bì，春秋时地名，在今郑州东）、郡、郾（音 yǎn，河南有郾城县）、郿（陕西一个县，今作眉县，已失去耳旁）、鄘、都、郦、郧、郢、邶（音 béi，周代诸侯国，在今河南汤阴县南）、邻、邓、郫、鄙（音比，边远之地）”等字。也有是土旁的，如“堰（如湖北的十堰市）、坝、坞、坦、坼（音 chè，裂开）、填、塘、坪、堡、坟、墩、境、场、塞、城、坑、埂”等字。“邗”字音 hán，古地名，今扬州东南。邦，本意是诸侯的封地，后指国家。“邳”字音 pī，古下邳，古地名，江苏邳县（今已改为邳州市）西南，当年张良在圯桥遇黄石公得兵书处。鄂，古地名，今湖北鄂城县（今鄂州市），故湖北简称鄂。郫，今成都市的郊县郫县，因其地势低洼而得名，历史悠久（县城郫筒镇古称鹃城，乃望帝化为杜鹃之处；而“陴”却是城上的矮墙）。“酃”字（音 líng）是湖南的一个县名。“郑”，周代诸侯国，今河南新郑。

第二节　古代地理

九州：相传尧舜时代，天下滔滔，便派鲧（音 gǔn）治水，鲧采用堵塞的办法，造成洪水泛滥，淹死了很多人，被祝融处死于羽郊；鲧死后，剖腹得大禹，及长，又派禹治水。禹吸取父亲的教训，勤勤恳恳，“三过家门而不入”，改用疏导的办法凿开三峡，长江滚滚东流，一泻千里，取得成功，舜便禅让于禹。禹即位后，为治理方便，分天下为九州。据《尚书·禹贡》的说明，九州之名是：冀州、兖（音 yǎn）州、青州、徐州、扬州、荆州、豫州、梁州、雍州。

春秋都城：新郑——今河南新郑市，是春秋时郑国的都城。商丘——后改名睢阳，今河南商丘城南，宋国的都城。曹——今河南滑县东，卫国都城；公元前 658 年迁都楚丘（今滑县东北），后来又迁都帝丘（今河南濮阳西南）。蓟（音 jì）——今北京城西南，燕国都城；到燕柱侯时，迁到临易（河北雄县西北）。绛——又名翼，今山西翼城县东南，晋国都城；晋景公时迁都于新田（今山西侯马西）。平阳——今陕西宝鸡东南，秦宁公时秦国都城；秦德公元年迁都雍（陕西凤翔南），俱属上古雍州之地。郢——今湖北江陵西北纪南城，楚国都城。吴——今江苏苏州市，吴国都城。会稽——今浙江绍兴市，越国都城。临淄——今山东临淄东北，齐国都城。曲阜——今山东曲阜城东古城，鲁国都城。

四渎：古代主要四条河流，即长江、黄河、淮河、济水。

五岳：五岳至今没有变化，即东岳泰山、西岳华山、南岳衡山、北岳恒山、中岳嵩山。

汉代十三州：秦始皇统一中国后，实行郡县制，把全国分为 36 个郡，下设很多县。汉代在此基础上大肆分封诸侯，设立与郡相当的“国”，面积大小不等。后来认识到诸侯易于造反，便大加削弱，国的面积渐渐缩小，以至于略等于郡。汉武帝时，把京师附近七个郡称为司隶校尉部，把全国百余个郡国分为十三个刺史部，简称“十三部”。又由于它们绝大多数以“州”命名，故又简称“十三州”，这都是郡的上一级单位名称。不过，当时它们都是监察区域而非行政区域。到了东汉末，部州的性质才逐渐变为郡上面的一级行政区，形成州—郡—县三级行政区划。东汉十三州是：司礼（直辖州）、豫州、兖州、徐州、青州、凉州、并州、冀州、幽州、扬州、益州、荆州、交州。

唐十道：魏晋南北朝以后，州越来越多，越分越小，郡变得有名无实，隋文帝撤销了郡，只剩州县两级。到唐初，全国有三百几十个州，给中央管理带来不便。因此，唐太宗贞观元年根据自然形势把全国分为十道：关内、陇右、河东、河北、河南、山南、剑南、淮南、江南、岭南，每一道有时设官，有时不设官，即使设置官员也是监察性质。唐玄宗开元年间，改划为十五道，道设采访处置使，职权相当于汉武帝时的刺史。安史之乱后，全国形成以掌兵权的节度使为地方行政长官的制度，一个节度使管几个州，节度使的辖区也叫道，形成道—州—县三级行政制。

明十五省：“省”原是中央官署名，并非地方机构，今日本就保留此制如“文部省”等。元代以中书省为中央政府，又在“路”（相当于后来的省）之上分设行中书省，略相当于中书省的办事处，简称“行省”。后来它干涉地方事务，逐渐成为最高行政区划，“省”就成为地方政府的称号。到了明代，明太祖建都南京，称应天府，而明成祖迁都北京，称顺天府，但仍然保留南京的地位。所以，明实行两京制，它们所辖地区均叫直隶，将元代的行中书省改为承宣布政使司，共十三个。但民间还是按旧习惯把两京与十三布政司合称为十五省，即北直隶（北京）、南直隶（南京）、浙江、江西、福建、湖广、山东、山西、河南、陕西、广东、广西、四川、云南、贵州。

关与关内关外：秦、汉、唐等朝代均在陕西建都，那时的所谓“关”指的是函谷关或潼关，于是把函谷关或潼关以西的地方叫“关内”，以东的地方叫“关外”。明清时则有不同，这时的“关”指山海关，“关内”指山海关以西以南的地方，“关外”指山海关以外的地方。曹操《蒿里行》：“关东有义士，兴兵讨群凶。”指潼关以东地区。

山与山东山西：“山”在战国、秦汉指崤山或华山，后来指太行山。因此战国、秦汉时把崤山或华山以东的地方叫“山东”，把崤山或华山以西的地方叫“山西”。后来则把太行山以东的地方叫山东，把太行山以西的地方叫山西。另外，战国时的“山东”还指秦以外的六个诸侯国。《汉书》曾提到“山东出相，山西出将”。《鸿门宴》：“沛公居山东时，贪于财货。”《过秦论》：“山东豪俊遂并起而亡秦族矣。”

江与江左江右：这里的江指长江。古人谈到地理时往往以东为左，以西为右。因此，“江左”指长江下游以东的地区，“江右”指长江下游以西的地区。

江表：长江以南地区。《赤壁之战》：“江表英豪，咸归附之。”

江南：长江以南的总称，所指区域因时而异。白居易词云：“江南好，风景旧曾谙。”王安石诗云：“春风又绿江南岸，明月何时照我还。”

河与河南河北：这里的“河”指黄河，“河南”指黄河以南的地区，“河北”指黄河以北的地区。

淮左：淮水东面。《扬州慢》有“淮左名都，竹西佳处”，扬州在淮水东面。

关中：所指范围不一，古人习惯上将函谷关以西地区称为关中。《鸿门宴》："沛公欲王关中，使子婴为相。"《过秦论》："始皇之心，自以为关中之固。"

西域：古代称我国新疆及其以西地区。《雁荡山》："按西域书，阿罗汉诺矩罗居震旦东南大海际雁荡山芙蓉峰龙湫。"

岭峤：五岭的别称，指越城、都庞、萌渚、骑田、大庾等五岭。《采草药》："岭峤微草，凌冬不雕。"（这里特指两广一带）。

朔漠：指北方的沙漠，也可单称"朔"，泛指北方。《采草药》："朔漠则桃李夏荣。"《木兰诗》："朔气传金柝，寒光照铁衣。"朔气指北方的风。《林教头风雪山神庙》中"仍旧迎着朔风回来"，指北风。

百越：又作百粤、诸越。古代越族居住在江浙闽粤各地，统称为百越。古文中常泛指南方地区。《过秦论》："南取百越之地。"《采草药》："诸越则桃李冬实。"

京畿：国都及其附近的地区。《左忠毅公逸事》："乡先辈左忠毅公视学京畿。"

三辅：西汉时本指治理京畿地区的三位官员，后指这三位官员管辖的地区。《张衡传》："衡少善属文，游于三辅。"《记王忠肃公翱事》："公一女，嫁为畿辅某官某妻。"隋唐以后简称"辅"。

三秦：指潼关以西的关中地区。项羽灭秦后曾将此地封给秦军三位降将，故得名。《送杜少府之任蜀州》："城阙辅三秦，风烟望五津。"

古都别称：如南京又称建康、金陵、江宁、白下。《柳敬亭传》："尝奉命至金陵。"《病梅馆记》："江宁之龙蟠……皆产梅。"《梅花岭记》："吴中孙公兆奎以起兵不克，执至白下。"又如扬州称广陵、维扬，李白《送孟浩然之广陵》："烟花三月下扬州。”姜夔《扬州慢》：“淳熙丙申至日，予过维扬。”再如杭州称临安、武林，苏州称姑苏，福州称三山，成都称锦官城。《柳敬亭传》：“余读《东京梦华录》《武林旧事》。”《枫桥夜泊》：“姑苏城外寒山寺，夜半钟声到客船。”《春夜喜雨》：“晓看红湿处，花重锦官城。”《<指南录>后序》：“自海道至永嘉来三山，为一卷。”

第三节　十个特色小城

丽江——云南的桃花源，已被评为世界历史文化名城。早在明清时，丽江就享誉中原，其城关大研镇的黑龙潭，潭水澄清。古城北面的玉龙雪山更是令人神往。由于玉龙雪山挡住寒流，一年四季如春。丽江，家家流水，户户垂杨，浓郁的纳西风情，令人神往。

平遥——拍古装戏的天然布景。平遥古城是我国现存最完整的古城之一，已被评为世界历史文化名城。清朝中叶，这里汇聚了全国一半以上的财富，是今天银行本票、支票、汇票的发源地。

延安——永远的圣地。1935 年以后，历史就选择了延安，延安的宝塔山成为当时年轻人向往的地方。

凤凰——位于吉首市与怀化市之间偏西的地方，城区傍沱江而建，沿江的吊脚楼就如美人醉酒一样憨态可掬。有月光的晚上，苗族男女的对歌声可惊醒每一扇临水的窗户。

西昌——中国著名的月光城，卫星从这里上天。位于四川省西南凉山彝族自治州中部。西昌可以说是中国高科技之旅的首站，在那里，人们不仅可以看到巨大的火箭发射架，而且能了解卫星发射的全部过程。

吐鲁番——《西游记》中的神奇美景。吐鲁番市位于乌鲁木齐以东、中国最低的盆地吐鲁番盆地中央，因唐三藏取经受阻火焰山，孙悟空三借芭蕉扇而闻名于世。事实上，当年玄奘的确经过吐鲁番，他曾在今天位于市东南约 40 千米的高昌故城歇息一月。

凭祥——位于祖国西南边陲的中越边境上，没有另外一个城市比凭祥更能作为中越关系的历史见证，市西南约 18 千米的友谊关名字的变迁便可作证明。

泽当——藏人起源的传说。贡布山的猴子洞是藏族的发源地，而它的具体位置就在拉萨东南约 200 千米的泽当镇。泽当是乃东县城所在地，乃东县是西藏山南州府所在地。

玛多——追溯黄河源头，玛多是黄河上游第一个县城，人口稀少，气候恶劣，海拔 4000 多米，景色优美，黄河的源头就位于此县境内。历史上是由内地进入西藏的一个驿站，也是一个古渡口，是一个值得去的地方，美景让人心醉，淳朴的人也让人心碎。在玛多县的西郊有黄河的第一桥，此地黄河水清澈见底，漫步桥上，思忆遥迢，情趣别样。往西，见鄂陵湖及鄂陵湖西 20 千米的扎陵湖，这两个湖仿佛一双明珠镶嵌在黄河的上游。再源流而上，水清天阔，沿途一派藏乡牧区风光，牧草丰美，牛羊成群，有星宿海、约古宗列曲及著名的卡日曲。若是冬春至，可凿冰捕鱼，见候鸟数万。

兴城——远离工业的海滨小城。从山海关出了关，沿着辽东湾一直北行，第一个到达的城市就是兴城。兴城辽时开始建县，未遭战火，远离工业，是我国现存古城中最完好的一座。

第四节　省区得名由来

山东：以在太行山之东而得名。唐大部分属河南道；宋设京东路，后分京东东、西路；金更名山东东、西路，为山东得名的开始；元设山东东西道；明置山东省，后改山东布政使司；清改山东省，省名至今未变。全省面积15万平方公里，人口9946.64万（2016年数据，下同）。

山西：以在太行山之西而得名。唐大部分属河东道；宋设河东路；金分河东北、南路；元设山西河东道，为山西得名的开始；明置山西省，后改山西布政使司；清改山西省，省名至今未变。面积16万平方公里，人口3681.64万。

湖南：以在洞庭湖之南而得名。唐属江南西道和黔中道，后设湖南观察使，为湖南得名的开始；宋称湖南路；元设岭北湖南道；明属湖广省，后改省为湖广布政使司；清分湖广省置湖南省，省名至今未变。面积21万平方公里，人口6822万。

湖北：以在洞庭湖之北而得名。唐属江南东道、淮南道和山南东道；宋称荆湖北路，简称湖北路，为湖北得名的开始；元设江南湖北道；明属湖广省，后改省为湖广布政使司；清分湖广省置湖北省，省名至今未变。面积19万平方公里，人口6028万。

广东：以广南东路简称得名。唐属岭南道；宋以旧广州辖地置广南东路，简称广东路，为广东得名的开始；元设海北广东道；明置广东省，后改广东布政使司；清改广东省，省名至今未变。面积18万平方公里，人口10999万。

广西：以广南西路简称得名。唐属岭南道；宋置广南西路，简称广西路，为广西得名的开始；元设广西两江道；明置广西省，后改广西布政使司；清改广西省；新中国成立后改广西壮族自治区。面积 24 万平方公里，人口 4838 万。

黑龙江：以黑龙江而得名。清分吉林将军置黑龙江将军，清末改黑龙江省，省名至今未变。面积 45 万平方公里，人口 3799. 2 万。

辽宁：以辽河流域永久安宁得名。唐属河北道；辽置东京路；金仍之；元置辽阳行省；明为辽东都司；清设辽东将军，后改奉天将军，再改盛京将军，清末改奉天省；1929 年改辽宁省，为辽宁得名的开始；伪满复改奉天省，1945 年收复后仍改辽宁省；新中国成立后初分辽东省和辽西省，后合并恢复辽宁省。面积 15 万平方公里，人口 4377. 8 万。

浙江：以浙江（又称钱塘江）得名。唐属江南东道，设浙东观察使和浙西观察使；宋置两浙路，南宋又分两浙东路和两浙西路，简称浙东路和浙西路；元设浙东海右道和江南浙西道；明设浙江省，为浙江得名的开始，后改浙江布政使司；清改浙江省，省名至今未变。面积 10 万平方公里，人口 5590 万。

河南：以在黄河之南而得名。西汉即有河南郡，为河南得名的开始；唐大部分属都畿道和河南道；宋设京畿路和京西北路；金改南京路；元设河南江北省和河南江北道；明置河南省，后改河南布政使司；清改河南省，省名至今未变。面积 17 万平方公里，人口 9532. 42 万。

河北：以在黄河之北而得名。唐大部分属河北道，为河北得名的开始；宋设河北路，后分河北东、西路；金分河北东路设大名府路；元设燕南赵北道；明设北平省，后废省，所有府和直隶州直属中央，称北直隶；清代改为直隶省；1929 年改河北省，省名至今未变。面积 19 万平方公里，人口 7470. 05 万。

安徽：以安庆徽州各取一字得名。唐大部属江南西道和淮南道；宋置江南东路和淮南西路；元属江东建康道和淮西江北道；明境内各府和直隶州直属中央，称为直隶，后改南直隶；清改江南省，后分设安徽省，为安徽得名的开始；新中国成立后初分设皖北行署和皖南行署，后合并恢复安徽省，省名至今未变。面积 14 万平方公里，人口 6195.5 万。

江苏：以江宁、苏州各取一字得名。唐大部属江南东道和淮南道；宋置江南东路、两浙西路和淮南东路；元属江东建康道、江南浙西道、淮东江北道；明境内各府和直隶州直属中央，称为直隶，后改南直隶；清代改为江南省，后分设江苏省，为江苏得名的开始；新中国成立后初分设苏北行署和苏南行署，后合并恢复江苏省，省名至今未变。面积 10 万平方公里，人口 7438 万。

福建：以福州、建州各取一字得名。唐属江南东道，后设福建观察使，为福建得名的开始；宋置福建路；元设福建海右道；明置福建省，后改福建布政使司；清改福建省，省名至今未变。面积 12 万平方公里，人口 3874 万。

甘肃：以甘州、肃州各取一字得名。唐属关内道和陇右道；宋时东部属宋秦凤路，西部属西夏；金分秦凤路为秦凤、临洮、庆原三路；元初以甘州置甘肃路（不久即改甘州路），为甘肃得名的开始，后改宁夏行省为甘肃行省；明为陕西行都司；清分陕西省恢复甘肃省，省名至今未变。面积 45 万平方公里，人口 2609.95 万。

江西：以江南的西部得名。唐属江南西道，后设江西观察使，为江西得名的开始；宋置江南西路，简称江西路；元设江西行省及江西湖东道；明置江西省，后改江西布政使司；清改江西省，省名至今未变。面积 17 万平方公里，人口 4592.3 万。

云南：以在云岭之南得名。汉即设云南县，为云南得名的开始；唐为六诏，后为南诏；宋为大理国；元置云南行省及云南诸路道；明置云南省，后改云南布政使司；清改云南省，省名至今未变。面积 39 万平方公里，人口 4770.5 万。

贵州：以贵山得名。唐为黔中道；宋属夔州路；元属湖广行省；明置贵州土司，是为贵州得名的开始，后置贵州布政使司；清改贵州省，省名至今未变。面积 18 万平方公里，人口 3555 万。

四川：以益利梓夔四路得名。唐大部属剑南道和山南东、山南西道；宋设川峡路，后分设西川路和峡西路，再分西川路为益州路和利州路，分峡西路为梓州路和夔州路，合称四川，其间设四川制置使，为四川得名的开始，后改益州路为成都府路，改梓州路为潼川府路，分利州路为利州东、西路；元置四川省和四川行省和西蜀四川道；明置四川省，后改四川布政使司；清改四川省；新中国成立初分为川东、川南、川西、川北四行署，后合并恢复四川省，省名至今未变。面积 48 万平方公里，人口 8329 万。

重庆市：1997 年 3 月，重庆市成为中央直辖市，从四川省分出，包括原重庆、万县、涪陵三市和黔江地区。重庆简称渝，地处四川盆地东南部，面积 8.24 万平方公里，人口 3090 多万。有汉、回、苗、藏、土家等民族。公元前 11 世纪，为周代所封巴国首府，后历改江州、恭州。1189 年南宋赵淳在此先封恭王，后登帝位（光宗），一年之中嘉庆双重，遂升恭州为重庆府。1929 年设重庆市，1939 年升中央直辖市，1940 年定为陪都。解放初，为西南行政区领导机关所在地。1954 年改为四川省辖市。

青海：以青海湖得名。唐宋属吐蕃；元其土地属宣政院管辖；明属朵甘都司等；清初为卫藏地，后分设西宁办事大臣，又称青海办事大臣，为青海得名的开始；民国初设青海办事长官，后属甘边宁海镇守使，之后建青海省，省名至今未变。面积 72 万平方公里，人口 590 万。

陕西：以陕原之西得名。唐大部属京畿道和关内道；宋初设陕西路，为陕西得名的开始，后分设永兴军路，以军事鄜延、邠宁、环庆、秦凤、熙河五路设陕西五路经略使；元设陕西行省和陕西汉中道；明置陕西省，后改陕西布政使司；清改陕西省，省名至今未变。面积 21 万平方公里，人口 3812. 62 万。

吉林：以吉林乌拉前二字得名。满语吉林乌拉意为沿江。唐属东北民族地；辽属东京路；金属上京路；元属辽阳行省；明属奴儿干都司；清设吉林将军，清末改吉林省，省名至今未变。面积 19 万平方公里，人口 2733. 03 万。

宁夏：以西夏安宁得名。唐属关内道；宋时属西夏；元灭西夏后以旧地设西夏行省，不久改宁夏行省，治所为宁夏路，为宁夏得名的开始，后改行省为甘肃行省，迁甘州路；明属陕西省，改宁夏路为宁夏卫；清代改为宁夏府，属甘肃省，并设宁夏将军；1929 年置宁夏省；新中国成立后撤销并入甘肃省，后设宁夏回族自治区，区名至今未变。面积 6. 6 万平方公里，人口 677 万。

海南：以海南岛得名。唐属岭南道；宋属广南西路；元设海南海北道，是为海南得名的开始；明属广东省；清继之，正式称琼崖为海南岛；后设海南特别行政区，仍属广东省；新中国成立后设海南行政区，仍属广东省，1988 升海南省，省名至今未变。面积 3. 5 万，人口 917. 13 万。

台湾：以台湾府得名。唐宋均为化外地；元在澎湖设巡检司，兼管台湾渔民；明为荷兰所占，明末郑成功收复，设东宁省及承天府；清郑氏，设台湾府及台厦道，是为台湾得名的开始，并正式称台湾岛，后改台厦道为台湾道；清末设台湾省，省名至今未变。面积 3.7 万平方公里，人口 2350 万。

西藏：以清正式定名得名。唐宋为吐蕃；元属宣政院；明称乌思藏，设都司等；清初称卫藏，卫即前藏，藏即后藏，后正式定名为西藏，清设西藏办事大臣；新中国成立后改为西藏自治区，区名至今未变。面积 123 万平方公里，人口 332 万。

内蒙古：以漠南蒙古得名。唐为突厥地；宋时出现蒙古部落；后建元朝，其地直属中书省及岭北行省；明分鞑靼及瓦剌；1664 年清政府统一蒙古，以漠南蒙古居内地称内蒙古，漠北蒙古居边外称外蒙古，并属理藩院；民国初分属热河、察哈尔、绥远等特别区，后均改省；新中国成立前以今内蒙古东部设内蒙古自治区，区名至今未变。面积 118 万平方公里，人口 2520.1 万。

新疆：以其为新辟疆土而称新疆。唐宋为西域；元明为察哈台汗国和窝阔台汗国地；清统一其地，其北部称回部、南部称准部，合称回疆，设伊犁将军，又以其为新辟疆土而称新疆（其时贵州新辟疆土亦称新疆），清末设新疆省，是为新疆得名的开始；新中国成立后改新疆维吾尔自治区，区名至今未变。面积 160 万平方公里，人口近 2398.08 万。

第十四章

汉字与奇异文学形式

我们的古人非常强调文学的作用。魏文帝曹丕断言："文章者，经国之大业，不朽之盛事也。"刘勰在其《文心雕龙》中反复阐述："自鸟迹代绳，文字始炳……熔钧六经，必金声而玉振；雕琢情性，组织辞令，木铎起而千里应，席珍流而万世响，写天地之辉光，晓生民之耳目。"中国文学有几种依据汉字特点而产生的独特的文学体裁：运用"对偶"的楹联、格律诗、骈文，还有带文字游戏性质的回文诗、字谜等。其中影响较大的是旧体诗（包括词、曲）、楹联，它们要求相对的两个句子（或短语）必须字数相等，处在相同位置上的两个汉字要词性相同、含义相近或相反，读音不同，语法功能相同。比如王维诗"大漠孤烟直，长河落日圆"，李群玉诗"裙拖六幅湘江水，鬓耸巫山一段云"等。这样严格的形式要求只有汉字能满足，西方拼音文字由于一个词的字母有多有少，不可能满足其要求。陈寅恪曾经提出：大学入学考试中文试题出"对对子"，因为这种运用"对偶"的技巧最能体现汉字（由此组成中文）的特点。

第一节　汉字的表意性和音乐性

诗（包括词、曲）、楹联、骈文（四六体），在中国古代文学中占有十分重要的地位，有大量优秀的作品，以致有人称中国为“诗的王国”。在内容、风格上，中国文学的中心主题是人生。钱穆、唐君毅先生称中国文化为伦理艺术型，西方文化为宗教科学型。中国文化之所以特别偏重人生、审美，和汉字的“形象性”及由此产生的民族精神相一致。家喻户晓的名句“先天下之忧而忧，后天下之乐而乐”出于范仲淹《岳阳楼记》。这两句话从字面看先谈了“忧”，但其归结点和目标是“乐”；“忧”是为达到“乐”，不只是“独乐乐”而是“众乐乐”必须经过的奋斗历程。小说、戏曲必须全面地描绘人生的悲欢离合、喜怒哀乐。但中国古代小说、戏曲多数必须有“大团圆”的快乐结局。如从《会真记》到改编成《西厢记》，就让男女主人公从彼此分离、抱憾终生改变为团圆欢聚、美满结局。连《窦娥冤》这样描写女主角悲惨命运的戏剧，最后也要加上“六月飞雪”、沉冤昭雪、父女相见的结尾。在描述手法上，中国文学多用白描，用主人公的行动来刻画人物性格，而很少脱离于情节之外的冗长的心理分析、情景描绘。西方文学明显不同，他们不可能产生中国这样严格对偶的文学体裁，但他们有口耳相传的长篇史诗，还有丰富的神话。西方小说、戏剧中的佳作大半是悲剧：普罗米修斯、西西弗斯、俄狄浦斯、奥赛罗、罗密欧与朱丽叶、安娜·卡列尼娜等。

前面已经说过，文字的始祖是原始图画。文字在西方语言中同时具有“书写”、“刻画”、“痕迹”等含义。原始图画是“以形示义”的视觉符号。这种同质性、连续性、继承性在汉字中体现得最明显。甲骨文、金文中最常见的根词、基本词大多是“象形字”。后人总结汉字造字法叫“六书”，公认次序以“象形”居首，“指事”、“会意”、“形声”都是由“象形”演进而生的。这说明由原始图画到成熟汉字之间存在着连续性的关系，即在基本承袭前人传统的基础上加以发展改进，而不是重起炉灶，另辟蹊径，搞一套与前人传统大不相同的崭新事物。后来，从甲骨文、金文、大小篆，发展到隶书、楷书、行书、草书，虽然字形有了不小的变化，但其基本体制、基本结构、基本格局、基本法则仍一脉相承，保存了传统的优点。与此形成对比的是，希腊文字是一种他源型文字，与希腊本土上古时代出现过的克里特线性文字一、二型都毫无渊源、承袭的关系，和腓尼基文字也只借用了其字形和字音，而和其原有的含义毫无联系，是一种断裂传统的新型的文字系统。与此相对应，中华文明的特征是连续性的，而希腊文明的精华（以苏格拉底、柏拉图为代表的希腊古典哲学）则是与传统断裂的、发生革命性变化的崭新的思想观念。

文字史告诉我们，中国最早的成熟文字系统——甲骨文产生于殷代武丁时期（大约公元前 13 世纪），到孔丘、老聃之时的春秋时期大约七百年左右。古希腊文字大约出现于公元前九世纪前后，距苏格拉底生活的时代也是五六百年。从最早卜辞篇只有几十个字、几句话，发展到孔子时代，已有传世的《周易》《周礼》《诗经》《尚书》《春秋》等典籍，积累了相当丰富的知识资源，具备了产生系统学说和伟大学者的条件。但中国和希腊在同样的“轴心时代”，具有同样民族文化开创者，崇高地位的伟大学者们为学风格是大不相同的，这与文字体系有较大关系。因此，中国汉字与中国文学的关系是载体和内容的关系，文学借助于汉字得以流芳千古，汉字借助于文学作品得以传之后世。最早的民歌如果没有汉字记载，我们今天就无法知道它的内容（如《弹歌》）。为什么我们目前能看到的最早文学作品是殷商以后才产生的？因为我们的汉字成为一种成熟的文字体系也是殷商时期才定型的。

汉字的表意性、独义性和音乐性构成了中国文学独特的审美效果。(1) 汉字的表意性特征容易引起具体形象，构成一种独特的审美效果（如看见“笑”就会有愉快的感觉，看见“哭”就有悲伤的感觉，这就是具象性）；(2) 汉字的独义性，在外观上造成了整齐的对称的形式美（如诗的整齐形式，骈文的对偶等）；(3) 汉字的四声造就了独特的声乐结构与抑扬顿挫的音乐艺术效果（沈约、周颙等人发现声调以后，诗、词等文学作品中呈现纷繁的音乐美）。

汉字产生以后，以汉字形为本体出现了许多汉民族特有的文化现象。汉语汉字的特点，影响了中国文学在形式方面的特点，形成了中国文学特有的形式美，即形式整齐、节奏抑扬。先来看形式上的整齐匀称。

第二节　汉字与文学形式

汉语诗歌发达，汉语一个音节用一个汉字表示的特点，使诗歌每行的长短一致，整首诗歌整齐划一。如“五言诗”每行五个字，“七言诗”每行七个字，形式整齐。拼音文字因为每个音节所用的字母数目不等，每行的长短受节律的限制只能做到大致等长，而无法做到绝对的整齐划一，所以西洋诗歌只能在诗歌的行数和段数上做严格的规定，如英语中的四行、八行、十二行、十四行等。对仗（即对偶的修辞手法）是汉语格律诗的一个基本要求，对仗的运用可以增强诗歌作品的整齐美。如：

“明月松间照，清泉石上流。竹喧归浣女，莲动下渔舟。”（王维《山居秋暝》）这四句诗，每两句构成工整的对仗：“明月”对“清泉”、“松间”对“石上”、“浣女”对“渔舟”，都是偏正结构，“照”对“流”、“归”对“下”，都是动词，“竹喧”对“莲动”，是主谓结构。杜甫《绝句四首》其三：“两个黄鹂鸣翠柳，一行白鹭上青天。窗含西岭千秋雪，门泊东吴万里船”也是工整的对仗。

骈体文是汉以后产生的一种特殊的文体，是举世无双的汉语文学样式，它的全盛时代在南北朝。骈体文在语句方面多用骈偶和“四六”，造成其形式整齐骈俪的特点。骈偶就是对仗，骈体文一般是用平行的两句话，两两相配，直到篇末，如王勃《滕王阁序》：“闾阎扑地，钟鸣鼎食之家；舸舰迷津，青雀黄龙之舳。云销雨霁，彩彻区明。落霞与孤鹜齐飞，秋水共长天一色。渔舟唱晚，响穷彭蠡之滨；雁阵惊寒，声断衡阳之浦。”四六指骈体文一般是用四字句和六字句，形式工整，如庾信《哀江南赋》：“日暮途远，人间何世！将军一去，大树飘零；壮士不还，寒风萧瑟。荆璧睨柱，受连城而见欺；载书横阶，捧珠盘而不定。钟仪君子，入就南冠之囚；季孙行人，留守西河之馆。”

散文虽不追求形式上的骈俪、工整，但也经常使用排比、对仗等手法，体现出一定的形式美，形成特有的汉语言散文风格。《论语》是先秦诸子散文之一，其中就有大量的运用汉语的特点形成的排比句，如《学而》：“学而时习之，不亦说乎；有朋自远方来，不亦乐乎；人不知而不愠，不亦君子乎！”再如《为政》：“子曰：视其所以，观其所由，察其所安，人焉廋哉，人焉廋哉”都是用排比手法。《左传》是史书，体裁为散文，其中有大量对《诗经》的引用，形式工整、韵律优美，此外《左传》也大量使用骈俪的句子，如《昭公二十三年》："正其疆埸，修其土田，险其走集，亲其民人，明其伍候，信其邻国，慎其官守，守其交礼。不僭不贪，不懦不耆"是整练的四字句。《成公二年》："名以出信，信以守器，器以藏礼，礼以行义，义以生利，利以平民"用顶真、排比手法。《宣公十年》："我无尔诈，尔无我虞"用回文式对偶。

平仄抑扬和节奏调配——汉语是有声调的语言，这一特点使汉语文学发展出对节奏和抑扬的要求。古代汉语音节有平、上、去、入四种声调，诗歌节奏中的平指平声字，仄指上、去、入三声的字。平声长，仄声短，平声扬，仄声抑。平仄相间，可以形成抑扬交错；平仄相间和各个声调不同的音高变化，可以形成节奏的变化，构成一种声律的美。

杜甫的《春望》是一首五言律诗："国破山河在，城春草木深。感时花溅泪，恨别鸟惊心。烽火连三月，家书抵万金。白头搔更短，浑欲不胜簪。"其平仄和节奏为："仄仄－平平－仄，平平－仄仄－平。平平－平－仄仄，仄仄－仄－平平。仄仄－平－平仄，平平－仄－仄平。平平－平－仄仄，仄仄－仄－平平。"上下两句平仄、节奏相对，每一句有三个节奏点，平仄相间，抑扬顿挫。

因为骈体文的句子两两并行，四字对四字，六字对六字，因此骈体文发展到后期也要求上下句平仄相对，如《滕王阁序》："冯唐易老，李广难封。"其平仄和节奏是："平平－仄仄"对"仄仄－平平"。"老当益壮，宁移白首之心；穷且益坚，不坠青云之志。"其节奏和平仄是："平平－仄仄－平平－仄仄－平平"对"仄仄－平平－仄仄－平平－仄仄"，也是上下两句节奏、平仄相对，同一句中平仄交错，节奏鲜明。

对偶就是连用一对长度相等、结构相同、语义相关的语句，使表达均匀对称的一种修辞格。汉字是方块字，每个音节写在纸上占有的空间也相同。对偶是汉语修辞格中所特有的，是最具有汉民族特色的一种修辞手段，它深深植根于汉文化之中。像五言律诗、七言律诗的颔联（三四句）、颈联（五六句）都要求用严格的对偶句，如“明月松间照，清泉石上流。竹喧归浣女，莲动下渔舟”（王维《山居秋暝》），“无边落木萧萧下，不尽长江滚滚来。万里悲秋常作客，百年多病独登台”（杜甫《登高》）。古典小说各章回的标题，多采用对偶，精炼地概括本回的中心，如“林教头刺配沧州道，鲁智深大闹野猪林”（《水浒传》）、“甄士隐梦幻识通灵，贾雨村风尘怀闺秀”（《红楼梦》）。

阅读资料

曾国藩对联中的智慧

对联是汉语独有的艺术形式，讲究对仗工整，寥寥数字，无论是嬉笑怒骂还是警句勉励，都凝聚了人生的大智慧，一代文学家曾国藩是对联大家，他的对联包含着儒家为人处世的原则，下面就一起来学习一下曾国藩的对联大智慧吧。

世事多因忙里错

好人半自苦中来

这是一副自诫自勉书室联。上联自诫，尘世繁杂，世事多变，处事遇忙则乱，所以做事要稳。下联自勉，有成就的人大多吃过苦，吃得苦中苦，方为人上人。

大处着眼，小处着手

群居守口，独居守心

大处着眼是说，看事情要高瞻远瞩，有全局意识，并且能够考虑长远，小处着手是说做事的时候要谨慎，着手细节，才能避免眼高手低的毛病。

群居守口，和一群人相处的时候要谨言慎行，该说的说，不该说的不要说，所谓祸从口出，做一个善于聆听的观众才是大智慧。自己独处的时候要乐于享受，要反思，守住自己纯善的心。

不为圣贤，便为禽兽；

莫问收获，但问耕耘。

“不为圣贤，便为禽兽”，这句话听起来极端，实则是曾国藩对自己严格的要求，要求自己建立好的品格，容不得一点点苟且。

“莫问收获，但问耕耘”，告诫我们，不要只想着收获，若不耕耘，怎么收获，就像大树一样，深根日后才能枝繁叶茂。

有子孙，有田园，

家风半读半耕，但以箕裘承祖泽

无官守，无言责，

时事不闻不问，只将艰巨付儿曹

此联一说为曾国藩父亲所作，曾国藩所书。一说为曾国藩所作。不过不管是出自谁之手，我们都可以看到对联中所表达的高尚的情操以及高洁的品格！

打仗不慌不忙，先求稳当，次求变化

办事无声无息，既要老到，又要精明

曾国藩用打仗的经验来告诫我们，在做事的时候，要稳当，在稳当的基础上，才能创新变化；办事要讲方法和原则，在顾全大局的同时，处事要老道，又要不失精明。

天下无易境，天下无难境

终身有乐处，终身有忧处

易境和难境就是顺境和逆境，顺境和逆境、乐处和忧处，这是生活的两种状态，是一体两面。如《道德经》所说："故有无相生，难易相成，长短相形，高下相倾，音声相和，前后相随。"

养活一团春意思

撑起两根穷骨头

不管是顺境还是逆境，人的信念都要像春天一样朝气蓬勃，保持旺盛的生机。不管身处何种境况，脊梁骨必须撑得起，不能委曲求全，要挺起腰杆，在困厄中求出路，在苦斗中求尊严。

第三节　析字、对联与形意诗

对联是对偶中的一种特殊格式，是写在纸上、布上或刻在竹子上、木头上、柱子上的对偶语句。过年过节贴对联，已成为汉文化不可或缺的一部分。春联、婚联、挽联、店联、楹联，就是一部大书，各有千秋佳作。这里仅以对联广告为例说说。广告运用对联这种形式，也有很长历史。据说号称清代第一大才子的纪晓岚是个对对子的高手，他为大栅栏一家剃头店写了一副门联："虽然毫发技艺，却是顶上功夫"。20世纪30年代有一种"三星白兰地"的酒一直销路不畅，结果厂主想出一个绝招，在报上公开为一副上联征求下联，上联是"五月黄梅天"，应征者多如潮涌，当然最匹配的下联是"三星白兰地"。依靠这副对联，三星白兰地名声大振，生意兴隆。上海的"宽鼎皮装"也专门征集过对联广告语，中选的是："宽让三分利，鼎新一品装"。其他广告对联如："与时空同在，似日月常辉"（雷达表）、"少一份噪声，多一份宁静"（双鹿牌冰箱），"百货百态百问不烦，千客千意千拿不厌”（百货店），“安全来自长期警惕，事故源于瞬间麻痹”（交通安全公益广告），“以平常心接纳人生万种风情，用大眼光饱览全球时代女性”（《女性大世界》杂志）。

析字就是把一个汉字拆成几个能表意的有一定独立性的字的一种修辞格。如：掰——手分手。汉字单音的，音同音近现象较为严重，口语中常容易混淆，所以汉人的姓往往有一个析字的代称，如“十八子李”“弓长张”、“立早章”、“口天吴”、“古月胡”等。为了表意含蓄，将“分”字析为“八刀”（“打八刀”指解除婚约）、将“老鸨”的“鸨”析为“七十鸟”、将“谢”字析为“言身寸”等。其他再如析字对：“一明分日月，五岳各丘山”。析字诗：“日月明朝昏，山风岚自起。石皮破仍坚，古木枯不死。可人何当来，意若重千里。永言詠黄鹤，志士心未已。”（南宋刘一止《山中作拆字语寄江子我郎中》，“咏”的异体字是左“言”右“永”。）

借字就是借用某个字的形体来代替许多描绘文字的一种修辞格。如：她走到一张桌子前，从一个大药瓶下取出一个折成“又”字的条子，看了一下上面写的名字，惊讶地问我：“您姓‘再’？还有姓‘再’的吗？”①

这里借汉字“又”形容条子被折成的样子，就是一种借字。其他再如：借汉字“大”字形容某人睡觉的特别姿势（“把粗短的身躯摆成个‘大’字”）；借汉字“品”字形容作战的阵势（“在江、淮、河、汉之间布成‘品’字形阵势”）；借汉字“川”字形容眉心之间的肌肉（“眉心之间的肌肉，拧成一个‘川’字”）；借汉字“吕”字形容接吻（“只做了一个‘吕’

① 见刘心武《银锭观山》。

字”)；等等。

联边就是特意选用若干个偏旁相同的字让它们串联起来造成气势的一种修辞格。如：

1945 年冬，李德全（冯玉祥将军的夫人）为昆明“一二·一”惨案中被反动派杀害的女学生，书赠了一副对仗工整的挽联，对蒋介石策动内战阴谋公开抗议，对反动派杀害学生无比愤慨。联语是：

魑魅魍魉残余，知法网有漏；

琴瑟琵琶坑烬，问民权何存！

这里上联用了 4 个“鬼”字旁的字，下联用了 4 个“王”字旁的字，理直气壮，义正词严。这就是联边。其他再如马车店对联：“迎送远近通达道，进退迟速游逍遥。”上下联连用 14 个“走之”旁的字，表示车来人往，充分反映行业特点，颇具匠心。再如旧时“海神庙”对联：“浩海汪洋波涛涌溪河注满，雷霆霹雳霭雲雾零雨雱霏。”上联选用 11 个“三点水”旁的字，下联选用 11 个“雨”字头的字，突出了“水”和“雨”，以此表现海神，颇具气势。

据说明朝天启元年宰相叶向高有一次路过福州府，看望新科状元、闽侯洪塘人翁正春。谈笑中，叶向高说：“老夫今晚恐怕进不得西门了。”翁正春知他今晚要在此留宿，便道：“宠宰宿寒家，穷窗寂寞。”叶向高见话中用的全是“宝盖头”的字，先是一惊，接着便对道：“客官寓安宅，富室宽宏。”这样的联边对偶，的确雅趣横生。

全世界只有汉字才能有多种写法，甚至横着、竖着、倒着、斜着写，因而造就了各种丰富多彩、奇特怪异的文学形式。清末的魏源《答师对》不仅内容上吻合，形式上也非常对称：

閑看门中月，

思耕心上田。（闲字有一异体字写成门内一个月字）

在现实生活中，有人因汉字笔画较多难写而创造一些很奇怪的简写，在 20 世纪 70 年代末笔者曾创造一个简写字来记录“问题”二字，自己非常得意，因为把“问”字中的“口”换成表示“题”字的拼音声母 T，音韵吻合，简便易写。

有些广告很有意思：衬衫厂的广告——望眼欲穿（看一眼就瞧上了，非常想买一件穿在身上）。

有些广告故意与名牌产品缺笔少划，以免侵权吃官司，如青鳥——青島，全舆——全興，全庸——金庸，晃眼一看还不容易看出差别，从而上当受骗。

在北戴河孟姜女祠有一副对联就是利用汉字的多音现象：

海水朝，朝朝朝，朝朝朝落。

（hǎi shuǐ cháo，zhāo zhāo cháo，zhāo cháo zhāo luò）

浮云长，长长长，长长长消。

（fú yún zhǎng，cháng cháng zhǎng，cháng zhǎng cháng xiāo）

温州江心寺联也与此类似：“云朝朝朝朝朝朝朝散，潮长长长长长长长消”。此联巧妙地利用“朝”、“长”多音多义的特点构成，上联第二、四、五、七、九字读“zhāo”，意为“早晨”，第三、六、八字读“cháo”，意为“涌集”，下联第二、四、五、七、九字读“cháng”，意为“经常”，第三、六、八字读“zhǎng”，意为“增长”，通过云聚云散，潮涨潮落，描绘出江心孤岛的风云变幻。

苏东坡有一首《晚眺》诗，但其字体有斜的，有倒的，有断的，有反的，共有 12 个字，全是把以下汉字变形以表其意。该诗把诗意与字形的长短高低倒斜都结合起来，较为有趣。

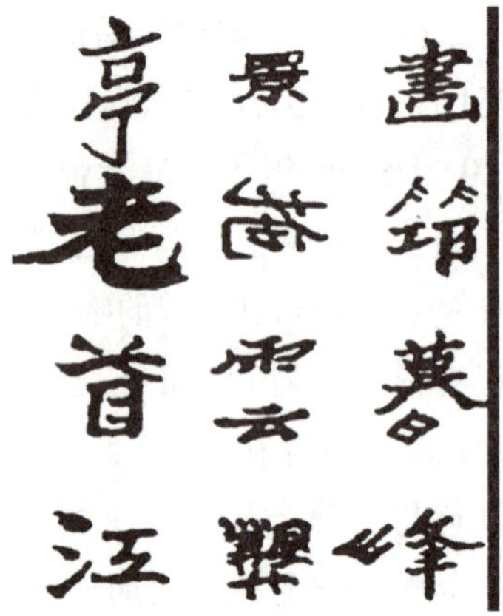

《晚眺》诗云：长亭短景无人画，老大横拖瘦竹筇，回首断云侧日暮，曲江倒蘸侧山峰。

我们再来欣赏下面一首形意诗。

这是一首妻子思念远在他乡丈夫的诗，这首诗应该如何阅读呢？

在这首诗中，“月”倾斜；三个“更”字叠加；“门”（繁体为“門”）只为一半；“夜”字修长；“枕”字倾斜；“意”字中的“心”字底歪向一旁；“命”字紧凑，比正常形体要短；

“今”字倒写；“信”字少了下面的“口”；“望”字上下截断；“肝”字修长；“来”（繁体为“來”）下面少了“人”。

根据诗中汉字字形的特点，全诗应该读为：月斜三更门半开，夜长侧枕意心歪。短命到（倒）今无口信，望断肝肠（长）无人来。

形意诗利用汉字形体特点成诗，从另一侧面体现出汉字的独特魅力；因其呈现在读者面前的只是几个变形的汉字，很多字词都隐藏在外，更使其具有“言有尽而意无穷”的味道，更能激发读者的想象力和阅读兴趣。阅读形意诗，就如同破解一个个设计精巧的谜语，在猜谜一样的阅读过程中会渐渐让人沉醉其中，深深感受到汉字、诗歌的魅力。

青少年朋友，你会读下面这道诗吗？

这首诗应该读为：圆日山高路口长，云横雨细倾斜阳。扁舟横渡无人过，风卷残花半日香。

在汉字体系中有近万字曾经有过或至今尚有异体字，而这些异体的数量可达五万之多。特别是在书法上，很多字都有不同的写法，如“寿”字有数百种写法，而“福”字则为其最，有上千种不同的写法。

在《镜花缘》等古典小说中有不少的字谜，这也是中国特色，如："一字生得奇，头长两只角，肚中六张嘴，下面八字足。"（典也）"一只盘子并不大，太阳月亮放得下。"（盟也）"冰上两点嫌它多，石头压水水上坡。"（泵）

明代《菽园杂记》卷六中有这样一则故事：陈询官至祭酒，字汝同，松江人，善饮酒。别人有过错，当面说给对方听，一点也不隐瞒自己的观点。在翰林时，因曾经得罪权贵，被贬为安陆知州。同僚给他饯行时，有人提出行酒令，各用二字分合，以韵相接，以诗书一句终之。陈学士首先按照规矩来："轰字三个车，余斗字成斜；车车车，远上寒山石径斜"。高学士谷云："品字三个口，水酉字成酒；口口口，劝君更尽一杯酒"。轮到陈询便说："矗字三个直，黑出字成黜；直直直，焉往而不黜！"

第四节　字谜

由于汉字独特的风格，产生了灯谜这一特殊的游戏活动形式。我国的灯谜源远流长，有两三千年的历史。灯谜是一种字谜，它与普通的谜语不一样。灯谜有卷帘、秋千、徐妃、求凰等谜格，谜语没有谜格。如谜语"麻屋子，红帐子，里面睡个白胖子"，打一果品谜底是花生，也可答长生果、落花生。灯谜就不一样，如：不识木兰是女郎——花生

不老实（不老的果实）——长生果

结实（结成果实）——落花生

谜语是种暗射事物或文字等供人猜测的游戏，灯谜是谜语的一个门类，是用字做谜底的谜语。如以下几则灯（字）谜：

拿不出手（谜底是"合"）

你我各一半（谜底是"伐"）

主见差一点（谜底是"现"）

木字多一撇（谜底是“移”）

多一点能吃，少一点有用（谜底是“术”）

灯谜、字谜都具有娱乐性和益智性。“左边出太阳，右边出太阳，立在太阳里，反而不见亮。”谜底是“暗”。有些谜底是对谜面字形的离析，如“虚心”的谜底是“七”，“费口舌”的谜底是“千”，“措手不及”的谜底是“昔”。有些谜底是对谜面字形离析、组合的综合运用，如“老头子”的谜底是“孝”，“春节三日在厂里”的谜底是“仄”，“一千多一半”的谜底是“歼”，“十八相送”的谜底是“目”。

人们经常把熟悉的诗文、故事做成谜面，来丰富文化娱乐生活。同时，字谜是一种智力活动，在猜谜的过程中可以学到很多知识，可使大脑得到锻炼。如人们把熟悉的《西厢记》的故事做成谜面：“待月西厢一寺空，张生普救去求僧，崔莺失却佳期会，只恨红娘不用工”，谜底是“徽”。同样题材的谜面还有：“张秀才，长别离；虽有约，误佳期”，谜底是“强”。利用诗文作谜面，如“少小离家老大回”，谜底是“夭”；“为他人作嫁衣裳”，谜底是“倘”。有些字谜需要先进行会意联想，再进行字形离合，如“水落”的谜底是“础”，因“水落”隐含“石出”；“绣花枕头”的谜底是“苞”，因绣花枕头隐含“草包”义。这些谜语既富有趣味性，又体现了劳动人民无穷的智慧。

有时还可以把字谜作为隐语使用，起到交流的目的。传说有一旅人在途中想抽烟，可又苦于没有随身携带。行经一村舍，欲向人家借用，又觉无法开口，于是就把自己的意图编成字谜告诉主人，主人明白他的意图后，把烟借给了他。他的谜面是“寺边一只牛，二人抬木头，西下有一女，火烧因家楼”，谜底是“特來要煙”。

汉末董卓专权，《后汉书·五行志》中有童谣曰：“千里草，何青青，十日卜，不得生！”这里“千里草”是“董”的析字，“十日卜”为“卓”的析字，意指“董卓即亡”，但鉴于权势，不敢明说，故用此法表达，既是析字，又是隐语。曹操是一代枭雄，智力超群，但比起杨修来要差一些。他在门上写“活”字瞒不了杨修；“一合酥”被杨修分而食之（所谓“一人一口酥”，古代的字体是竖着书写的）。两人同时看见曹娥碑上的“黄绢幼妇，外孙齑臼”，曹问杨曰“君知否？”杨含笑点头。“卿勿言，待我思之”。二人骑在马背上慢行30里，曹方明白。（该字谜的谜底是“绝妙好辞”，此开创了又一谜格——碎锦格，又叫曹娥体）。因此后来当曹操把汉中比喻为“鸡肋”而为杨修猜出其拟放弃此地的心思时，曹操再也不能容忍有如此聪明的人在身边，以“扰乱军心”罪将杨修处死，一代聪颖俊杰之士就此彻底消失。

魏晋南北朝时，制谜和猜谜成了文人斗智的游戏。唐宋以后，风气更甚。这里略举几个字谜，让大家欣赏。

前事不忘，后事之师。（打明代抗清名将一）——史可法

生产必须出正品（打成语一）——不可造次

爷爷，我来了（打电影演员一）——孙道临

桃花潭水深千尺（打成语一）——无与伦比（无法与汪伦的情谊相比，与原诗下一句“不及汪伦送我情”相吻合）

合二而一（打字一）——面（三个字合在一起）

一笔写成两个字（打植物名一）——毛竹

半价出售（打字一）——催（价出售各有一半）

有一半，有一半，又有一半（打常用词一）——朋友

晖（打成语一）——晕头转向

明天（打川剧名一）——易胆大

相传唐初著名的预言家李淳风曾经与唐太宗说：“乱我朝天

下者，即在君侧。三十年后，杀唐子孙殆尽。”唐太宗说：“卿为朕明言之，朕即杀之，以除国患。”李淳风曰：“此乃天意，岂人力能为耶！此人在二旬以上，今若杀之，天必祸我国家。”太宗曰：“天意既定，试约言其人。”李淳风曰：“其为人也，止戈不离身，两目长在空，实如斯也。”此即指武则天。她篡位后，自己创造了19个字，其中给自己造一个“曌”字作为自己的名字，意为如日月当空，独一无二。止戈不离身，两目长在空，是武曌二字的拆字。

唐武则天称帝，徐敬业和骆宾王不服，谋划造反，约会中书令裴炎为内应，裴炎给徐敬业的信被查出，但信上只有“青鹅”二字，无人知义。武看了之后，说：“青，十二月；鹅，我自与也。”于是杀了裴炎，十二月前派李孝逸去镇压，徐兵败为部将所杀，骆宾王不知所终。

据《资治通鉴》卷二百〇一载：唐高宗乾封二年（667），唐朝与高句丽交兵，运粮使郭待封率海军舰队从海上直插平壤，主帅李勣命冯师本运送粮秣武器在后接应。不想补给船只在海上遇险，未能及时送达前线。郭待封军中乏粮，作书向李勣告急，但他担心书信会落入高丽人之手，从而暴露军中虚实，于是将告急书信写成“离合诗”。李勣不解诗意，大怒说：“军事方急，何以诗为？必斩之！”行军管记通事舍人元万顷（柏杨认为是总部机要秘书助理立法官）接过一看，道出其中用意，李勣恍然大悟，“乃更遣粮仗赴之”。

这应算是最早的密码通信文件了，可惜未见其原文。李勣一代名将，风骚差了点，要没有元万顷，此事还真悬。或许郭待封了解元万顷其人，所以才敢出此高招。据史载，元万顷善属文，然放达不羁，尝奉旨做《檄高丽文》，只有按套路出牌，严厉恫喝他们快快受降便是。可是元万顷毕竟文人，当说的话说了，不当说的话也说，竟自恃才高，讥讽高句丽“不知守鸭绿之险”。高句丽实际掌权者泉男建回应道：“谨闻命矣！”于是“移兵据鸭绿津，唐兵不得渡”。唐高宗得讯，将这个多嘴多舌的家伙流放岭南。

离合诗，是指用拆字法写成的诗，属文人的一种文字游戏。以皮日休的《晚秋吟》为例。诗曰：

东皋烟雨归耕日，免去玄冠手刈禾。
火满酒炉诗在口，今人无计奈侬何。

第一句的最末一字“日”与第二句的首字“免”，合“晚”字。第二句的最末一字“禾”与第三句的首字“火”，合“秋”字。第三句的最末一字“口”与第四句的首字“今”，合“吟”字。三字组成诗题。

最早的离合诗，据说是三国孔融的《离合郡姓名字诗》，后来的诗坛名家也都玩此一手以消遣。北宋词人黄庭坚在《两同心》一词中说：“你共人、女边着子，争知我、门里挑心。”女边着子是“好”字，门里挑心是“闷”字。

王安石曾著《字说》，虽与文字学理论大相径庭（如“波为水之皮”，“松为百木之长，犹公也，故字从公”等），但其制作灯谜却是高手，如：“目字加两点，莫当貝字猜。貝字欠两点，莫当目字猜。打二字。”谜底是賀与資，设计得非常好。有一次，他与好友王吉甫做谜。他先作“画时圆，写时方，冬时短，夏时长”的字谜。吉甫答曰：“东海有鱼，无头又无尾，更除脊梁骨，便是这个谜。”两个谜底均为“日”。王又说：“左七右七，横山倒出。打一字。”吉甫：“一上一下，春少三日。你猜我猜，恰是一对。”谜底为“夫婦”二字。

明代有位姓丰的翰林，熟悉医道诙谐成性。一次，宁波县令派人向他要一副药方，他写道：“大枫子去了仁（人），无花果多半边，地骨皮用三粒，使（史）君子加一颗。”县令一看，哭笑不得地说：我们被他骂了，这张药方隐着“一夥滑吏”四个字。

唐伯虎和祝枝山是好朋友。一天，祝刚进唐府，就听伯虎说谜：“言说青山青又青，两人土上说原因，三人牵牛缺只角，草木之中有一人。每句猜一字，四字是两句话。”祝听罢，坐下说：“先倒杯茶来再说。”唐知其已猜中，恭敬地捧上一杯香茶（谜底是“请坐，奉茶”）。唐伯虎为得到秋香，不惜丞相府中当书童。丞相出联“十口心思，思国、思民、思社稷”，伯虎对曰“八目尚賞，赏风、赏月、赏秋香”。

《烧饼歌》是朱元璋的谋臣刘基所作，刘基是著名的预言家，书中有“八千女鬼乱朝纲”的句子，初不知所云，后方明白是魏忠贤的“魏”字。书中还有“木下一头了，目上一刀一戊丁”，暗指李自成。“朝臣乞来月无光，叩首各人口渺茫，一见生中相庆贺，逍遥周甲乐饥荒”，意指“乾隆”，并与其在位六十年暗合。

除了字谜之外，中国的字联饶有趣味，前已述及。相传苏小妹对佛印和尚出上联“人曾是僧，人弗能成佛”。佛印知是取笑他，便对曰“女卑为婢，女又可称奴”。一天，东坡出门迎接诗人黄庭坚，苏小妹正在窗前捉虱子，见二人迎面而来，脱口戏道“长兄门外邀双月”，东坡笑对“小妹窗前捉半風”。

相传苏东坡到金山寺看望佛印和尚，远远就闻到狗肉的香味，但和尚知道他要来已把酒肉藏起来了。苏假装不知便问“犬”和“吠”字的写法。佛印和尚答：“犬字是一人一点；吠字是犬字旁边加个口。”苏东坡说：“既然一人一点，那就快把狗肉拿出来大家吃吧。”有一天，苏东坡正在吃饭，桌上有一条刚烹好的鲜鱼，听到佛印来，赶忙把鱼盘放到书架上。佛印和尚早已闻到鲜鱼的香味，便请教“蘇”字的写法。苏东坡说：

"苏字简单，上面是草头，下面左边是鱼右面是禾"。佛印故意问："鱼放在右面，左边放禾字，如何"？苏曰："可以"。佛印又问："鱼放在上面行不行呢？"苏曰："哪有这样的写法。"和尚笑曰："既然鱼放上面不行，那就拿下来大家吃了吧。"

大凡析字高手，均深谙文字结构，对汉字的构造方式较为熟悉，不然，就无法在短时间内对出析字妙联，如王安石、唐伯虎、纪晓岚诸人。相传明边关外族犯境，其屯兵元帅张斌派一使者给明朝将士送一上联："弓长张，文武斌，张斌元帅，统领琴瑟琵琶八大王"。后明军师对出了下联："一人大，日月明，大明天子，横扫魑魅魍魉四小鬼"。

在旧中国，当商人作买卖双方讨价还价时不愿意第三者知道，有时就用一种只有少数人才懂的价目析字语，如："一"字叫"旦底"，意思是取旦字的底下一划。"二"叫"中工"，意思是二字的中间加一划就是工字；"三"叫"倒川"或"横川"；"四"叫横目，即把目字横过来就是四字；"五"叫缺丑，意思是把丑字的右上角缺写一笔就是五字；"六"叫撇大或断大，即大字中间切断或六字中间加一撇；"七"叫"毛尾"；"八"字叫"分头"；"九"是"旭边"；十叫"早下"。如25元就可说成"中工缺丑"，84块可以说为"分头横目"。

一日纪晓岚拟回家探亲，乾隆说"你是口十心思，思妻、思子、思父母"。纪当即答曰"如蒙恩赐，我就言身寸谢，谢天、谢地、谢君王"。乾隆龙颜大悦，果然准之（而现在的电视剧中却把纪晓岚说成是无父母无妻子儿女的孤家寡人）。

明代湖广石首（今湖北石首县）有一姓杨的书生家贫，地方官要其老父服役，杨苦苦哀求得免，要其答对"四口同圆，内口皆归外口管"。杨暗对"五人共伞，小人全仗大人遮"。

另外，明人（文学家蒋焘）年轻时其父之友试其才学，用拆字法出一上联，让他对答，他见母切瓜，应对从容，颇具文学功底：

冻雨洒窗，东两点西三点；

切瓜分客，横七刀竖八刀。

友人一听，拍案叫绝。

有一富家女子立志嫁一才学不凡之郎君，条件是能对她出的上联“寸土为寺，寺旁言诗，诗曰明月送僧归古寺”。三年之内，无人能对。一天，一个姓林的书生进京应试，终于对出下联“双木成林，林下示禁，禁云斧斤以时入山林”。

相传有一民间女子考乾隆“冰冷酒，一点、两点、三点”，乾隆无言以对。恰楼下传来卖丁香花的叫卖声，张廷玉代乾隆答“丁香花，百頭、千頭、萬頭”。在《铁齿铜牙纪晓岚》中，乾隆的“烟锁池塘柳”找不到下联，大贪官王亶望叫养女苏卿怜（才女）对以“炮堆海镇楼”，但纪晓岚的“炮镇海城楼”比苏的对子要高明一些。

从前一姓朱的赶着两头肥猪，到集市上卖。路上遇姓罗的邻居骑着一匹骡子，从街上过来，便说上联“四维羅，马累骡，羅上骡下羅骑骡。”邻居一听，知在讽刺，便道“八牛朱，犬者猪，朱后猪前朱赶猪”。

第五节　回文诗和宝塔诗

回文诗除了要遵守作诗的一般规则，还要能按相反的顺序，倒过来阅读。（现代有人写长篇小说也跟写回文诗一样，使小说不仅可以顺着读，还可以倒着阅读。）如南朝齐王融《后园作回文诗》：

斜峰绕径曲，丛石带连山。花余拂戏鸟，树密隐鸣蝉。

倒读：蝉鸣隐密树，鸟戏拂余花。山连带石丛，曲径绕峰斜。①

不论是正读，还是倒读，都是一首清新隽永的小诗。再如宋代李禺夫妻互忆回文诗：

枯眼望遥山隔水，往来曾见几心知？壶空怕酌一杯酒，笔下难成和韵诗。途路阻人离别久，讯音无雁寄回迟。孤灯夜守长寥寂，夫忆妻兮父忆儿。

正读是夫思妻，倒读是妻思夫：儿忆父兮妻忆夫，寂寥长守夜灯孤。迟回寄雁无音讯，久别离人阻路途。诗韵和成难下笔，酒杯一酌怕空壶。知心几见曾来往，水隔山遥望眼枯。

宝塔诗，顾名思义，形似宝塔。如唐代白居易写过这样一首宝塔诗：

诗
绮美，瓌奇。
明月夜，落花时。
能助欢笑，也伤别离。
调清金石怨，吟苦鬼神悲。
王下只应我爱，世间唯有君知。
自从都尉别苏句，便到司空送白辞。

胡适《追想胡明复》一文中，也提到两首宝塔诗：

痴！
适之！
勿读书！
香烟一支！
单做白话诗！

---

① 此碑见于成都市大邑鹤鸣山迎仙阁后面。

说时快，做时迟！
一 做 就 是 三 小 时！
咦！
希奇！
胡格里，
勠我做诗！
这话不须提！
我做诗快得希，
从来不用三小时，
提起笔何用费心思，
笔尖儿嗤嗤嗤嗤地飞，
也不管宝塔诗有几层儿！

我们从回文诗、宝塔诗来看，它们都牢牢依附于汉字方块字特殊表意特点或形体结构才得以成立的，而且大多属于文字游戏性质。

另外，书法是以汉字为基础，通过点画运动来表现一定情感、意蕴的艺术。篆刻是我国具有艺术价值的印章镌刻，它由古代印章多用篆书入印而得名。这两个特殊的艺术门类，也都是依赖于汉字而产生的，当是不言而喻的。

这里再补充一点，通过汉字形体也形成了一部分词语进入汉语词汇之中，词如：井田制、人字形、国字脸、之字形、金字塔、田字格。成语如：十字街头、止戈为武、利旁倚刀、乌焉成马、鲁鱼帝虎、亥豕相望（前三个都是在借字或析字的基础上产生的；后三个都形容文字错讹多，前提是汉字中存在着形近字）。歇后语如：自大加一点——臭、王字少一横——有点土、王奶奶和玉奶奶——差一点。谚语如：田养猪、猪养田，人欺地、地欺人。

另外，尚有其他特殊文学形式，如著名语言学家赵元任先生制作的全为 shi 音的故事：

石室诗士施氏，嗜狮，誓食十狮。氏时时适市视狮。十时，适十狮适市，氏视十狮，恃矢势，使十狮逝。氏拾是十狮，适石室，石室湿，氏使侍拭石室，石室拭，氏始试食是十狮尸，食时，始识是狮尸，实十石狮尸，试释是事。

这一段文字全为同一个音节，只靠声调来加以区分，而使故事情节生动，内容完整，在其他语言、文字中万难办到。另外，赵元任先生还在《语言问题》中写有“漪姨的故事”，全篇用“yi”这个音节写成，其意义的理解也需要借助字形：

漪姨倚椅，悒悒，疑异疫，宜诣医，医以宜以蚁胰医姨。医以亿弋弋亿蚁。亿蚁殪，蚁胰溢。医以亿蚁溢胰医姨，姨疫以医。姨怡怡，以夷衣贻医。医衣夷衣，亦怡怡。噫！医以蚁胰医姨疫，亦异矣；姨以夷衣贻医，亦益异已矣！

第十五章
古代文教与职官文化

第一节　古代学校和教育

中国的学校产生于数千年前，有着悠久的历史。

商周时代的学校：商代中国已经进入文明社会，在当时的甲骨卜辞中经常出现“教、学、师”等字，还有几片写着与教学有关的句子，可以断定在殷商时期已经有学校，但其中的具体情况，因缺乏文字记载不得而知，无法了解。周代学校主要有两个层次，一个是天子的“辟雍”，是天子王畿内的学校，由四部分组成：居中的叫成均，是演习礼乐的地方；东边的叫序，是学习射箭的地方；西边的叫瞽宗，是祭祀祖先的地方；后边的庠，是学习六书、九算的地方。另外一个是诸侯的“泮官”，规模与“辟雍”大致相仿。周代设有专门的教育官员叫“师氏”，学生来源主要是国君、诸侯、贵族官僚的子弟。

春秋时的私学：春秋时大办私学与当时的社会环境有关。周平王东迁以后，社会发生大的动荡，出现了一个新的阶层——士，同时造成了典籍的扩散和文化中心的转移，私学便应运而生。其中影响最大的是孔丘，相传弟子有3000多人，成名的贤者有72人。他是第一个把贵族教育变为平民教育的教育家，其“有教无类”的教育思想，“因材施教”的教学原则，“不愤不启，不悱不发”的教学方法，“诲人不倦”的教学态度，对当时和后代的教育都产生了深刻的影响。

汉代的太学和博士：公元前 124 年，汉武帝接受董仲舒、公孙弘等人的建议，设博士弟子员（太学生）50 人，这便是太学的正式建立。因汉代独尊儒术，所以太学就以诗、书、易、礼、春秋这五种儒家经典来进行教学，故教官就是五经博士。关于博士的选择，西汉以社会名流充当，采用徵辟或荐举的方法，而东汉则采取考试的方法。学生入学的资格和年龄没有严格的规定，但也区分正式生和特别生，正式生 50 人，有官俸，特别生无定额，费用自理。到西汉末年，太学生人数大大发展，已达上万人。

魏晋以后的国子学和太学：公元 276 年，晋武帝对学校制度进行改革，在原来太学的基础上，分设国子学和太学。据《晋书》记载，嵇康临刑时，太学生三千人请以为师，学习《广陵散》等绝学，帝不许，说明当时太学生收生较多。到隋唐时代，国子学设博士 2 人，助教 2 人，招生 300 人，招生对象是文武三品以上子孙，以及从二品的曾孙等。教学内容是周礼、仪礼、礼记、毛诗、左传等经书。儒学占统治地位，各级学校都以儒家经典为主要教学内容。

唐代的学校：唐代有中央学校和地方学校两种。中央学校又有两类：一是由专门管理教育的行政部门——国子监统一管辖的，如国子学、太学、四门学、律学、书学、算学等；另一类是由中央其他行政部门分别管辖的，如弘文馆、崇文馆、崇玄学、医学等。有的行政部门虽然没有设立学校，但有专门人员从事专科性教育，如太史局有天文、历博士，教授天文观生天文生及历生；太仆寺有兽医博士，教授兽医学生；门下省校书郎也招收学生进行校理典籍的训练。地方学校按隶属关系，也有两种情况：一是由州府长史（相当于今天的教育厅长）直接掌管的，如府学、州学、县学、市学与镇学；另一种是直隶中央有关局的州府医学、崇玄学等。国子学额300人，限文武官员三品以上的子孙；太学生500人，限五品以上的子孙；四门学额1300人，其中500人限七品以上子孙，800人由庶民中俊异者充之。弘文馆、崇文馆是全国学校中最高的贵族学校，学额分别为30人和20人，限皇室近亲及宰相大臣等一品功臣的子孙。律学学额50人，书学及算学学额各30人，凡八品以下的子孙及庶民子弟均可入学。古代学生初见业师时，必须首先赠送礼物，以示敬意，称“束修之礼”。唐时国子太学各赠绢三匹，四门学二匹，俊士及律书算学州县各捐一匹，并皆有酒脯（关于这一点，详见《文献通考》）。即使是皇帝的儿子初见业师也毕恭毕敬，当然其赠送的礼物也较多（关于这一点，详见《唐开元礼》）。唐代学校的教师有博士、助教、直讲等，讲课以系统讲授为主；其官品与薪俸因校而异，如国子学博士须有五品以上资格，助教须有从七品以上资格，太学以下，品级渐低。据载公元777年博士的月薪自25贯至2贯，助教自5贯至1贯以上。学习内容除儒家经典外，还有书法、算学等；崇玄馆专习老子《道德经》《庄子》《列子》《文子》等。医学则分为医学、针学、按摩、咒禁四门。中央学校的修业年限除律学六年外，其余均为九年；地方州府县学则无明文规定。假期分两种，短的叫“旬假”，每十日放一天；长假两次，一次在五月，叫“田假”；一次在九月，叫“授衣假”（回家取冬衣），各限一个月，逾时则令罢学。考试分为三种：十天一小考（旬试），一年一中考（岁试），毕业则大考。凡遇以下三者之一，皆令退学：告假逾限；不及格三次；年满至最高修业期限；操行过劣，不堪教诲。当时日本、新罗（朝鲜）等国均派留学生来唐学习，如有名的阿倍仲麻吕、吉备真备、崔致远等。

宋代的私学：唐末的战乱使按等级授田的制度遭到破坏，社会上出现了新发展起来的庶族地主，他们虽然有钱，但因门第不高而不能参政。他们为了自己的切身利益，为了争取进入统治集团，发表自己的主张，再加上官学的衰败，因而兴办了私学——书院。北宋最著名的书院有四个：白鹿洞书院、岳麓书院、应天府书院、石鼓书院。书院主要是“儒老往往依山林，即闲暇以讲授”，故重视学术研究与交流，注重自修和传帮带。

明清的学校：明代国子学与以前有两点不同，一是教育对象范围扩大，一般庶族地主阶级子弟都可入学；一是可以用钱来捐买国子监生资格和身份，实际上等于用钱买文凭。清代的学校基本上因袭明代制度，在京师设国子学，地方设府州县官学。所不同的是“盛京宗室觉罗学”的设立，“觉罗”是努尔哈赤的直系，因而它是专为皇族子弟设立的特权学校，为宫廷培养高级统治人才。

四大书院

宋代四大书院包括：江西庐山白鹿洞书院、湖南长沙岳麓书院、湖南衡阳石鼓书院（抗日战争中为日军所毁，1998 年由河南登封嵩阳书院接替），河南商丘应天书院。

湖南衡阳石鼓书院

石鼓书院位于湖南省衡阳市北石鼓山下。石鼓山峻峭耸拔，风景宜人，唐代元和年间，李宽在此筑庐读书。宋太宗至道三年（997）李士真重建书院。景祐二年（公元 1035 年），仁宗赐名石鼓书院，韩愈、周敦颐、朱熹、张栻、范成大、辛弃疾、文天祥、徐霞客、王夫之等接踵至此，或讲学授徒，或赋诗作记，或题壁刻碑，或寻幽览胜，蔚为壮观。石鼓书院修建于衡阳北石鼓山上，山并不高，但地势险要，为湘水、蒸水交会口，遥对耒河口。明清时书院不断扩大，原有的楼、阁、亭、祠等建筑物，都在抗日战争时期被日军焚毁。今故址内还有明、清碑刻多处。新中国成立后对书院进行了修复，培植了树木花圃，建以亭榭，现已成为重要的游览胜地。

1944 年 6 月，石鼓书院毁于日军炮火。20 世纪六十年代初，陶铸来衡阳视察时，要求恢复衡阳的石鼓书院。当时的市委市政府限于历史条件，只是在废墟上建了一座石鼓公园，无法恢复当时的建筑和陈列。1998 年，国家邮政部发行“古代书院”即宋代四大书院邮票时，事先曾来石鼓书院实地考察，终因只见山石、不见书院而以河南登封嵩阳书院代之。

江西庐山白鹿洞书院

白鹿洞书院为宋代四大书院之首。位于江西省庐山五老峰南麓后屏山下（星子县白鹿镇境内），西有左翼山，南有卓尔山，三山环台，一水（贯道溪）中流，无市井之喧，有泉石之胜。全院山地面积为 3000 亩，建筑面积为 3800 平方米。山环水合，幽静深邃，为中国重点文物保护单位。书院“始于唐、盛于宋，沿于明清”，至今已有 1000 多年。初为唐代贞元元年（785 年）洛阳人李渤与其兄隐居读书之处。李渤养一白鹿，出入跟随，人称之白鹿先生。后李渤为江州刺史，于隐居旧址建台，引流植花，号为白鹿洞，其实并没有洞，只因四周青山怀抱，貌如洞状而已，白鹿洞四山环合，俯视似洞，因此而名。

湖南长沙岳麓书院

岳麓书院位于湖南长沙南岳七十二峰最末一峰的岳麓山脚，是我国目前保存最完好的一座古代书院。岳麓书院始建于北宋初期。北宋开宝六年（973），朱洞以尚书出任潭州太守，鉴于长沙岳麓山抱黄洞下的寺庵林立和幽静环境，接受了刘鳌的建议，在原有僧人兴办的学校基础上创建了岳麓书院。初创的书院分有“讲堂五间，斋舍五十二间”，其中“讲堂”是老师讲学道的场所，“斋堂”则是学生平时读书学习兼有住宿的场所。岳麓书院的这种中开讲堂、东西序列斋舍的格局一直流传至今。宋太宗咸平二年（999），李允则任潭州太守，他一方面继续扩建书院的规模，增设了藏书楼、“礼殿”（又称“孔子堂”），并“塑先师十哲之像，画七十二贤”；一方面积极取得朝廷对岳麓兴学的支持，以促进书院得更大发展。咸平四年（1001）朝廷首次赐书岳麓书院，其中有《释文》《义疏》《史记》《玉篇》《唐韵》等经书。当时书院学生正式定额六十余人，奠定了书院的基本格局。宋真宗大中祥符五年（1012）经学家周式担任山长主持岳麓书院后，书院得到迅速发展，学生定额逾百人。周式本人还得到宋真宗的召见和鼓励，赐“岳麓书院”题额，于是“书院称闻天下，鼓简登堂者不绝”，到南宋的乾道年间，岳麓书院达到鼎盛时期。著名理学家张栻主持岳麓书院，他以反对科举利禄之学、培养传道济民的人才为办学的指导思想。在教学方面，提出“循序渐进”、“博约相须”、“学思并进”、“知行互发”、“慎思审择”等原则；在学术研究方面，强调“传道”、“求仁”、“率性立命”。从而培养出一批如吴猎、赵方、游九言、陈琦等经世之才的优秀学生，湖湘学派多数学者在岳麓书院学习过。一时间，大批游学士子前来书院研习理学问难论辩，有的还“以不得卒业于湖湘为恨”，当时的岳麓书院成为全国闻名的传习理学的基地。南宋淳熙七年（1180），张栻去世后，朱熹、真德秀等人对岳麓书院的办学和理学传播，也表现出极大的热忱。朱熹还将《白鹿洞书院教条》，颁于岳麓书院。朱熹曾两次来此讲学，当时学生达千人，从而使岳麓书院有

“潇湘洙泗”之誉，几与孔子在家乡讲学的地方并称。从元、明至清初，由于战乱，岳麓书院曾两度遭到焚毁，后来虽然得以重建和恢复，已不复旧观。清初书院被禁。后康熙为了表彰理学，放宽书院政策。康熙二十六年（1687）御书“学达性天”匾额，并以十三经、二十一史、经书讲义等遣送至岳麓山，乾隆九年（1744）又御书“道南正脉”匾额送至岳麓山，岳麓书院又得以复兴。复兴后的书院，除了对斋舍屡加扩建外，其书院性质也由民办而逐渐演化为官办。随着乾嘉考据学的兴起，岳麓书院多由从事诂经考史的著名汉学家主持，学习的内容也由理学转向经史考证，特别是在王文清主院期间，更以“群经教授诸子”。此后罗典任山长，“唯以治经论文，启诱后进”。道光年间巡抚吴荣光在岳麓书院增设“湘水校经堂”，专以研习汉学为主。岳麓书院的最后一任山长是王先谦，他是清末湖南著名的经学家。清代的岳麓书院，集聚了一代知识博洽、德高望重的大师，培养出诸如王夫之、陶树、魏源、左宗棠、胡林翼、曾国藩、郭嵩涛、李元度、唐才常、沈荩、杨昌济等著名的湖湘学者。清光绪二十九年（1903），在新政之议的呼声中，延续了近千年的岳麓书院正式改为湖南高等学堂。尔后相继改为湖南高等师范学校、湖南工业专门学校，1926 年正式定名为湖南大学至今，历经千年，弦歌不绝，故世称“千年学府”。书院大门横匾“岳麓书院”四个大字，两边对联“惟楚有才，于斯为盛”。讲堂正中悬清乾隆御书“道南正脉”匾，左右壁有石刻“忠、孝、廉、节”四个高 1.6 米、宽 1.2 米大字。左右两廊有清欧阳正焕所书“整齐严肃”石刻。讲堂屏风正向刊张村撰《岳麓书院记》。

河南登封嵩阳书院

嵩阳书院，位于河南省登封市区北 2.5 千米嵩山南麓，背靠峻极峰，面对双溪河，因坐落在嵩山之阳而得名嵩阳书院。创建于北魏孝文帝太和八年（公元484年），时称嵩阳寺，至唐代改为嵩阳观，到五代时周代改建为太室书院。宋代理学的“洛学”创始人程颢、程颐兄弟都曾在嵩阳书院讲学，此后，嵩阳书院成为宋代理学的发源地之一。明末书院毁于兵燹，清代康熙时重建。

嵩阳书院经历代多次增建修补，规模逐渐形成，布局日趋严整。书院的建制，古朴雅致，大方不俗。嵩阳书院学制，在我国有着悠久的历史，它始于唐朝，兴盛于北宋，一直到了清朝末年，兴学堂以后书院制才被废除。

河南商丘应天书院

应天书院，又名睢阳书院、南京书院。位于今商丘市城南。因为商丘在唐时称为睢阳，北宋景德三年（1006）升为应天府，大中祥符七年（1014）又升格为南京，为当时四京之一。商丘濒临汴水，交通方便，商旅辐辏，隋唐以来，已发展成为一方都会。宋代的应天书院就设立在商丘的繁华闹市中。

应天书院位于商丘旧城之东。其前身是后晋时杨悫所办的私学，后经其学生戚同文的努力，得以发展，学子们“不远千里”而至，“远近学者皆归之”。北宋政权开科取士，应天书院人才辈出，百余名学子在科举中及第的竟多达五六十人。宋真宗时，因追念太祖自立为帝，应天顺时，将宋太祖赵匡胤发迹之处宋州（今商丘）于1006年改为应天府，1014年又升为南京，处陪都地位。1009年，宋真宗将该书院正式赐额为“应天府书院”。宋仁宗时，又于1043年将应天书院这一府学改为南京国子监，使之成为北宋的最高学府之一，相当于现在的社会科学院。该书院后在曹诚等人尤其是应天知府、著名文学家晏殊的支持下，得以扩展壮大。宋仁宗初年，著名文学家晏殊出任应天知府，聘请著名学者王洙为书院“说书”，王洙博学多才，应天府书院在他主持下“其名声著天下”。仁宗景祐二年（1035），应天府书院改为府学，晏殊又聘请因服丧而退居睢阳的范仲淹执教，任教期间，范仲淹撰写《南京书院提名记》。当时的应天府书院，是中州的一大学府，据《宋史》记载：“自五代以来，天下学校废，兴学自殊（晏殊）始。”从大中祥符以后的二十余年间，应天府书院的学生“相继登科，而魁甲英雄，仪羽台阁，盖翩翩焉，未见其止”。明正德六年迁城，应天书院也迁往今地——城内中山东二街路北。现存有大成殿、明伦堂、月牙池等建筑。原大成殿内立有孔子和其弟子的牌位，明伦堂为学堂。这两座建筑均为歇山式建筑。大成殿为祭孔之地，明伦堂为应试地，为县级文物保护单位。

四大类书

宋代四大类书：《太平御览》《册府元龟》《太平广记》《文苑英华》

唐代四大类书：《北堂书钞》《艺文类聚》《初学记》《白氏六帖》

中国古代四大类书：《太平御览》《文苑英华》《册府元龟》《全唐文》

我们一般说的四大类书，是指宋代的四部。《太平御览》，系太平兴国二年宋太宗赵光义命李昉等 14 人编纂，至八年完成，原名太平类编，旋因赵光义欲每天阅读此部书，故易名为《太平御览》。全书分为天、时序、地、皇王、偏霸、皇亲、卅郡、居处、封建等55 部，部下分目。每个子目下之资料，系辑录自北齐《修文殿御览》、唐《艺文类聚》、《文思博要》等类书，此些类书今仅《艺文类聚》尚存。后人可利用《太平御览》所引经史，以订正今本之谬误。故存古订伪为御览之最大功用。

《册府元龟》，为宋代王钦若、杨亿等奉敕撰，历时八年完成。所谓“册府”，即古代帝王藏书册之府，“元龟”即“龟鉴”之义，故册府元龟系从历代帝王藏书册之府中，撷取精义，分门别类，使历代帝王将相、士大夫之嘉言懿行，可供君臣治国行事之典范，故初名《历代君臣事迹》，后赐名《册府元龟》。此书取材严谨，仅及经传子史，不录野史、小说、杂书、家传。此书优点为保存了丰富的史料，尤其所引正史多为北宋以前古本，可以校补现存史书之不足与缺乏。但此书编纂人手众多，故亦出现征引资料错误、遗漏或互相矛盾之处，且所引书籍未注出处，不便寻检原文，是为其缺点。

《文苑英华》：大型诗文总集，宋太宗时李昉、宋白、徐铉等编，共 1000 卷。选材时限与《文选》相衔接，上自南朝梁代，下至五代。作者近 2200 人。作品近 2 万篇，唐人作品占十分之九。分赋、诗等 38 类，各类中又分为若干门目，比《文选》分目更烦琐。此书选录有滥、缺之病，李慈铭《越缦堂日记》曾指出它所收的唐赋“陈陈相因”，但所辑文献相当丰富。宋初文集的印本很少，此书所收唐人作品，有的全卷收入，有的原集后来失传，给后人的赏鉴、辑佚、校勘、考订等工作提供了资料。《文苑英华》于南宋孝宗时周必大、胡柯、彭叔夏校订后刊行，今存者即此校定本。宋宁宗、明世宗时曾重刻。1966 年，中华书局用宋刊残本 140 卷、明刊本 860 卷影印，校正了原书的一些错误。同时，还收入彭叔夏的《文苑英华辨证》10 卷和劳格的《文苑英华辨证拾遗》。

《全唐文》，是有唐一代（包括五代）文章的总集，也是迄今唯一最大的唐文总集。清嘉庆十二年（1807），清仁宗以内府所藏抄本《全唐文》一百六十册体例未协，选择不精，遂命儒臣重加厘定，由大学士董诰任总裁。董氏曾任《四库全书》副总裁，有主编巨书的经验，故非徒以位高而领衔，具体规划皆有裁定。全书凡六易寒暑，至嘉庆十九年（1814）成书，共计1000卷。和《全唐诗》相比，《全唐文》投入了更多的编撰力量。先后参与其事者近百人，其中既有辞章之士法式善、周之琦、秦恩复辈，又有渊博学者阮元、徐松、胡承珙等。这一人员组合，对本书的质量起到了一定的保证作用。加上时值乾嘉朴学鼎盛之时，编者又可以充分利用内府图书，文章本身也不像诗歌那样流传多歧而容易以讹传讹，所以《全唐文》的质量较之《全唐诗》要好得多。据黄永年、贾宪保《唐史史料学》[①]和陶敏、李一飞《隋唐五代文学史料学》[②]总结，《全唐文》具有以下一些优点：首先是搜采十分浩博。据清仁宗《御制全唐文序》、《全唐文·凡例》、法式善《校全唐文记》（《存素堂续集》卷二），编修官们曾从《四库全书》中的别集，《古文苑》、《文苑英华》、《唐文粹》等总集，《永乐大典》，释道两藏中广泛搜集唐五代文献，而“天下府厅州县”方志以及“散见于史子杂家记载、志乘金石碑版者”，亦在求访之列。如李商隐文集久失传，清代前期传本注本《樊南文集》都是从《文苑英华》中抄出的本子，而《全唐文》则从《永乐大典》辑出多篇，钱振伦兄弟即据此作《樊南文集补编》的笺注。今《永乐大典》已残存无几，所以《全唐文》的这部分就特别珍贵有用。《全唐文》共收文20 025篇，作者3035人，俞樾云“有唐一代文苑之美，毕萃于兹，读唐文者叹观止矣”（《唐文拾遗序》），诚非溢

① 陕西师范大学出版社，1989年12月版。

② 中华书局，2001年11月版。

美。其次是考证校勘较为精密。在小传的撰写上，《全唐文》编者下了很多工夫。和《全唐诗》作者小传相比，《全唐文》作者小传不但更为翔实，而且纠正了前者不少错误。在文章辨伪方面，《全唐文》对于作者有异说的，大都能通过考辨以定去取，而非不负责任地有见必录。如《邕州马退山茅亭记》既见于柳宗元《河东集》，又见于独孤及《毗陵集》，《故东州节度使卢公传》、《杨烈妇传》，李翱《李文公集》、李华《李遐叔文集》两见，悉予订正，前者归河东，后者归李翱。在文字校录方面，全书《凡例》规定："碑碣以石本为据，余则择其文义优者从之，若文义两可，则注明一作某字存证"；"金石文字，类多剥蚀而版本完善足信者，即据以登载；其无可据，则注明阙几字存证；惟残阙过甚仅留数字，无文义可寻者，不录"。原书所用《文苑英华》为明刊闽本，"讹脱极多，今以影宋抄逐篇订正，补出脱字"，为例甚善。

但是本书工程浩大，加之出自众手，因此疏忽在所难免，最为显著的缺憾有两条：一是辑录不注出处，二是网罗尚有不少遗漏。前者已无法补救。后者同治年间古文献学家陆心源掇拾遗文成《唐文拾遗》72 卷、《唐文续拾》16 卷，出处逐一写明，收文约2500 余篇，作者近 310 人，于光绪年间付梓。其次，在校订上，文字讹误和重出互见较突出，并有人名误、题目误、收录误现象。小传叙述亦间有失实。清代考据家劳格深谙唐事，撰有《读全唐文札记》《札记续补》共 130 条，近代唐史名家岑仲勉继撰《读全唐文札记》310 条，为其纠谬、正误、质疑，共涉及文章近 400 篇，作者 130 余人。

本书版本主要有：（1）清嘉庆十九年（1814）扬州全唐文局刻本，版入武英殿（2）光绪时广州重刻本（3）1983 年中华书局影印嘉庆本，并附影光绪时陆心源的《唐文拾遗》72 卷和

《唐文续拾》16 卷，全部断句（4）1990 年上海古籍出版社据原刊本剪贴缩印，后附陆心源《唐文拾遗》《唐文续拾》，劳格《读全唐文札记》、岑仲勉《读全唐文札记》等。

五大名窑

宋代五大名窑分别为：钧瓷 、汝瓷 、官瓷、定瓷、哥窑。中国五大名窑正式开创了烧制实用器皿与观赏器皿的瓷器时代。事实上，在宋朝以前我国的烧制实用器皿与观赏器皿绝大多数都是陶器，是不同的种类，所以说，五大名窑的诞生是真正意义上的瓷器时代的到来。

第二节　古代科举考试

汉代的察举制：察举制是汉代选拔官吏的一种方式，由各州郡长官在自己管辖的区域内考察选举“孝廉”和“秀才”（东汉称茂才，因避光武帝刘秀讳）等，推荐给中央，经考核后便可任命一定的官职。汉武帝甚至规定二千石不举孝廉者以罪论处。这种制度在汉初确实选拔了一些优秀人才，后来就流于形式了。

魏晋的九品中正制：它是在各州郡设立中正官，州为大中正，郡为小中正，由当地人在诸府公卿及台省郎吏中选德高望重有才能的人充当，其职责是考察自己州郡中的人物，把他们分为九等，即上上、上中、上下、中上、中中、中下、下上、下中、下下九品，并按他们的言行予以升降。九品中正制是吏部尚书陈群创议的，延康元年春被曹丕采纳施行，其后逐渐完备，成为魏晋南北朝时期的主要选举制度。这种制度后来由于被豪门贵族所操纵，出现了“上品无寒门，下品无世族”的现象，实际成了保证贵族特权的产物。当然中间也有比较重视此制的，如北齐皇帝经常坐朝考问秀才、孝廉，笔试过程中凡有错别漏字者，即点名训斥并让他站到席后；凡字迹不工者，即罚饮墨水一升；凡文理欠通者，即夺去座席并解下佩刀。隋朝建立后，士族势力进一步衰落，开皇中，隋文帝明令废止九品中正制，紧接着，科举制便应运而生。

隋唐的科举制：自隋唐开始中国古代实行科举制，即以考试选拔人才而不再依靠地方的举荐，从而把读书、考试与做官三者紧密联系起来，使天下知识分子尽“入吾彀中”（唐太宗语），让他们死读书、读死书，从牙牙学语的童子到白发苍苍的老人无不在意于功名。科举制一方面为庶族地主阶级参政打开了方便之门，使普通的寒士经过努力也可以成为达官贵人；一方面又使中央政府从士族手中夺回了选拔官吏的权力。科举考试科目繁多，有秀才、明经、进士等十多种，其中最重要的是进士考试。

元代科举制：宋代科举制沿袭唐代科举制，元代科举与宋代大体相同，只是按不同等级的人分为两组进行考试。蒙古人和色目人为一组，汉人和南人为一组。出题范围、难易程度和录取标准都不同，前易后难，前宽后严，发榜时前者列为“右榜”（蒙古人以右为上），后者列为“左榜”，这就是元代“二榜制”。

明清科举：明清科举全过程有县试、府试、乡试、会试和殿试。所谓会试，就是每年二月，由上年八月通过乡试的举人（第一名叫解元），参加在礼部举行的考试，称为“礼闱”或“春闱”，礼部录取者为贡士，第一名为会元。所谓殿试，就是每年五月由通过会试的贡生在朝廷内参加由皇帝主持的考试，中榜的叫进士，共分三甲，一甲取三名，赐进士及第，第一名叫状元，第二名叫榜眼，第三名叫探花；二甲、三甲各取若干名，分别赐进士出身或同进士出身。一般常说连中三元，是指连续考中解元、会元和状元。

科举制度相关名词

察举：汉代选拔官吏制度的一种形式。察举有考察、推举的意思，又叫荐举。由侯国、州郡的地方长官在辖区内随时考察、选取人才，推荐给上级或中央，经过试用考核，再任命官职。察举的主要科目有孝廉、贤良文学、茂才等。《张衡传》："永元中，举孝廉不行。"《陈情表》："前太守臣逵，察臣孝廉；后刺史臣荣，举臣秀才。"

征辟：也是汉代选拔官吏制度的一种形式。征，是皇帝征聘社会知名人士到朝廷充任要职。辟，是中央官署的高级官僚或地方政府的官吏任用属吏，再向朝廷推荐。《张衡传》："连辟公府，不就。""安帝雅闻衡善术学，公车特征拜郎中。"

孝廉：汉代察举制的科目之一。孝廉是孝顺父母、办事廉正的意思。实际上察举多为世族大家垄断，互相吹捧，弄虚作假，当时有童谣讽刺："举秀才，不知书；举孝廉，父别居。"

科举：指历代封建王朝通过考试选拔官吏的一种制度。由于采用分科取士的办法，所以叫科举。从隋代至明清，科举制实行了‘千三百多年。《诗话二则・推敲》"岛（指贾岛）初赴举京师"，意思是说贾岛当初前去长安参加科举考试。到明朝，科举考试形成了完备的制度，共分四级：院试（即童生试）、乡试、会试和殿试，考试内容基本是儒家经义，以"四书"文句为题，规定文章格式为八股文，解释必须以朱熹《四书集注》为准。

童生试：也叫"童试"，明代由提学官主持、清代由各省学政主持的地方科举考试，包括县试、府试和院试三个阶段，院试合格后取得生员（秀才）资格，方能进入府、州、县学学习，所以又叫入学考试。应试者不分年龄大小都称童生。《左忠毅公逸事》“及试，吏呼名至史公”，这里就是指童生试，在这次考试中左光斗录取史可法为生员（秀才），当时史可法二十岁。《促织》“邑有成名者，操童子业”，“操童子业”是说正在准备参加童生试。

乡试：明清两代每三年在各省省城（包括京城）举行的一次考试，因在秋八月举行，故又称秋闱（闱，考场）。主考官由皇帝委派。考后发布正、副榜，正榜所取的叫举人，第一名叫解（jiè）元。

会试：明清两代每三年在京城举行的一次考试，因在春季举行，故又称春闱。考试由礼部主持，皇帝任命正、副总裁，各省的举人及国子监监生皆可应考，录取三百名为贡士，第一名叫会元。

殿试：是科举制最高级别的考试，皇帝在殿廷上，对会试录取的贡士亲自策问，以定甲第。实际上皇帝有时委派大臣主管殿试，并不亲自策问。录取分为三甲：一甲三名，赐“进士及第”的称号，第一名称状元（鼎元），第二名称榜眼，第三名称探花；二甲若干名，赐“进士出身”的称号；三甲若干名，赐“同进士出身”的称号。二、三甲第一名皆称传胪，一、二、三甲统称进士。

及第：指科举考试应试中选，应试未中的叫落第、下第。《祭妹文》：“逾三年，予披宫锦还家。”古时考中进士要披宫袍，这里“披宫锦”即指中进士。《祭妹文》：“大概说长安登科，函使报信迟早云尔。”“登科”是及第的别称，也就是考中进士。

进士：参见“殿试”，是科举考试的最高功名。《儒林外史》第十七回：“读书毕竟中进士是个了局。”贡士参加殿试录为三甲都叫进士。据统计，在我国一千三百多年的科举制度史上，考中进士的总数至少是98 749人。古代许多著名作家都是进士出身，如唐代的贺知章、王勃、宋之问、王昌龄、王维、岑参、韩愈、刘禹锡、白居易、柳宗元、杜牧等，宋代的范仲淹、欧阳修、司马光、王安石、苏轼等。考中进士，一甲即授官职，其余二甲参加翰林院考试，学习三年再授官职。

状元：参见“殿试”。科举制度殿试第一名，又称殿元、鼎元，为科名中最高荣誉。历史上获状元称号的有一千多人，但真正参加殿试被录取的大约七百五十名左右。唐代著名诗人贺知章、王维，宋代文天祥都是经殿试而被赐状元称号的。

会元：参见“会试”。举人参加会试，第一名称会元，其余考中的称贡士。

解元：参见“乡试”。生员（秀才）参加乡试，第一名称解元，其余考中的称举人。

连中三元：科举考试以名列第一者为元，凡在乡、会、殿三试中连续获得第一名，被称为“连中三元”。据统计，历史上连中三元的至少有十六人。欧阳修《卖油翁》中提到的“陈康肃公尧咨”，陈尧咨与其兄陈尧叟都曾考中状元，而陈尧叟则是连中三元。

鼎甲：指殿试一甲三名：状元、榜眼、探花，如一鼎之三足，故称鼎甲。状元居鼎甲之首，因而别称鼎元。

贡士：参见“会试”。参加会试而被录取的称贡士。

举人：参见“乡试”。参加乡试而被录取的称举人。举人可授知县官职。《儒林外史》第三回写范进中举后，张乡绅立即送贺仪银和房屋，范的丈人胡屠户也立时变了嘴脸吹捧女婿“是天上的星宿”，而范得了消息，高兴得发了疯。说明古代中举后便可升官发财。

生员：即秀才，参见“童生试”条。通过院试（童试）的可称为生员或秀才。如王安石《伤仲永》“传一乡秀才观之”。东汉时避光武帝刘秀讳，而称秀才为茂才，《阿Q正传》中称赵少爷“茂才公”，表示讽刺。

八股文：明清科举考试制度所规定的一种文体，也叫时文、制义、制艺、时艺、四书文、八比文。这种文体有一套固定的格式，规定由破题、承题、起讲、入手、起股、中股、后股、束股八个部分组成，每一部分的句数、句型也都有严格的限定。“破题”规定两句，说破题目意义；“承题”三句或四句，承接“破题”加以说明；“起讲”概括全文，是议论的开始；“入手”引入文章主体；从“起股”到“束股”是八股文的主要部分，尤以“中股”为重心。在正式议论的这四个段落中，每段都有两股相互排比对偶的文字，共为八股，八股文由此得名。八股文的题目，出自《四书》《五经》，八股文的内容，不许超出《四书》《五经》范围，要模拟圣贤的口气，传达圣贤的思想，考生不得自由发挥。无论是内容还是形式，八股文起到了束缚思想、摧残人才的作用。

金榜：古代科举制度殿试后录取进士，揭晓名次的布告，因用黄纸书写，故而称黄甲、金榜。多由皇帝点定，俗称皇榜。考中进士就称金榜题名。

同年：科举时代同榜录取的人互称同年。

校：夏代学校的名称，举行祭祀礼仪和教习射御、传授书数的场所。

庠：殷商时代学校的名称。《孟子·齐桓晋文之事》：谨庠序之教，申之以孝悌之义。

序：周代学校的名称。《孟子·滕文公》："设为庠序学校以教之。"古人常以庠序称地方学校，或泛指学校或教育事业。

国学：先秦学校分为两大类：国学和乡学。国学为天子或诸侯所设，包括太学和小学两种。太学、小学的教学内容都是以"六艺"（礼、乐、射、御、书、数）为主，小学尤以书、数为主。

乡学：与国学相对而言，泛指地方所设的学校。

稷下学宫：战国时期齐国的高等学府，因设于都城临淄稷下而得名。当时的儒、法、墨、道、阴阳等各学派都汇集于此，他们兴学论战、评论时政和传授生徒，孟子和荀子等大师都曾来此讲学，是战国时期"百家争鸣"的重要园地。

太学：中国封建时代的教育行政机构和最高学府。魏晋至明清或设太学，或设国子学（监），或两者同时设立，名称不一，制度也有变化，但都是教授王公贵族子弟的最高学府，就学的生员皆称太学生、国子生。《张衡传》：因入京师，观太学。《送东阳马生序》：东阳马生君则在太学已二年。

国子监：汉魏设太学，西晋改称国子学，隋又称国子监，从此国子监与太学互称，都是最高学府兼有教育行政机构的职能。如明代设"国子监"，而《送东阳马生序》中则称之为"太学"。

书院：唐宋至明清出现的一种独立的教育机构，是私人或官府所设的聚徒讲授、研究学问的场所，宋代著名的四大书院是：江西庐山的白鹿洞书院、湖南善化的岳麓书院、湖南衡阳的石鼓书院和河南商丘的应天府书院。明代无锡有"东林书院"，曾培养了杨涟、左光斗这样一批不畏阉党权势、正直刚硬廉洁的进步人士，他们被称为东林党。

学官：古代主管学务的官员和官学教师的统称。如祭酒、博士、助教、提学、学政、教授和教习、教谕等。

祭酒：古代主管国子监或太学的教育行政长官。战国时荀子曾三任稷下学宫的祭酒，相当于现在的大学校长。唐代的韩愈、明代的崔铣（《记王忠肃公翱事》的作者）都曾任过国子监祭酒。

博士：古为官名，现为学位名称。秦汉时是掌管书籍文典、通晓史事的官职，后成为学术上专通一经或精通一艺、从事教授生徒的官职。《三国志·吕蒙传》：“孤岂欲卿治经为博士邪!”《送东阳马生序》：“有司业、博士为之师。”

司业：学官名，为国子监或太学副长官，相当于现在的副校长，协助祭酒主管教务训导之职。

学政：学官名，“提督学政”的简称，是由朝廷委派到各省主持院试，并督察各地学官的官员。学政一般由翰林院或进士出身的京官担任。《促织》：“又嘱学使俾入邑庠。”学使即学政的别称。《左忠毅公逸事》：“乡先辈左忠毅公视学京畿。”指左光斗任京城地区的学政。

教授：原指传授知识、讲课授业，后成为学官名。汉唐以后各级学校均设教授，主管学校课试具体事务。

助教：学官名，是国子监或太学的学官，协助国子祭酒和国子博士教授生徒，又称国子助教。

监生：国子监的学生。或由学政考取，或地方保送，或皇帝特许，后来成为虚名，捐钱就能取得监生资格。《祝福》中的“四叔”就是“一个讲理学的老监生”，《儒林外史》中的严监生则是一个吝啬鬼的典型。

诸生：明清时期经考试录取而进入府、州、县各级学校学习的生员。生员有增生、附生、廪生、例生等，统称诸生。《送东阳马生序》“今诸生学于太学”，则是指在国子监学习的各类监生。

第三节　历代中央和地方职官

秦汉时的三公九卿：秦汉时皇帝之下均设三公九卿，组成中枢机构。秦朝的三公是丞相、太尉和御史大夫。丞相（分左右丞相，右丞相位次第一）位最高，尊称为相国，通称为宰相，按皇帝旨意辅助国政；太尉掌管全国军事；御史大夫是皇帝的秘书长，负责监察并帮助丞相处理事务。汉初沿用秦代制度，武帝改太尉为大司马，西汉末又改丞相为大司徒，改御史大夫为大司空，合称三公，又称三司。东汉时三公权力大减，只处理例行公事。九卿是中央行政机构的长官，他们是：1. 奉常，管宗庙礼仪，汉景帝时改为太常。2. 郎中令，管宫廷侍卫，武帝时改称光禄勋。3. 卫尉，负责皇宫保卫，景帝时改称中大夫令。4. 太仆，掌皇帝车马。5. 廷尉，有时叫大理，是最高法官。6. 典客，负责各族事务和外交礼仪，景帝时改称大行令，武帝改称大鸿胪。7. 宗正，管皇族事务。8. 治粟内史，管租税赋役，景帝改称大农令，武帝时改称大司农。9. 少府，管宫廷总务。

魏晋时的三省分制：东汉时，以尚书令、尚书仆射为正副职首长的尚书台掌握了国家的实权。魏文帝有鉴于此把它改为外围的执行机构，设置以中书监、中书令为首长的中书省，参掌中枢机密。南北朝时皇帝鉴于中书省的权势日大，便增加一个以侍中为首长的门下省，对中书省加以限制。三省的分工是：中书省取旨，门下省审核，尚书省执行。这叫三省分制，它奠定了隋唐时期中央官制的基础。

唐代的中央职官设置：唐代的中央职官设置基本上与汉魏相同，但因唐太宗自己曾经担任过尚书令，便不再把此官职授人，而以左右仆射为尚书省的首长。他又认为中书令和侍中的官位过高，权力太大，因此也不轻易授人，而用其他官员加上“参议朝政”、“参议得失”、“参知政事”之类的名义任宰相职。唐高宗以后，执行宰相职务的称“同中书门下三品”、“同中书门下平章事”之类。

宋元的二府制：宋代中央由中书省和枢密院分掌文武二柄，号称二府。中书省承唐旧制，以“同中书门下平章事”（简称“同平章事”）为宰相，共同掌管文权。枢密院相当于秦代的太尉府，掌管武权，正副省长叫枢密使和枢密副使。这就是宋代的二府制。元代则以尚书省和中书省为宰相府，其中中书省统辖六部。以尚书令、左右丞相、平章政事为宰相，共理国政。这就是元代的二府制。

明清时的宰相设置：明初设中书省，以左右相国、左右丞相、平章政事为宰相，明太祖洪武十三年（公元 1380 年），废中书省，不设丞相，皇帝亲理国政，直接领导六部，以翰林院官员加殿阁大学士衔草拟诏谕。后来大学士逐渐参与大政，成了实际上的宰相，号称辅臣，首席辅臣有元辅、首辅之称。

清代沿袭明制，至雍正七年（1729 年）设军机房，雍正十年（1732 年）改称军机处，长官为军机大臣，号称大军机，负责秉承皇帝意旨，处理军国要务、官员任免和一切重要奏章，成了事实上的宰相，而大学士就没有什么职权了。

隋唐兴起的六部制：从东汉开始，尚书省成为行政的总负责机构，因事务繁多，便分曹办事。后来曹渐变为部，至隋代确定为吏、民、礼、兵、刑、工六部，唐代避太宗讳，改民部为户部。各部的正、副首长分别为尚书和侍郎。部下设司，司的正副首长分别为郎中和员外郎。六部的分工大致是：1. 吏部掌管吏的任免、评选、考绩、升降等。2. 户部掌管土地、户口、赋税、财政等。3. 礼部掌典礼、科举、学校等。4. 兵部掌全国军政。5．刑部掌刑法、狱讼等。6．工部掌工程、营造、屯田、水利等。六部制一直沿袭到清代。

御史台的设置及职责：我国战国时代就设有监察官，称为御史。西汉时已建立了独立的监察机构，叫御史府。东汉光武帝时改称为御史台，又名兰台寺。唐代一度改称肃政台，旋复旧称。所以习惯把监察官称为台官。历代御史台的长官为御史大夫或御史中丞等。明代把御史台改为都察院，长官称为左、右都御史，清代因之。御史台的职责主要是对百官进行纠察弹劾。

古代中央的历史、文学职官：我国历代都有史官。周代称太史，掌文史星历，兼管国家图书。秦汉时的太史、太卜、太祝归奉常领导。魏晋南北朝的著作郎，已属专职史官。唐代设史馆，以他官兼任史馆修撰，由宰相兼修国史。宋代史馆称国史实录院，有修撰、编修、检讨等官。元代把史馆并入翰林院，官号沿用旧称。明、清沿用元制。

封建皇帝有文学侍从，汉代的文章经术之士侍诏金马门，随时给皇帝讲经论典或作辞赋，没有官号。唐朝设翰林院，是文人和医卜技术人员待诏的处所。玄宗时以翰林待诏（后称翰林供奉）草拟诏令、应和文章，也属文学侍从。后另建学士院，入院的翰林学士掌皇帝的机密诏令。宋代改称翰林学士院。元朝设立翰林兼国史院。明、清称翰林院，有侍读、侍讲、修撰、编修、检讨、庶吉士等官。其首长是从大学士、尚书中选拔出来的，实无文学撰述之责。侍奉皇帝讲读称为侍读、侍讲。唐代有集贤院侍读学士等；宋代有翰林侍读学士、侍讲学士等。宋元以来，皇帝和侍读、侍讲学士以及其他高级官员定期在内廷讲经论史，称为经筵。清代主讲筵者称为经筵讲官。

秦时郡县职官：春秋战国时期郡县两级地方行政制已开始实施。秦统一后，郡县制正式形成，把天下分为三十六郡，后增至四十郡。郡的长官称郡守，掌郡政；下设郡丞助理郡政；郡尉掌军事；设监察御史掌监察，简称郡监。郡下设县。万户以上的县长官称令，万户以下的县长官称长；下设县丞相助理县政，设县尉管治安。县内以十里为一亭，亭长掌捕盗贼。十亭为一乡，设三老掌教化；设啬夫掌狱讼、赋税；设游徼掌捕盗贼。郡县长官均由朝廷任命。秦代郡县制成为后来各代地方行政单位的基础。

汉代的郡国制职官：汉代沿用秦代的郡县制，郡的官制跟秦代基本相同，只是把郡守改称太守，郡尉改称都尉，边郡的丞由长史代替。后因太守兼领军事，故有郡将之称。汉代和郡平行的还有“国”，因是皇帝子弟的封地，所以也称“诸侯王国”，设官全仿中央。吴楚七国之乱后，为了削弱“诸侯王国”的势力，便把“国”的职官加以裁削，由中央派“相”处理行政。“相”和太守相当，侍奉都是二千石，所以汉代常用二千石作“郡国守相”的代称。

隋唐的州郡职官：隋初废郡存州，州的长官除雍州（国都长安所在地）称牧外，其余均称刺史。刺史掌政务，内史和州丞助理郡政。隋炀帝又以郡代州，长官复称太守，副长官称通守。唐代县以上的行政单位称州或郡，称州时长官是刺史，称郡时长官是太守。另有别驾、长史、司马，辅佐刺史或太守。另外，首都或陪都所在地的州叫府，府的长官称尹或少尹。

唐代职官：唐初中央派员出巡各州，检查地方行政。称为黜陟使，有权罢免或提升地方官吏。唐太宗时便把全国分为十道（玄宗时增至十五道），每道由中央派官吏一人巡察所属州县，先后称为巡察史、按察使、采访处置使、观察使，职权和汉代的州刺史相似。唐玄宗时，为了防止外族侵略，聚边境数州为一镇，设节度使，兼度支、营田、观察等职，总揽一方军事、民政、财政和监察大权。安史之乱后，内地也普遍设置节度使，他们割据一方，这就形成了藩镇割据的局面。

宋代职官：宋代县以上的行政单位是州，州政由中央派员前往管理，称为“知某州军州事”（“军”指地方军队，“州”指民政），简称知州。州有通判，号称监州官，和知州共同处理州政，并监督知州的行动，也由中央直接派遣。州的属官重要的有管行政的判官和管司法的推官。跟州平行的还有府、军、监，设官和州大致相同。州、府、军、监以上的行政单位是路。太宗时十五路，仁宗时十八路，神宗时二十三路，徽宗时二十六路，南宋仅存十六路。路设经略安抚司（南宋称“帅司”）掌军政，以经略安抚使为长官；设转运司（南宋称“漕司”）掌军政，以转运使为长官，还设有副使和判官；又设提刑司（南宋称“宪司”）掌司法，以提点刑狱公事为长官；设提举常平司（南宋称“仓司”）掌赈灾或盐铁专卖，以提举常平史为长官。

明清时职官设置：明初把行中书省改称承宣布政使司，但习惯上仍然称“省”，长官为左右布政使，掌一省之政；另有提刑按察使，管司法；都指挥使，掌军事。有战事时，派朝臣出使地方，处理军务，称为巡抚。如果战事牵连数省，则派总督处理。到了清代，巡抚是省级的最高长官，总督则总揽一省或两三省的军民要政。布政使则成为他们的属员，管财政的人事，通称藩台。另有按察使管刑事案件，通称臬台。明清省下设道，长官是道员，有分守道、分巡道之分，俗称道台。道下设府，长官称知府，佐官有同知、通判，分管督粮、清军、捕盗、水利等事。府下有州县，长官称知州、知县；州的佐官有州同（同知）、州判，分掌粮马、巡捕等事。县的佐官有县丞、主簿，分管粮马、赋税、户籍、巡捕等事。直隶州直属于省，地位略等于府。散州虽隶属于府，但实际地位和大县相当。

第十六章 汉字与中国神秘文化

在中国的文化历史上，曾产生过不少的不可言说、不可思议的文化形态或文化现象，即神秘文化。从本质上说，神秘文化所包括的是一些常识性逻辑推理所不可理解的奇特的行为和思维方式。这些东西，用科学的眼光看，也许是唯心的迷信活动。但正是这种迷信的神秘文化，却是孕育人类科学思想的温床。英国著名学者丹皮尔在其巨著《科学史》中说："事实上，早期宗教和自然科学也许就是从妖术和巫术所形成的观念中脱胎出来的。"在此我们结合汉字的讲解简单给大家介绍神秘文化的五个方面，即观念、符号、预测、巫术、方技。

第一节 神秘观念

汉语中表示思想的器官和思想、感情的汉字都从"心"旁（或"心"字的变形），如："想、忘、忠、恕、怨、愁、忆、恼、悦、惮、愠、恭、慕"等。这是古人对客观事物认识的一种观念的反映，我们的先人认为"心"这个器官是专管思考的，是思维的器官。《孟子·告子上》曰："心之官则思。"这就是明证。鉴于先人们这种文化认识，于是在造字时，留下了一批从心旁的表示思想、感情的汉字。

这里说说五行。首先明确指出五行是金、木、水、火、土五种物质的是《尚书·洪范》，因为在西周末和春秋初五行成为人们经常使用的概念。春秋时人们崇尚“五”这个数字（我想也许是因为人类有五个手指吧），如“五色、五方、五声、五味、五神、五祀、五牲、五谷、五窍、五脏、五星、五刑、五兆”等。到战国时五行说有较大的发展，特别是阴阳家驺衍的“五德始终说”，即认为历史上的每一个朝代都代表五行中的某一个方面，顺序而行，循环往复。到西汉时，五行观念与阴阳观念相融合，从而构成中国传统文化的骨架，即阴阳五行论。董仲舒将五行的次序定为木、火、土、金、水，并提出相生相胜（克）理论。在这“木、火、土、金、水、木、火、土、金、水、木、火、土、金、水……”这样的顺序中，“相邻者相生，间隔者相胜”。此后，阴阳五行既是一种神秘的核心观念，又是一种方术技巧，可以运用于征兆（五行灾异）、择日（五行干支）、风水（五音姓氏）、相术（五行人相）和算命等诸多领域。

五行图式

五行	木	火	土	金	水
方	东	南	中	西	北
季	春	夏	长夏	秋	冬
气	风	暑	湿	燥	寒
宫	青龙	朱雀	拱极	白虎	玄武
岳	泰山	衡山	嵩山	华山	恒山
应	生	长	化	收	藏
谷	麦	菽	稷	麻	黍

续表

畜	鸡	羊	牛	马	猪
虫	鳞	羽	倮	毛	介
音	角	徵	宫	商	羽
色	青	赤	黄	白	黑
味	酸	苦	甘	辛	咸
官	目	舌	口	鼻	耳
脏	肝	心	脾	肺	肾
干	甲乙	丙丁	戊己	庚辛	壬癸
志	怒	喜	忧	悲	恐
常	仁	义	礼	智	信
帝	太皋	炎帝	黄帝	少皋	颛项
神	句芒	祝融	后土	蓐收	玄冥

中国古代受原始萨满教的影响，把宇宙划分为上中下三层，上界是天堂，中界是人居，下界是地狱。三界有 28 重天。就天界而言，从东汉到魏晋南北朝，属于道教系统的“三清”神占了最高位置。元始天尊（盘古真人，玉清）、道德天尊（太上老君，太清）、灵宝天尊（太上道君，上清），统称“三清”。宋朝以后，玉皇大帝一下子成为诸天之王，地位仅次于三清。事实上，他总管三界、十方、四生、六道一切祸福，在民间已远超三清。在小说《封神榜》中，实际是以神话笔法揭示天界诸星神的来历。关于地界，隋唐以后，印度天神阎罗作为传说中人类第一个祖先和第一个死者，被描述为职掌死亡及对死者有裁判权的冥司主宰，这就激发了中国人创造地狱冥府的热情，于是地界进一步被展开为“阎罗十殿”，与重重天界相比，也不显寒碜。至于十殿中的秦广王、楚将王、宋帝王、五官王、卞

城王、泰山王、都市王、平等王、轮回王等已经被多数人忘记了。民间传说十殿的准确位置在丰都县，是人类灵魂的归宿。因此我们在农历七月月半（中元节，相传在这一天众鬼被放回家乡）烧纸钱时冥钱上就印着“丰都银行”几个字。

关于四灵：《礼记・礼运》“麟凤龟龙，谓之四灵”。早在汉字产生以前，中国就有了龙的形象，它可以超过一切灵物崇拜，是中华民族的精神象征。民众对于龙的灵性的认识是多样化的，它是神仙的坐骑，是腾飞的象征，是福泽万民的瑞兽。但最为讲实际的老百姓所看重的是它具有兴云布雨的本事。

在中国古代神秘文化中，桃木属于法宝类，是“仙木”，是用途最广泛的伐邪制鬼材料。主要有：桃符板，系用桃木削成的厌胜物，成对使用，大年初一悬于门户，长两三尺，宽四五寸，板上写、画神荼兄弟，使之压邪。王安石《元日》诗云“总把新桃换旧符”，即指此物。另外有桃印、桃木剑（桃木制成的斩鬼、捉鬼的法宝，后为道士所用）、桃枝等镇邪。

第二节　符号

中国历史上的神秘符号，分为形象符号和抽象符号。形象符号如剑，它是神力的象征。据传刘邦手提三尺宝剑斩蛇起兵而得天下；晋惠帝时宝剑失去控制，穿屋而去，于是天下大乱。刘曜后来得了宝剑，剑上有铭文曰“神剑服御除众毒”，于是当上了天子。另如宝镜。由于镜有反射物象的作用，它也成了天意的象征。古人认为，一切危害人的鬼怪都不能在镜前隐匿。因此至今仍有人在门前悬挂镜子驱鬼避邪。另外，黄帝的玄珠、观音的净水瓶、莲花台、孙悟空的金箍棒、李天王的宝塔等都是形象符号。

道家的符箓其实是模仿汉字而作。《淮南子》中有“鬼畏桃，今人以桃梗径寸许，长七八寸，中分之，书祈福禳灾之辞”。由于道士所写符箓大都潦草难辨，又书之于桃木之上，故民间以“鬼画桃符”形容那些书法潦草难辨之人。

天干地支也是一种符号，它出现于殷商时期，甲骨卜辞中几乎每片都有干支，用于记日。后来殷商帝王庙号也以干支纪录，从上甲微至帝辛，37 王无不以天干命名。春秋战国时期，干支记日已成为史官的正式记日方法。从公元前 722 年二月己巳日开始（鲁隐公元年）干支已经无间断、无差错地记录了 2726 年。干支用于纪年相传始于黄帝，第一个甲子年是公元前 2697 年，而有史可查的最早干支纪年是公元前 841 年。当时西周人民发动了“国人暴动”，赶跑了周厉王，由周公、召公共同执政，是中国历史上第一个共和。共和元年为庚申年，至今已近三千年。东汉元和二年（公元 85 年）朝廷以命令形式颁布施行干支纪年，从此干支成为官方正式纪年方法。干支用于记月源于斗纲月建，这是根据北斗七星在一年里绕北极星旋转，出现在不同的方位而计算月份的方法，至今我们还保留一个成语叫“斗转星移”，以表示时光的流逝。古人早就知道以斗柄指向来测定季节（见第四章“汉字与天文学”）。如果将北斗斗柄在冬至日黄昏时所指的方向（农历 11 月）定为子位，以下就可以标出斗柄所指的地支坐标，就能得到“斗纲月建”。用它表示一年的第一个月从哪里开始，历代不同。汉代以前的统治者在上台时都要对第一个月作改正，所以第一个月叫“正月”。夏朝以斗柄指向寅位为正月，称为“正月建寅”，以下是卯、辰、巳、午等。商代以建丑为正月，周代以建亥为正月。汉袭秦制，以建亥为正月。但到西汉初年，因改用《太初历》而重新启用夏朝建寅之法，因此现在的农历又称“夏历”。

干支用于纪时辰形成的年代较晚，到汉代才将一天分为十二个时辰，并且用地支命名。干支除了纪时外，还可以表示方位、配五行、化五运等。以下简单说说古人的观念。

天干：它与时间观念有关。天干共有 10 个，让我们联想到上古的十日传说。《山海经·海外东经》："旸谷有扶桑，十日所浴，在黑齿北，居水中，有大木。九日居下枝，一日居上枝。"《庄子·齐物论》："昔者十日并出，万物皆照。"《淮南子》上有羿射九日的故事。太阳每天东升西落，古人想象是十个太阳在轮流运作，以十天干依次纪日与十个太阳轮流值日也许存在着某种联系。商是一个崇拜太阳的民族，用天干纪录帝王可能不是偶然的。据《史记·殷本纪》在上甲微之前的殷帝世系是：帝喾、契、昭明、相土、昌弱、曹圉、冥、振、微（上甲微）。帝喾即帝俊，也即舜，而契是商之先王。其他则无史记载，难以相信其传承次序。我们如果从文字考证，就发现从昭明到微都表示一天中太阳的相对位置。"昭明"意为太阳早晨出来；"相土"意为太阳照着大地；"昌若"表示太阳鼎盛；"曹圉"表示太阳西落，如遭禁锢（圉）；"冥"是太阳落入西山，什么也看不见；"振"是太阳又一次振作欲出；"微"则太阳刚出，光芒熹微。商人早就会利用立表测影的方法来观察太阳的变化，这在甲骨卜辞中有记载。因此我们认为，"甲"字从十、田，象木柱上面交横木之形，即后来的"华表"。"癸"在甲骨文中像以水测平的水沟形，它是"揆"字的初文。《说文解字》："癸，冬时水土平可揆度也，像水从四方流入地中之形。"《史记·律书》："癸之为言揆也，言万物可揆度。"这些都是用其本意。"乙丙丁"是一组，与太阳鸟有关。"乙"字在甲骨文、金文中像飞鸟在空中伸展之形。"丙"字在甲骨文中象尾巴之形。丙加木为柄，指物体的尾端握手处。"丙"与南方有关联，是鸟尾。

“丁”字甲骨文、金文中本义是“眼睛”。“睛”字在《说文解字》等古籍中都不见，是个后起字。“丁”是鸟眼。另五个“戊己庚辛壬”都是兵器。“戊”字甲金文中本义为斧。“己”字甲金文中据郭沫若考证为射箭用的缴。“庚”字甲金文中作武器之形，《说文解字部首订》中认为是“兵之正文”。“辛”，甲金文本义为金质刃属兵器，后来有“杀戮”之意，所以汉字中凡从辛之字都与刑杀有关，如“辜、辟”等。“壬”字甲金文像两刃之斧。

地支：“子”就是孽，表示万物繁茂。“丑”即纽，用绳子系住。“寅”即螾，万物始生。“卯”就是茂，茂盛之意。“辰”就是震，即震动伸长。“巳”字为已字封口，表万物已成。“午”即仵，表极盛已过，又是阴阳相交之时。“未”即味，表万物成有滋味。“申”为身，表物体之具形态。“酉”像酒瓮之形，指十分成熟。“戌”字有戈、斧之形，就是灭，指物体消失归于故土。“亥”为核，指物体已成为种子。十二地支为何表示十二种动物？有人认为起源于黄帝时代的一次部落联盟大会。在这次会上有十二个部落达成协议，轮流充当盟主，每一年由一个部落执勤，主持事务，该部落的图腾则充当徽帜。

地支对应表见下页。

第三节　预测

中国古代预测术包括相术、三式、象占、命学，相术包括相人术、相地术（风水）、相日术（择日）；三式包括奇门、六壬、太乙；象占包括甲骨卜、星占、梦占；命学包括星命（九宫八卦、五星推命术）、时辰（四柱推命、五行称命）、卦象（周易占、太玄经）等。预测工具有八卦、罗盘、龟卜等。

地支对应表

地支	阴历月份	一日内时刻	属相	十二经脉
子	十一月	23－1	鼠	胆
丑	十二月	1－3	牛	肝
寅	正月	3－5	虎	肺
卯	二月	5－7	兔	大肠
辰	三月	7－9	龙	胃
巳	四月	9－11	蛇	脾
午	五月	11－13	马	心
未	六月	13－15	羊	小肠
申	七月	15－17	猴	膀胱
酉	八月	17－19	鸡	肾
戌	九月	19－21	狗	心包
亥	十月	21－23	猪	三焦

关于相学，我们的观点是：人的命运可以通过人的外在形态反映出来，正如可以通过年轮来观察树木的年龄一样。因为一个人的心态、性格会影响其面相，正所谓“相由心生”，而性格又往往决定一个人的命运。心态、性格对人的面相有较大的作用，这一点已为生理、心理科学所证实，是毋庸置疑的。我们经常看见夫妇俩面相越来越像，甚至有人认为他们是两兄妹，原因正在于两人相互喜欢、相互迁就，在性格、行为、习惯等方面相互接近，相互靠拢，表现在生理上就是面相的趋同。至于择日、看风水，也有一定的科学根据，并非无中生有。比如通过计算农历的月盈月缺就可推算出天气的阴晴旱雨，一般来

说，月圆前后很少有雨，晦朔容易下雨等，可以恰当地安排大型活动，如婚典礼庆等。风水不可不看，是因为有些地方地基不牢，表面看没有什么问题，等埋了死人后要么容易被水淹，要么山体滑坡，要么被修桥修路所挤占，无处安身。其他通过出生的时间、八字、星占、易占、签占、梦占等都可以说没有什么道理可言，不足为信。

关于测字我们准备多讲一点，因为它与汉字的结构、意义有关。测字是具有中国特色的术数，汉字可以拆开，而西方的字母是无法拆开的。《左传》中有“止戈为武”、“反正为乏”、“皿虫为蛊”等对古文字的解释，但还不是测字。测字起源于秦汉之际，由隋至唐在各阶层展开，在宋代测字术达到鼎盛，出现职业测字者。元明清三代测字术得到持续发展。因为汉字有多种拆法，测字前必须问清楚所测的人和事，再根据所问之由去测。测字术中，将字拆开是一个方面，如何判断吉凶才是更重要的另一个方面。在判断时要根据自己的推测（这就需要丰富的经验），根据当时的情境随机应变。《玄黄克应歌》云：“凡是挥毫落楮时，便将吉凶此中推。忽听傍语如何说，便把斯言究隐微。倘是欢言多吉庆，若闻愁语见伤悲。听闻雀声云有喜，偶逢鸦叫祸无移……”测字的成功率往往取决于测字者的判断与应变能力。一个高明的测字者必须懂得心法和字法，察言观色，捕捉时机，自圆其说。如大家看过的电视剧《大汉天子》中的东方朔正是根据不同的情境、不同的时间、不同的人物来进行分析判断。古代测字方法主要有：一、加笔法。有些字无法拆开，或拆开后无法演绎，就需要加笔。如在宋代有一次一个读书人叫樊将，他的妻子丢失一顶珍珠冠，写了一个“失”字叫丈夫去找著名测字家谢石。谢问樊：“在你的婚姻中有没有姓朱的人？”答：“我的妻子就姓朱。”“那么在姻亲中有没有排行二十八的人?”“有，我妻子的兄长。”“珍珠冠就在他那里。”回去告诉妻子后，妻子问婢女：“最近几天，二十八舅来借过东西没有?”婢女答：“昨天，他曾说要借帽子，后来没用，箱子也未开过。”其妻将帽箱打开，珍珠冠果然在帽下。谢在“失”中加一竖，又将“失”拆为“二十八”三字。一般来说，加偏旁是最简单的加笔法。二、减笔法。如宽字、脚字、睛字都可减。一个病人写一个“申”字去测，测字者告诉家人“字中带燥笔，丹田既燥，必死无疑，不过明申时”。他把申减为田，再加以联想（丹田）。三、象形法。象形原本是汉字构造方式，此法即从字形中产生直接的联想，剖析出所测字中包含的玄机，回答询问之事。如一次明代大测字家张乘槎来到浙江，正遇王参政将旧有的拱北楼改为來遠楼，求教楼名吉凶。张曰：“三日之内，主人有哀丧之事。”因为他认为“來”有丧形，“遠”有哀字形，且走之旁二点相连，像是泪点。此处即以字的字形相似特点来测字。四、指事法。也是汉字的构型法，在一个初文（即汉字最原始、最简单的独体文字）上加一个符号就是指事法。清代周亮工《字触》有云：“杨王沂中，闲居微行，遇一测字者，王以所执拄杖就地一画，相者惊拜曰：土上一画，王也。”五、形声法。此处与汉字中的形声有点不同。在测字术中，形声法是指由所测之字联想到其他同音字，再根据这个字来进行剖析。如清代有人以“陀”字问官司。测字者曰“与拖字同音，这个官司无法完结，要拖延”。六、会意法。在测字术中，指将一个所测字拆解开来，再用常见的成语典故加以解释。清时有人以“皃”测官司。著名测字家程省说“大不吉利，枭之头、白虎脚”。有人以“繡”字测婚姻，测字者曰“红丝紧系萧郎足，姻缘自成更美者”。七、转注法。汉字上的转注是音义相通，测字中的转注是借用一个字的四声来转注另一个字，如有人以“王”问财，转注为“旺”，大吉。有人以“病”测身体，程省说“无妨，丙属火，逢土日泄其气，可愈”。以“病”转注为“丙”，丙在阴阳五行中属火，火生土，即可愈。八、假借法，与汉字中的假借类似，此字借为彼字。宋朝绍兴三十二年六月段毅夫写“飛”字向新安测字家朱安国求科举。朱说“飞从二从九从升，二九而升”。有人以“田”字测财，适遇下雨，雨落田土成雷字，田土得以润泽，自能发生，断为吉。九、引申法，即广泛联系字义。有人以飞鸟测家中吉凶，对曰“尊夫人病了”。其人大惊：“我妻原有病，不知近日如何?”对曰：“速回家，你妻病重，危在旦夕，恐性命难保，不日即有信至。”原来，测字者认为“鸟属禽，由内、人、凶三字组成，鸟字无口，病难好，飞过之鸟，音必速”。此即引申法，以鸟属禽，引义至“禽”字上。

测字者除了对字的拆解以外，最关心的是字的笔画和笔迹，即字的笔画轻重、长短、增减、离聚和字的气势、体势。如《笔法筌蹄》中概括了笔画与人事吉凶的关系。中有“笔画稳重衣食丰隆，笔画平直丰衣足食。笔画端正衣禄铁定，笔画分明决定前程。笔画洁净功名可决，笔画轻快诸事通泰……”《古今图书集成》中有对笔势的概括：“富人字多稳重，无枯淡；贵人字多清奇，长画肥大。贫人字多枯淡，无精神；贱人字多散乱，带空亡；百工字多挑剔；商人字多远迩；男子字多开阔，妇人字多偏侧。”当然，这些说法有些有一定的道理，有些则缺乏根据，纯属无稽之谈，需要加以甄别。

第四节　方技和术数

最早对方技进行全面整理的是西汉学者刘歆。方技的主要内容有经络、催眠术、房中术、炼丹术、服食、隐遁等术数，大多语焉不稽，有不少道家之数。而巫术一般认为产生于旧石器时代晚期，北京山顶洞旧石器晚期的墓地内已有随葬的装饰品，尸骨上撒有赤铁矿石的粉末，说明灵魂信仰和祖先崇拜已经出现。我国文明史的早期，曾有过一个“巫官文化”的时代，巫不仅是文化的拥有者和传播者，他们还取得了最高的统治地位，如夏部落的首领禹就经常主持占卜、祭祀等活动。《法言》：“姒氏治水土，而巫步多效禹。”李轨注：“禹治水土，涉山川，病足，故行跛也。而俗巫多效禹步。”三代以后，巫开始以史官的身份出现，被称为大史、小史、内史、外史、大祝、大卜、祝史等。秦汉以后，儒家思想的统治地位逐渐确立，巫地位开始下降。但不管在宫廷还是民间，巫的活动依然存在。巫术方法较多，如厌胜（用诅咒或其他法术来厌服人或物）、禳解、镇邪（镜、剑等）、祈雨、招魂、超度、傩、蛊等。这里简单说说蛊。蛊术也许是巫术中最为恐怖的方术，曾流行于交通不便的山区，如湘西、云南、四川金沙江等少数民族聚居地。“蛊”字从“虫”从“皿”，即将毒虫养于皿内，让其害人，或让人迷惑而服从自己，所以有“蛊毒”、“蛊惑人心”等词。

参考文献

[1] 张岱年等主编. 中国文化概论. 北京：北京师范大学出版社，1994

[2] 语言论. 袁家骅，赵世开，甘世福译. [美] 布龙菲尔德. 北京：商务印书馆，1980

[3] [美] 费正清. 中国：传统与变革. 南京：江苏人民出版社，1996

[4] [德] 斯宾格勒. 西方的没落. 合肥：安徽人民出版社，2012

[5] [英] 李约瑟. 中国科学技术史. 北京：科学出版社，1990

[6] 周辨民，黄典诚. 语言学概论. 福州：福建教育出版社，1985

[7] [美] 爱德华·萨皮尔. 陆卓元译. 语言论. 北京：商务印书馆，1985

[8] 柳诒徵. 中国文化史（上下）. 上海：东方出版中心，1988

[9] 叶蜚声，徐通锵. 语言学纲要. 北京：北京大学出版社，1981

[10] 徐复观. 中国艺术精神. 上海：华东师范大学出版社，2001

[11] 岑麒祥. 语言学史概要. 北京：北京大学出版社，1988

[12] 伍铁平. 普通语言学概要. 北京：高等教育出版社，1993

[13] [美] 鲁思·本尼迪克特. 菊与刀，何晴译. 杭州：浙江文艺出版社，2016

[14] 赵元任. 语言问题. 北京：商务印书馆，1980

[15] 林语堂. 中国人（吾国吾民）. 上海：学林出版社，1994

[16] 胡明扬. 语言与语言学. 武汉：湖北教育出版社，1985

[17] 戴庆厦. 社会语言学教程. 北京：中央民族大学出版社，1993

[18] 王德春. 语言学通论. 南京：江苏教育出版社，1990

[19] 徐通锵. 历史语言学. 北京：商务印书馆，1991

[20] 王德春. 现代语言学研究. 福州：福建人民出版社，1983

[21] 陈来. 古代宗教与伦理. 北京：三联书店，1996

[22] 罗常培. 语言与文化. 北京：语文出版社，1989

[23] 余英时. 中国思想传统的现代诠释. 南京：江苏人民出版社，1996

[24] 伍谦光. 语义学导论. 武汉：湖南教育出版社，1992

[25] 马学良．语言学概论．武汉：华中理工大学出版社，1985

[26] 邢公畹．语言学概论．北京：语文出版社，1992

[27] 岑麒祥．历史比较语言学讲话．武汉：湖北人民出版社，1981

[28] 陈建民．语言文化社会新探．上海：上海教育出版社，1989

[29] 陈原．社会语言学．上海：学林出版社，1983

[30] 陈松岑．社会语言学导论．北京：北京大学出版社，1985

[31] 郭熙．中国社会语言学．南京：南京大学出版社，1999

[32] 曲彦斌．中国民间秘密语．上海：上海三联书店，1990

[33] 邢福义．文化语言学．武汉：湖北教育出版社，2000

[34] 徐通锵．历史语言学．北京：商务印书馆，1996

[35] 于根元等．语言哲学对话．北京：语文出版社，1999

[36] 祝婉瑾．社会语言学译文集．北京：北京大学出版社，1985

[37] 冯广艺．汉语语境学概论．银川：宁夏人民出版社，1998

[38] 何自然．语用学概论．长沙：湖南教育出版社，1988

[39] 列文森．语用学．沈家煊摘译．国外语言学，1986（1，2，4）

[40] 刘焕辉．言语交际学的性质及其他．语言文字应用，1992（4）

[41] 刘焕辉．言语交际学基本原理．南昌：江西教育出版社，1997

[42] 汪大昌．普通语言学纲要．北京：北京大学出版社，2004

[43] 伍谦光．语义学导论．长沙：湖南教育出版社，1988

[44] 伍铁平．普通语言学概要．北京：高等教育出版社，1993

[45] 周晓明．人类交流与传播．上海：上海文艺出版社，1990

[46] 苏培成．现代汉字学纲要．北京：北京大学出版社，2001

[47] 申小龙．文化语言学论纲．南宁：广西教育出版社，1996

[48] 余英时．士与中国文化．上海：上海人民出版社，1986

[49] 徐复观．中国人性论史．上海：上海三联书店，2001

[50] 胡明扬．语言学概论．北京：语文出版社，2000

[51] [美] 本杰明·李·沃尔夫，[美] 约翰·B·卡罗．语言、思维与现实：沃尔夫文集．北京：商务印书馆，2001

[52] 胡壮麟．语言学教程．北京：北京大学出版社，2002

[53] 张君劢．明日中国之文化．济南：山东人民出版社，1998

[54]《朱德熙先生之集》编辑小组．朱德熙先生纪念文集．北京：语文出版社，1993

[55] 冯友兰．中国现代哲学史．广州：广东人民出版社，1999

[56] 牟宗三．中国哲学的特质．上海：上海古籍出版社，1997

[57] 张岱年，方克立．中国文化概论．北京：北京师大出版社，1996

[58] 马清华．文化语义学．南昌：江西人民出版社，2000

[59] 苏新春．汉字文化引论．南京：广西教育出版社，1996

[60] 胡文仲．文化与交际．上海：上海外语教育出版社，1994

[61] 高一虹．语言文化差异的认识和超越．上海：上海外语教育出版社，2000

[62] 濮之珍：中国语言学史．上海：上海古籍出版社，1987

[63] 聂鸿音．中国文字概略．北京：语文出版社，1998

[64] 周有光．比较文字学初探．北京：语文出版社，1998

[65] 刘伶，黄智显，陈秀珠．语言学概要．北京：北京师范大学出版社，1984

[66] 刘润清．西方语言学流派．北京：外语教学与研究出版社，1995

[67] 丁声树，李荣．汉语音韵学讲义．方言，1981（4）

[68] 袁家骅等．汉语方言概要．北京：文字改革出版社，1983

[69] 辞海编辑委员会．辞海·语言文字分册．上海：上海辞书出版社，1982

[70] 胡乔木．中国大百科全书·语言文字．北京：中国大百科全书出版社，1993

[71] 申小龙．汉语与中国文化．上海：复旦大学出版社，2003

[72] 钱穆．中国文化史导论．北京：商务印书馆，2001

[73] 李宗桂．中国文化概论．中山：中山大学出版社，1988

[74] 张应杭等．中国传统文化概论．上海：上海人民出版社，2000

[75] 钱穆．国史大纲．北京：商务印书馆，1997

[76] 李中华．中国文化概论．北京：华文出版社，1987

[77] 曹锡仁. 中西文化比较导论. 北京：中国青年出版社，1992
[78] 申小龙. 汉字人文精神论. 南昌：江西教育出版社，1995
[79] 陈登原. 中国文化史（上下）. 沈阳：辽宁教育出版社，1998
[80] 阴法鲁. 中国古代文化史（1－3）. 北京：北京大学出版社，1991
[81] 谭家健. 中国文化史概要. 北京：高等教育出版社，1997
[82] 刘蕙孙. 中国文化史述. 北京：文化艺术出版社，1997
[83] 杨尚奎. 宗周社会与礼乐文明. 北京：人民出版社，1997
[84] 吴国桢. 中国的传统. 北京：东方出版社，2000
[85] 吕思勉. 先秦学术概论. 上海：东方出版中心，1985
[86] 梁漱溟. 梁漱溟学术论著自选集. 北京：学林出版社，北京师范学院出版社，1992
[87] 梁漱溟. 中国文化要义. 北京：学林出版社，1987
[88] 梁漱溟. 梁漱溟自传. 南京：江苏文艺出版社，1998
[89] 艾恺. 最后的儒家. 南京：江苏人民出版社，1996
[90] 钱穆. 国学概论. 北京：商务印书馆，1997
[91] 钱穆. 中国近三百年学术史. 上海：中华书局，1997